Bertrand Russell

哲人咖啡厅

罗素道德哲学

（美）罗素 著 李国山等 译

九州出版社
JIUZHOUPRESS
全国百佳图书出版单位

一个幸福的人，以客观的态度安身立命，他具有坦荡宽容的情爱和丰富广泛的兴趣，凭借这些情爱与兴趣，使他成为许多别人的情爱与兴趣的对象，他便获得了幸福。

——罗　素

出版前言

罗素(1872 ~ 1970)是英国著名哲学家、数学家、逻辑学家、散文家。在哲学思想上，他代表的英国实证主义是对盛行美国三十多年实用主义哲学的“修正”。在他看来，哲学就是对人生疑惑的解答，使生活不踌躇、不麻痹。

罗素一生多产而长寿，以巨大的热情关注人类命运和社会问题。他思想庞杂又著作等身，出版了七十一本书及小册子。他对数理逻辑和数学基础的研究，创立了逻辑原子主义，成为逻辑实证主义的先声；以他命名的“罗素悖论,”对二十世纪数学基础发生过重大影响，导致了第三次数学革命。他还是最早推行数理逻辑的哲学家。他的哲学思想反映在政治上是一个和平主义者，一二次世界大战中，他都因反战，为和平而呐喊被囚禁和关押。他青年时追求过自由主义，后倾向社会主义；他赞成社会进步，对社会弊病提出尖锐、独到的批评，同时又对该文明的发展感到隐忧。(《社会改造原理》)

他是一个人道主义者，他很看重个人的利益、自由和幸福，强调身心的和谐与快乐，(《自由之路》)他认为“任何一种对他人不造成危害的快乐都应得到珍视”，因而没有必要过分压制性欲。(《幸福之路》)出于对个人幸福和身心健康的关怀，他甚至赞成试婚或简便的结合与离婚，对私通、同性恋，也持宽容的态度。(《婚姻与道德》)

罗素告诫人们，“幸福这东西不像成熟的果子那样，仅仅靠机遇便会掉进你的嘴里，”他说：“幸福必需是一种追求……”，罗素也深刻地指出：“人生不幸福的两大原因：社会制度与个人的不健康心理；”一方面要人们通过社会改造增进人类的幸福，(《社会改造原理》)另一方面又要人们认清不健康心理的危害，以及它是如何产生、形成的，从而培养健康的心灵，安度幸福的一生。

罗素的哲学会给我们许多启示，罗素的思想会使我们受益无穷。罗素写给我们的文章，亲切而娓娓道来，许多论述深入浅出，明白晓畅，甚至妙语连珠。罗素在一九五〇年荣获诺贝尔文学奖，那篇嘉奖辞这样写道：“他拥护人道主义的理想及自由的思想，写下了多姿多彩而意义深远的著作。”

本书虽为选本，但已囊括了他的主要哲学思想精华，读起来不会有遗珠之感。此书出版得到北京金爵文化公司的大力帮助，参与翻译的有李国山、张永红、张志明、许峰等，借此一并感谢。

九州出版社

二〇〇四年六月

目 录

一、西方的智慧

1. 哲学家的工作

当哲学家们在工作时，他们在干什么？这确实是一个奇妙的问题，而我们也许可从他们不干些什么着手来解答这个问题。在我们周围的世界里，有许多事物已非常清楚地了解，譬如，蒸汽引擎的运作，这属于机械与热力学的范围；又譬如，我们知道很多人体构造和作用的方式，这些是解剖学和生理学研究的内容；再者如星球的运转，我们也懂得很多，这属于天文学的课题，所以这些界定清晰的知识片断，都属于科学中的某一部分。

但所有这些知识领域都和一块围绕着它们的未知领域接界。当一个人进入了边界地区又往前跨越时，他便是离开科学而进入思辨的领域；这思辨的活动是一种探险，而且在各种事物之中，这就是所谓的哲学。正如往后我们会看到的，科学的各个领域都是从这种意义下的哲学思辨出发的。一门科学一旦有了坚固的基础，除了边界问题和方法问题之外，它或多或少都能独立展开，但是就某方面说，探险的过程并没有像这样地往前推展，它只是继续寻找新的工作机会。

同时，我们必需把哲学和其他种类的思辨分开。就本质上而言，哲学既不是为我们解决麻烦，也不是为拯救我们的灵魂。正如希腊人所认为的，它是为了自身的缘故而从事的一种观光的冒险。因此即使个别的哲学家可能被证实是冥顽独断的，但原则上，哲学中没有教条、仪式或任何种类的神圣实体。而对未知，我们可以采取两种不同的态度。一种是接受旁人的意见，他们说他们根据书本、神迹或其他方式而能知，另外一种是走出去独自去看看、去观察，而这就是科学和哲学所采取的态度。

最后，我们也许会注意到指出哲学的一项特征。如果有人问什么是数学这样的问题，我们可以给他一个字典上的定义；为了论证的缘故，我们且说它是数的科学。这可称得上是一个不会有什么争议的说法，而且提问题的人即使是对数学一无所知，也能轻易地了解。对于任何一种具有确定知识体系存在的学科范围，我们都可以用这种方式为它下定义，可是对哲学却不能如此，因为对哲学的任何一种定义都会引起争议，而且此定义本身即体现了一种对待哲学的态度。因此，欲了解哲学是什么的唯一方法便是从事哲学活动，而本书的主要目的则在于展示过去人们曾如何从事这种活动。

有许多问题是用思想的人迟早会扪心自问的，这些问题却是科学家无法解答的，而那些尝试自行思考的人又不愿意听信占卜者所提供的现成答案。哲学的任务就是去发掘这些问题并处理它们。

因此，我们或可自问如下的问题：如果生命真有意义的话，生命的意义是什么？这个世界可有其目的？历史的开展究竟归向何处？或者这些都是无意义的问题？

然后又有这样的问题：自然界是否真的是由法则所控制？或者这只是我们这么想而已，因为我们喜欢见到万物合乎某种秩序，再说，还有一个普遍的疑问，就是这个世界是否真可分为心灵和物质两个不同的部分？倘若如此，它们又如何调和？

对于人类，我们要说它是什么呢？是像太空人所见到的，在一个小而不重要的行星上无望地匍匐着的微尘？还是像化学家可能认为的，是以某种巧妙的方式结合在一起的一堆化学元素？还是像哈姆雷特所看到的，有高贵的理性和无限的能力？还是，以上这些同时兼而有之？

与此相连则是关于善恶的伦理问题。可有一种生活方式是善的，而另一种是恶的？或是，不管我们怎么过都没有差列？而如果真有一种善的生活方式，那会是什么呢？我们又如何学会过那种生活方式？可有我们称之为智慧的那种东西？还是说，看来是智慧的东西，其实只是虚妄的疯狂行为？

所有这些都是令人困惑的问题。我们不可能在实验室里借实验而解决它们，而那些有独立心智的人则又绝不愿意坠入江湖郎中的无谓空言，对于诸如此类的问题，哲学则提供了所能给予的答案。研究这门颇不容易的科目，我们得以了解不同时代的人们对于这些问题曾做何想法，并因此而更清楚地了解他们，因为他们对哲学的处理方式是他们生活方式的一个重要层面，最后，这或许能指引我们如何生活，尽管我们所知有限。

2. 哲学说了什么

我们所说的“哲学的”人生观与世界观乃是两种因素的产物：一种是传统的宗教与伦理观念，另一种是可以称之为“科学的”那种研究，这是就科学这个名词的最广泛的意义而言的。至于这两种因素在哲学家的体系中所占的比例如何，则各个哲学家大不相同；但是唯有这两者在某种程度上同时存在，才能构成哲学的特征。

哲学这个名词曾经被人以各种方式用过，有的比较广泛，有的则比较狭隘。我是在一种很广泛的意义上使用这个名词的，现在就把这一点解释一下。

哲学，就我对这个名词的理解来说，乃是某种介乎神学与科学之间的东西。它和神学一样，包含着人类对于那些迄今仍为确切的知识所不能肯定的事物的思考；但是它又像科学一样，是诉之于人类的理性而不是诉之于权威的，不管是传统的权威还是启示的权威。一切确切的知识——我是这样主张的——都属于科学；一切涉及超乎确切知识之外的教条都属于神学。但是介乎神学与科学之间还有一片受到双方攻击的无人之域，这片无人之域就是哲学。思辨的心灵所最感到兴趣的一切问题，几乎都是科学所不能回答的问题；而神学家们信心百倍的答案，也已不再像它们在过去的世纪里那么令人信服了。世界是分为心和物吗？如果是这样，那么心是什么？物又是什么？心是从属于物的吗？还是它具有独立的能力呢？宇宙有没有任何的统一性或者目的呢？它是不是朝着某一个目标演进的呢？究竟有没有自然律呢？还是我们信仰自然律仅仅是出于我们爱好秩序的天性呢？人是不是天文学家所看到的那种样子，是由不纯粹的碳和水化合成的一块微小的东西，无能地在一个渺小而又不重要的行星上爬行着呢？还是哈姆雷特所看到的那种样子呢？也许他同时是两者？有没有一种生活方式是高贵的，而另一种是卑贱的呢？还是一切的生活方式全属虚幻无谓呢？假如有一种生活方式是高贵的，它所包含的内容又是什么？我们又如何能够实现它呢？善，为了能够值得受人尊重，就必需是永恒的吗？或者说，哪怕宇宙是坚定不移地趋向于死亡，它也还是值得加以追求的吗？究竟有没有智慧这样一种东西？还是看来仿佛是智慧的东西，仅仅是极精炼的愚蠢呢？对于这些问题，在实验室里是找不到答案的。各派神学都曾宣称能够做出极其确切的答案，但正是他们的这种确切性，才使近代人满腹狐疑地去观察他们。对于这些问题的研究——如果不是对于它们的解答的话——就是哲学的使命了。

你也许会问，那么为什么要在这些不能解决的问题上面浪费时间呢？对于这个问题，我们可以以一个历史学家的身份来回答，也可以以一个面临着宇宙孤寂的恐怖感的个人身份来回答。

历史学家所作的答案，在我力所能及的范围内，将在本书内提出来。自从人类能够自由思考以来，他们的行动在许多重要方面都有赖于他们对于世界与人生的各种理论，关于什么是善什么是恶的理论。这一点在今天正像在已往任何时候是同样地真确。要了解一个时代或一个民族：我们必需了解它的哲学；要了解它的哲学，我们自己必需在某种程度上就是哲学家。这里就有一种互为因果的关系，人们生活的环境决定他们的哲学上起着很大的作用，然而反过来人们的哲学又决定他们的环境上起着很大的作用。这种贯穿着许多世纪的交互作用，就是本书的主题。

然而，也还有一种比较个人的答案。科学告诉我们的是我们所能够知道的事物，但我们所能够知道的是很少的；而我们如果竟忘记了我们所不能知道的是何等之多，那么我们就会对许多极重要的事物变成麻木不仁了。另一方面，神学带来了一种武断的信念，说我们对于事实上我们是无知的事物具有知识，这样一来就对于宇宙产生了一种狂妄的傲慢。在鲜明的希望与恐惧之前而不能确定，是会使人痛苦的；可是如果在没有令人慰藉的神话故事的支持下，我们仍希望活下去的话，那么我们就必需忍受这种不确定。无论是想把哲学所提出的这些问题忘却，还是自称我们已经找到了这些问题的确凿无疑的答案，都是无益的事。教导人们在不能确定时怎样生活下去而又不致为犹疑所困扰，也许这就是哲学在我们的时代仍然能为学哲学的人所做出的主要事情了。

与神学相区别的哲学，开始于纪元前六世纪的希腊。在它经过了古代的历程之后，随着基督教的兴起与罗马的灭亡，它就又浸没于神学之中。哲学的第二个伟大的时期自十一世纪起至十四世纪为止，除了像皇帝弗里德里希二世（一一九五～一二五〇）那样极少数的伟大叛逆者外，它是完全受天主教会支配着的。这一时期以种种混乱而告结束，宗教改革就是这些混乱的最后结果。第三个时期，自十七世纪至今天，比起前两个时期的任何一个来，都更受着科学的支配；传统的宗教信仰仍占重要地位，但却感到有给自己做辩护的必要了；而每当科学似乎是使改造成为必要的时候，宗教信仰总是会被改造的。这一时期很少有哲学家在天主教立场上是正统派，而且在他们的思想里，世俗的国家也要比教会重要得多。

社会团结与个人自由，也像科学与宗教一样，在一切的时期里始终是处于一种冲突状态或不安的妥协状态。在希腊，社会团结是靠着对城邦的忠诚而得到保证的；即使是亚里士多德（虽则在他那时候亚历山大正在使得城邦成为过时的陈迹），也看不出任何其他体制能有更多的优点。个人自由因个人对城邦的责任而被缩减的程度，是大有不同的。在斯巴达，个人所享有的自由要和在现在的德国或俄国一样的少；在雅典，则除了有时候有迫害之外，公民在最好的时代里曾享有过不受国家所限制的极大自由。希腊思想直到亚里士多德的时代为止，一直为希腊人对城邦的宗教热诚与爱国热诚所支配；它的伦理体系是适应于公民们的生活的，并且有着很大的政治成分在内。当希腊人最初臣服于马其顿人，而后又臣服于罗马人的时候，与他们独立的岁月相适应的那些概念就不能再适用了。这在一方面，由于与传统断绝而丧失了蓬勃的生气，而另一方面又产生了一种更为个人化的、更缺少社会性的伦理。斯多葛派认为道德的生活乃是一种灵魂对上帝的关系，而不是公民对国家的关系。这样他们便为基督教准备了道路，因为基督教和斯多葛主义一样，起初也是非政治性的，在它最初的三个世纪里，它的信徒们都是对政府毫无影响的。从亚历山大到君士坦丁的六个半世纪里，社会团结既不是靠哲学，也不是靠古代的忠诚，而是靠强力，最初是靠军队的强力，尔后则是靠行政机构的强力，才获得保障的。罗马军队、罗马道路、罗马法与罗马官吏首先创立了，随后又维系了一个强大的中央集权的国家。没有什么是可以归功于罗马哲学的，因为根本就没有什么罗马哲学。

在这个漫长的时期里，从自由的时代所继承下来的希腊观念经历了一番逐渐转化的过程。某些古老的观念，尤其是那些我们认为最富于宗教色彩的观念，获得了相对的重要性；而另外那些更富理性主义色彩的观念则因为它们不再符合时代的精神，就被人们抛弃了。后来的异教徒们就是以这种方式整理了希腊的传统，使它终于能够被吸收到基督教的教义里来。基督教把一个早已为斯多葛派学说所包含了的、然而对古代的一般精神却是陌生的重要见解给普及化了。我指的就是认为一个人对上帝的责任要比对国家的责任更为必要的那种见解。像苏格拉底和使徒们所说的：“我们应该服从神更甚于服从人。”的这种见解，在君士坦丁皈依基督教以后一直维持了下来，因为早期基督徒的皇帝们都是阿利乌斯教派，倾向于阿利乌斯主义。当皇帝变成了正统的教徒以后，这种见解就中断了。在拜占庭帝国它却仍然潜存着，正如后来它在俄罗斯帝国一样，俄罗斯帝国的基督教本是从君士坦丁堡传来的。但是在西方，天主教的皇帝们几乎是立即（除了高卢的某几部分外）就被异教徒的蛮人征服者所取而代之，于是宗教忠贞应优越于政治忠贞的思想就保存了下来，而且在某种程度上迄今依然保存着。

野蛮人的入侵中断了西欧文明达六个世纪之久。但它在爱尔兰却不绝如缕，直到九世纪时丹麦人才摧毁了它；在它灭亡之前还在那里产生过一位出色的人物，即司各脱·厄里根纳。在东罗马帝国，希腊文明以一种枯朽的形式继续保存下去，好像在一所博物馆里面一样，一直到一四五三年君士坦丁堡的陷落为止。然而除了一种艺术上的传统以及查士丁尼的罗马法典外，世界上并没有什么重要的东西是出自君士坦丁堡的。

在黑暗时代，自五世纪末叶至十一世纪中叶，西罗马世界经历了一些非常有趣的变化。基督教所带来的对上帝的责任与对国家的责任两者之间的冲突：采取了教会与国王之间的冲突形式。教皇的教权伸展到意大利、法国与西班牙、大不列颠与爱尔兰、德国、斯堪的那维亚与波兰。起初，除了在意大利和法国南部以外，教皇对于主教们和修道院长们的控制力量本是很薄弱的；但自从格雷高里第七的时代（十一世纪末）以来，教皇对他们就有了实际而有效的控制力量。从那时候起，教士在整个西欧就形成一个受罗马指挥的单一组织，巧妙地而又无情地追逐着权势；一直到公元一三〇〇年以后，他们在与世俗统治者的斗争之中通常总是胜利的。教会与国家之间的冲突不仅是一场教士与俗人的冲突，同时也是一场地中海世界与北方蛮族之间的冲突的重演。教会的统一就是罗马帝国统一的反响；它的祷文是拉丁文，它的首脑人物主要是意大利人、西班牙人和南部法国人。他们的教育（当教育恢复起来之后）也是古典的；他们的法律观念和政府观念在马尔库斯·奥勒留皇帝看来，要比近代的君主们看来更容易理解。教会同时既代表着对过去的继续，又代表着当时最文明的东西。

反之，世俗权力则掌握在条顿血统的王侯们的手中，他们企图尽力保持他们从日耳曼森林里所带出来的种种制度，绝对的权力与这些制度是格格不入的；对于这些生气勃勃的征服者们来说，显得是既沉闷而又毫无生气的那些法律制度，情形也是如此。国王必需和封建贵族分享自己的权力，但是大家都希望随时可以采取战争、谋杀、掠夺或者奸淫的形式以发泄激情。君主们也可以忏悔，因为他们的衷心里是虔敬的，而且忏悔本身毕竟也是激情的一种形式。可是教会却永远也不能使他们有近代雇主所要求的，而且通常可以获得于他的雇工们的那种循规蹈矩的良好品行。当精神激动的时候，如果他们不能喝酒、杀人、恋爱，那么征服全世界又有什么用呢？而且他们有勇敢的骑士队伍，为什么要听命于发誓独身而又没有兵权的书呆子呢？尽管教会不同意，他们仍然保存着决斗和比武的审判方法，而且他们还发展了马上比武和献殷勤的恋爱。有时候，他们甚至一阵狂暴发作还会杀死显赫的教士。

所有的武装力量都在国王这方面，然而教会还是胜利的。教会获得胜利，一部分是因为它几乎享有教育的独占权，另一部分则是因为国王们彼此经常互相作战；但是除了极少数的例外，主要地却是因为统治者和人民都深深地相信教会掌握着升天堂的钥匙与权力。教会可以决定一个国王是否应该永恒地升天堂还是下地狱；教会可以解除臣民们效忠的责任，从而就可以鼓动反叛。此外，教会还代表着足以代替无政府状态的秩序，因而就获得了新兴的商人阶级的支持。尤其在意大利，这最后的一点是有决定意义的。

条顿人至少要保持教会一部分的独立性的企图，不仅表现在政治上，也表现在艺术、传奇、骑士道和战争上。但这一点却很少表现在知识界，因为教育差不多是完全限于教士阶级的。中古时代所公开表现出来的哲学并不就是一面精确的时代镜子，而仅是一党一派的思想镜子。然而，就在教士里面——尤其是弗兰西斯教团的修道士们——却有相当数目的人，为了各种原因，是和教皇有分歧的。此外，在意大利，文化传播到俗人方面来要此在阿尔卑斯以北早上好几个世纪。弗里德里希第二曾试图建立一种新宗教，这代表着反教廷文化的极端，而托马斯·阿奎那诞生于弗莱德利克第二具有无上权威的那不勒斯王国，却直到今天始终是教廷哲学的典型阐扬者。大约五十年之后，但丁成就了一套综合的，并且替整个的中古观念世界发挥了唯一的均衡。

但丁以后，由于政治上以及理智上的种种原因，中古哲学的综合便破灭了。当中古哲学存在的时候，它具有一种整齐而又玲珑完整的性质，这个体系所论述到的任何一点，都是和它那极其有限的宇宙中的其他内容，摆在一个非常精确的关系之上的。但是宗教大分裂、宗教大会运动以及文艺复兴的教廷终于导向宗教改革，宗教改革便摧毁了基督教世界的统一性以及经院学者以教皇为中心的政府理论。在文艺复兴时代，新的知识，无论是关于古代的或是关于地球表面的，都使人厌倦于理论体系；人们感到理论体系是座心灵的监狱。哥白尼天文学赋给地球的地位与人类的地位，远比他们在托勒密的理论中所享有的地位要卑微得多。在知识分子中间，对新事物的乐趣代替了对于推理、分析、体系化的乐趣；虽然在艺术方面文艺复兴仍然崇尚整齐有序，但是在思想方面它却喜欢大量而繁复的混乱无章。在这方面，蒙台涅是这一时代最典型的代表人物。

在政治理论方面，正像除了艺术之外的任何其他事物一样，也发生了秩序的崩溃。中世纪，虽然事实上是动荡不宁的，但在思想上却被一种要求合法性的热情及一种非常严谨的政权理论所支配着。一切权力总归是出自上帝；上帝把神圣事物的权力交给了教皇，把世俗事情的权力交给了皇帝。但在十五世纪，教皇和皇帝同样地都丧失了自己的重要性。教皇变成了仅仅是意大利诸侯的一员，他在意大利的强权政治里面从事于种种令人难以置信的复杂而又无耻的勾当。在法国、西班牙和英国，新的君主专制的民族国家在他们自己的领土上享有的权力，是无论教皇或皇帝都无力加以干涉的。民族国家，主要是由于有了火药的缘故，对人们的思想和感情获得了一种前所未有的影响，并且渐次地摧毁了罗马所遗留下来的对于文明统一性的信念。

这种政治上的混乱情形在马基雅弗利的《君王论》一书中得到了表现。政治已没有任何指导的原则，而变成为赤裸裸的争夺权力了；至于怎样才能把这种赌博玩得很成功，《君王论》一书中也提出了很精明的意见。在希腊的伟大时代里出现过的事，再一次出现于文艺复兴的意大利：传统的道德束缚消失了，因为它们被人认为是与迷信结合在一起的；从羁绊中获得的解放，使得个人精力旺盛而富于创造力，从而便产生了极其罕见的天才的奔放；但是由于道德败坏而不可避免地造成的无政府状态与阴谋诡诈，却使得意大利人在集体方面成为无能，于是他们也像希腊人一样，倒在其他远不如他们文明、但不像他们那样缺乏社会团结力的民族的统治之下了。

然而结局并不像在希腊那么惨重，因为许多新的强而有力的民族表现出他们自己也像意大利人已往那样，能够有伟大的成就，只有西班牙是例外。

从十六世纪以后，欧洲思想史便以宗教改革占主导地位。宗教改革是一场复杂的多方面的运动，它的成功也要归功于各种各样的原因。大体上，它是北方民族对于罗马东山再起的统治的一种反抗。宗教曾经是征服了欧洲北部的力量，但是宗教在意大利已经衰颓了：教廷作为一种体制还存在着，并且从德国和英国吸取大量的贡赋，但是这些仍然虔诚的民族却对于波尔嘉家族和梅狄奇家族不能怀有什么敬意，这些家族借口要从炼狱里拯救人类的灵魂，却收敛钱财大肆挥霍在奢侈和不道德上。民族的动机、经济的动机和道德的动机都结合在一起，就格外加强了对罗马的反叛。此外，君王们不久就看出来，如果他们自己领土上的教会完全变成为本民族的，他们便可以控制教会；这样，他们在本土上就要比以往和教皇分享统治权的时候更强而有力。由于这一切的原因，所以路德的神学改革在北欧的大部分地区，既受统治者欢迎，也受人民欢迎。

天主教教会有三个来源：它的圣教历史①是犹太的，它的神学是希腊的，它的政府和教会法，至少间接地是罗马的。宗教改革摒除了罗马的成分，冲淡了希腊的成分，但是大大地加强了犹太的成分。它就这样和民族主义的力量展开了合作。这些民族主义的力量正在摧毁着最初由罗马帝国而后又被罗马教会所造成的那种社会团结的成果。在天主教的学说里，神圣的启示并不因为有圣书而结束，而是一代一代地通过教会的媒介继续传下来的；因此，个人的意见之服从于教会，就成为每个人的责任。反之，新教徒则否认教会是传达启示的媒介；真理只能求之于《圣经》，每一个人都可以自己解释《圣经》。如果人们的解释有了分歧，那么也并没有任何一个神明所指定的权威可以解决这种分歧。实际上国家已经在要求着曾经属于教会的权利了，但这乃是一种篡夺。在新教的理论里，灵魂与上帝之间是不该有任何尘世的居间人的。

这一变化所引起的作用是极其重大的。真理不再需要请权威来肯定了，真理只需要内心的思想来肯定。于是很快地就发展出来另一种趋势，在政治方面趋向于无政府主

① 指《圣经》中所记述的历史。

义，而在宗教方面则趋向于神秘主义。这和天主教的正统体系始终是难于适应的。这时出现的并不只是一种新教，而是许多的教派；不是一种与经院派相对立的哲学，而是有多少位哲学家就有多少种哲学；不是像在十三世纪那样，有一个皇帝与教皇相对立，而是有许许多多异端的国王。结果无论在思想上还是在文学上，就都有着一种不断加深的主观主义；起初这是作为一种从精神奴役下要求全盘解放的活动，但它却朝着一种不利于社会健康的个人孤立倾向而稳步前进了。

近代哲学始于笛卡儿，他基本上肯定为可靠的，就是他自己和他的思想的存在，外在世界是由此而推出来的。这只是那个通过贝克莱、康德直到费希特的整个发展过程的第一个阶段。到了费希特遂认为万物都只是自我的流溢，这是不健康的；从此之后，哲学一直在企图从这种极端逃到日常生活的常识世界里去。

政治上的无政府主义和哲学上的主观主义携手并进。早在路德在世的时候，就有些不受欢迎又不被承认的弟子们已经发展了再洗礼的学说，这种学说有一个时期统治了闵斯特城。再洗礼派摒弃一切的法律，因为他们认为好人是无时无刻不被圣灵所引导的，而圣灵又是不可能受任何公式的束缚的。从这个前提出发，他们就达到了共产主义与两性杂交的结论；因此，他们在经过一段英勇抵抗之后，终于被人消灭了。但是他们的学说却采取了更柔和的形式而流传到荷兰、英国和美国；这就是历史上贵格会的起源。在十九世纪又产生了另一种形式更激烈的、已经和宗教不再有联系的无政府主义。在俄国、在西班牙，以及较小的程度上也在意大利，它都有过相当的成功；并且直到今天，它在美国移民当局的眼里还是个可怕的怪物。这种近代的形式虽然是反宗教的，但是仍然具有很多早期新教的精神；它的不同点主要就在于把路德针对着教皇的那种仇恨转过来针对着世俗的政府。

主观主义一旦脱缰之后，就只能一泻到底而不能再被束缚于任何的界限之内。新教徒在道德上之强调个人的良心，本质上乃是无政府主义的。但习惯与风俗却是如此的有力，以至于除了像闵斯特那样暂时的爆发以外，个人主义的信徒们在伦理方面仍然是按照传统所认为的道德方式来行动；但这是一种不稳定的平衡。十八世纪的“感性”崇拜开始破坏了这种平衡：一种行为之受到赞美并不是因为它有好结果或者因为它与一种道德教条相符合，而是因为它有那种把它激发起来的情操。从这种态度就发展了像卡莱尔和尼采所表现的那种英雄崇拜，以及拜伦式的对于任何激情的崇拜。

浪漫主义运动在艺术上、在文学上以及在政治上，都是和这种对人采取主观主义的判断方式相联系着的，亦即不把人作为集体的一个成员，而是作为一种美感上的愉悦的观照对象。猛虎比绵羊更美丽，但是我们宁愿把它关在笼子里。典型的浪漫派却要把笼子打开来，欣赏猛虎消灭绵羊时那幕壮丽的纵身一跃。他鼓励人们想象他们自己是猛虎，可是如果他成功的话，结果并不会是完全愉快的。

针对着近代主观主义的比较不健康的形式，曾经出现过各种不同的反应。首先是一种折衷妥协的哲学，即自由主义的学说，它企图给政府和个人指定其各自的领域。这种学说的近代形式是从洛克开始的，洛克对于“热情主义”——即再洗礼派的个人主义——和对于绝对的权威以及对传统的盲目服从，是同样地反对的。另一种更彻底的反抗则导致了国家崇拜的理论，这种理论把天主教所给予教会，甚至于有时候是给予上帝的那种地位给了国家。霍布斯、卢梭和黑格尔代表了这种理论的各个不同方面，而他们的学说在实践上就体现为克伦威尔、拿破仑和近代的德国。共产主义在理论上是和这些哲学的距离非常遥远的，但是在实践上也趋向于一种与国家崇拜的结果极其相似的社会形态。

自从公元前六百年直到今天这一全部漫长的发展史上，哲学家们可以分成为希望加强社会约束的人与希望放松社会约束的人。与这种区别相联系着的还有其他的区别。纪律主义分子宣扬着某种或新或旧的教条体系，并且因此在或多或少的程度上就不得不仇视科学，因为他们的教条并不能从经验上加以证明。他们几乎总是教训人说，幸福并不就是善，而唯有“崇高”或者“英雄主义”才是值得期望的。他们对于人性中的非理性部分有着一种同情，因为他们感到理性是不利于社会团结的。另外一方面，则是自由主义分子，除了极端的无政府主义者外，都倾向于科学、功利与理性，而反对激情，并且是一切较深刻形式的宗教的敌人。这种冲突早在我们所认为的哲学兴起之前就在希腊存在着了，并且在早期的希腊思想中已经十分显著。

它变成为各种形式，一直持续到今天，并且无疑地将会持续到未来的时代。

很显然，在这一争论中——就像所有经历了漫长时期而存留下来的争论一样——每一方都是部分正确的而又部分错误的。社会团结是必要的，但人类迄今还不曾有过单凭说理的论辩就能加强团结的事。每一个社会都受着两种相对立的危险的威胁：一方面是由于过分讲纪律与尊敬传统而产生的僵化，另一方面是由于个人主义与个人独立性的增长而使得合作成为不可能，因而造成解体或者是对外来征服者的屈服。一般说来，重要的文明都是从一种严格和迷信的体系出发，逐渐地松弛下来，在一定的阶段就达到了一个天才辉煌的时期；这时，旧传统中的好东西继续保存着，而在其解体之中所包含着的那些坏东西则还没有来得及发展。但是随着坏东西的发展，它就走向无政府主义，从而不可避免地走向一种新的暴政，同时产生出来一种受到新的教条体系所保证的新综合。自由主义的学说就是想要避免这种无休止的反复的一种企图。自由主义的本质就是企图不根据非理性的教条而获得一种社会秩序，并且除了为保存社会所必需的束缚之外，不再以更多的束缚来保证社会的安定。这种企图是否可以成功，只有未来才能够断定了。

3. 我们该如何思考[①]

读者在看过本书后，不妨自问从书里获得了些什么益处。我们必需忠告读者的是，每一个讨论的主题，前人都已有过论述；而这些大量的材料中，一些细枝末节在撰写本书前都已先行考虑过。再怎么熟读一本范围广阔的书，也无法使读者成为专家，的确，只是阅读，也不能增益个人对事物的了解，因为除了获得见闻之外，我们还得将这些所得做一番深刻而实际的反省。这是哲学史无法周备的地方，每当有争辩的问题出现时，我们总得烦劳专家巨细靡遗地加以探讨，不论是对外行人，或是对学者来说，有时退一步来综览一番，仍是相当重要的；这时候，我们不需要太零散或太细节的考察，最主要的是要能鞭辟入里。我们的说明，并不是所谓百科全书式的解说；书里的题材，不论是对人物或观念，我们都需要来加以选择；如此至多只是对一般的思潮提供了一个大纲。同样的，历史背景的资料也相当简要、浓缩；这本书并不是要教导读者历史，反倒是试图时时提醒读者，使读者切勿忘记各哲学观点的成长背景。同时，本书也强调了从早期希腊以至于今日，西方文化传统的不间断。

或许有人要问，为何像这样的一部历史里，竟然没有容下通常所谓的“东方的智慧”。这可有几个答案：首先，东西方两个世界系互相独立发展，对西方思想做一自足的

① 本篇文章为《西方哲学史》的结语。

说明，理应是可被容许的；其次，这也已经是件相当困难的工作，于是我们把范围局限在这个题目的范围内。此外，还有一个必需这么做的理由是，在某些紧要的侧面上，西方哲学传统不大同于东方心灵的思辨。如果没有希腊人将哲学运动和科学传统相连并进，西方就不会有文明；这种特性使希腊人的研究有特殊的眼界，而此二元的传统，也塑造了西方的文明。

现在，我们对这种特殊的关系再做进一步的厘清。科学的研究探讨，在有些领域里是与哲学的研究有所不同；不过，科学却是哲学反省、思索的来源之一，当我们考虑一般的科学究竟是什么时，就已经是在处理哲学的问题了；对于科学方法的规范研究也是一种哲学的研究，而试图就世界概略的面貌，给予一个说明，也是长久以来吸引哲学家们注意的问题，但是，我们在此应当细划清楚。用科学的方式来描述事实，并不是哲学研究恰当的目标，无法尊重这个限制，有时就会引起诸如系统唯心论那样的误入歧途。哲学所能提供的是一种考察经验研究成果的方法，是提供一套架构，以便将科学的发现成果纳入某种秩序中，只要唯心论（观念论）设法不逾越这个范围，那么它就是在适切的界限内。同时我们还可以指出，在从事科学的研究工作时，我们不可避免地都已经涉入某种哲学的世界观中；因为我们日常所谓的常识性态度，事实上已暗含了一套对事物性质的普遍假定，批判哲学的主要旨趣，即在唤醒人们留意这种情形。无论如何，我们须时时提醒自己，不论科学理论会使我们采取如何有利的行动，它们的目标仍在于叙述世界的真实事物，这一点，有时会被那些认为理论不过是抽象的形式系统的人所忽略，正如他们忘掉了“数”是用来计数的一样。

作为研究对象的世界，并不是我们的私意所造，不过，我们的确会发明一些错误和幻想，而且经常难以发现自己犯了过错，我们不应当因为某种信念幻想成为真实，就引以自愉、自乐。一个人也许会妄想自己有着无穷的财源，因为这么想可以给他一些满足；的确，有些人是会有这种想法，可惜银行经理和法院却全然不会有这样的想法。研究发现的成果有时会有错误，但并不因此而认为这些成果就是主观的，公允的说，犯错至少总要有一个犯错者；人才会犯错误，而自然本身是不会犯错的，因为它并不做任何的陈述；只有人在架构命题的时候才可能犯错，或许实用主义理论的动机之一，即源于这个事实。因为，一旦错误是主观地联结于个人的信念，进一步地也没有任何的公证来反对错误，那么错误与否就好像全然属于个人主观的看法了，但是，这整个完全都错了，说错误常常不期然地出现是一回事，但断定说我们永远不可能有正确的时候，则是另一回事，假如我们说某事物是如此，而事实上它也恰恰就是如此，则这个判断一点也没有主观的成分；同样的，拿错误的情况来说，如果我错了，那么我错了这件事便是世界里的一个事实。我们必需强调，无利害关系的研究具有客观的特性，而且其所追求的真理系具有独立的性质，一些坚持真理是顺应人意和主观的人，忽略了这种观点一旦成立，则一切研究探讨将不可能成立。此外，他们错误地认为研究者的好奇心必然与他的发现所得或所用有关，没有人会否认，有少部分研究的确如此，但大部分的研究则不然，科学的发展史无法用实用主义的概念来说明。对客观真理的尊重，将能阻扼主观偏见所产生的无限幻想。这就带领我们到另一个哲学思辨的主要源泉，截至目前，我们只提到科学及其运作的一些普遍原则，它们都是哲学研究的对象。但人作为一种社会性动物，不仅只对发现世界感兴趣，更重要的是实际在世界中参与活动，科学方面所关心的是“手段”，但这里所关心的却是“目的”。正由于人的社会天性，使人面对了伦理的问题，科学告诉人们，如何以最好的方式达到特定目的；但科学却无法指引人们，应该追求什么样的目的。

至于伦理的问题，我们已经讨论过许多不同的研究途径。对柏拉图来说，伦理和科学最后终将结合在一起；善与知识合而为一。假如事实确是如此，岂不甚美？可惜柏拉图未免太过乐观了。一些博学的人，有时反会利用知识作恶、替坏事开罪，无论如何，一个人不管是懂得多少，也都解决不了这个犹待解决的问题。

这就是理性与意志的一般问题。假使有人反对在足够的条件下二者得以相合，则他务必要像奥坎一样承认它们是相互独立的。当然，这并不意味它们之间全无关系，理性可以、也确实在控制和引领着意志与感情；但是，选择目的的毕竟还是意志。

这个事实的结论之一是，我们无法对所追求的目标或所采取的伦理原则，给予科学性的核证。唯有先行承认某些伦理的前提，我们才有办法开始论证，因而，有人也许会把自己的行动应该要维护社会体制，视为理所当然的事；也有人认为行动应该是要促进社会体制的转变，不论这个伦理的前提是什么，有此基础便可以得出何以要这样或那样行动理由的论证。而我们最要注意的是，如果前提没有包含“应该”，那么我们就无法得出告诉我们“应该做什么”的结论。

很清楚地，每个人对伦理的要求不尽相同，而且人们也的确经常为这类事情争论不休。于是，这便产生了一个问题：我们是否可能找到一个在某种程度上普遍有效的伦理原则？为了使一般人都能接受，这个要求就无论如何不能全依做此要求的人而决定，我们由此可以看出结论：如果有普遍范围的伦理原则的话，它们必定可以应用普遍的人类社会。但这并不是说，所有的人在各方面都一律平等；这样子的断言的确未免过于愚蠢，因为事实并非如此。人们在见识和能力，以及许多其他方面都各有差异，不过，伦理判断的形成，并不就是要将人划入某个特殊集团里，譬如说，主张人应该行为诚实，这并不因人的身量高低、体型大小或皮肤颜色而改变。于是在这个意义下，伦理问题产生了人类是手足同胞、血气一体的概念。这个见解首先出现在斯多葛学派（Stoicism）的伦理学说里，后来则进入到基督宗教中。

大多数为文明生活而设的原则，都具有这种伦理特性。没有任何科学的理由能够说明；为什么对别人施以无故的残酷行为是坏的；但对我而言，这种行为确是坏的，而且我想有非常多的人也会这么主张。至于残酷的行为何以是件坏事，我自已恐怕也无法提供令人满意的理由。这些都需要时间去解决，或许有一天真找到了答案也说不定。同时，我要提醒相反意见的人，他们应该扪心自问，他们对这些问题的意见，是否跟实际主张这些意见的事实相互独立。因此，所谓普遍的伦理原则，似乎不过是一种特殊的祈求。

我在前面说过，一个真正的伦理原则是不会因人而异的，但这并不是说所有的人都一律平等。其中最为人所知的差异就是知识；我指的不单是见闻，最重要的是有条理的知识。苏格拉底认为，知识与善是一致的；我们在前面已经批评过这种观点太过于理性主义。然而，有一个不可忽略的重点是，即使苏格拉底也坦然承认一个人的所知极为渺小，所以更重要的是，人应该努力追求知识。唯有无利害关系的研究才是善的，这是从毕达哥拉斯所衍生出来的一个伦理原则。自泰利斯的时代以来，追求真理即一直被认为是独立于追求者之外的，最潜藏于科学运动背后的推动力量，不可否认地，这还尚未触及一些误用和滥用发明成果所引起的伦理问题；但是前面的问题既然是我们必需面对的．则将它跟伦理问题中层次分明的实际问题相混淆，实无助于我们对伦理问题的了解。

因此，研究者所面对的是双重的工作，一方面他要尽其所能的追求独立的研究对象；而不管他的发现成果究竟是令人安慰或使人沮丧的，他都务必要坚持这点。正如伦理原则不因人而异，研究的结果也毋须受制于个人的感受。

另一方面则是在伦理的意义下，如何善用我们的发现成果的问题。

最后剩下来的问题是，我们如何接受追求真理是件善事这个伦理原则。因为很明显的，我们并非全都有能力从事科学的研究，也不可能对所有的情况都不下判断，人都必需思想，也都必需行动，不过，有件事却是每个人都能够做到的，那就是让别人对他所不愿质问的问题，拥有不下判断的自由；这正好显示出，追求无利害关系的研究如何和自由有密切的关联，人们也认为这是另一件善事。因此，容忍是研究风气兴盛的社会所必备的一个要件；言论自由和思想自由因为自由社会的伟大推动力，也唯有在这样的自由社会里，研究者才能够惟真理是从。在这个范围里，每一个人都能对“善”的得失有所贡献。但这并不意味我们必需凡事都持相同的看法，而是要确保人为的构作切勿封闭了真理的大道。对人而言，没有经过考察的生活，的确是不值得一过的。

二、我的信仰

1. 自然与人

人是自然的一部分，而不是与自然相对立的东西。人的思想及其身体的运动，遵循着与星辰和原子运动所遵循的完全一样的法则。与人相比，物质世界是大的——比在但丁时代人们所想象的要大，但是并不像一百年前人们所认为的那样大。无论上下，抑或大小，科学似乎都在接近极限。人们认为，宇宙在空间方面是有限度的，光用几百兆年可以环绕它一圈。物质被认为是由电子和质子组成的，其大小有一定限度，其数量在世界上亦有一定限度。电子和质子的变化也许并不像人们过去通常所认为的那样是连续的，而是间断的，这种间断不会少于某种最低限度。其变化的法则显然可以归纳为几项通则，当世界历史的任何微小部分被知道时，这些通则即能推断世界的过去与未来。

自然科学正这样接近它的完成阶段，因而也是无趣味的阶段。假定存在着控制电子和质子运动的法则，剩下的便不过是地理的——表明特定事实在世界历史某部分中之分布的汇集。用以确定世界历史的地理事实的总量或许是有限的；从理论上说，它们可以统统记入一部大书，存放在索美塞得宫[①]里，接上计算机，只须按下键子，便能使询问者找到别处所未载的其他事实。很难想象有什么事能比这更无兴味，或更不同于不完全发现的喜悦。这就像攀登一座高山，山顶上除了一家饭馆再无他物，饭馆里出售姜汁啤酒，四周大雾弥漫，但又备有无线电装置。而在阿美斯时代[②]，乘法表或许便能使人们兴奋不已了。

这个物质世界的本身就是无趣味的，人是它的一部分。人的身体和其他物质一样，是由电子和质子构成的。据我们所知，这些电子和质子遵循着与非动植物部分的电子和质子所遵循的完全一样的法则。有些人认为，生理学永远不能转化为物理学，但是他们的论据并非很有说服力，似乎还是假定他们错误为妥。我们称之为“思想”的东西取决于脑子里思路的组织，就像旅行依赖于公路和铁路一样。思考时所使用的能量似有化学的来源；例如，缺少碘会使一个聪明人变成白痴。精神的现象似乎与物质的结构密切相关。如果真是这样，我们就不能设想一个单独的电子或质子可以“思考”；正如我们不能设想一个单独的人能进行足球比赛一样。我们也不能设想一个人的思想能在身体死亡之后继续存在，因为身体的死亡会毁灭脑的组织，并使利用脑思路的能力消失。

上帝与不朽是基督教的中心教义，但它们在科学上却找不到根据。我们不能说哪一个是宗教所必需的，因为二

① 索美塞得宫是伦敦的一座建筑物，英国财政部、审计处、内地税局、验证局、登记局等的所在地。

② 阿美斯时代为公元前 16 世纪埃及第 18 王朝。乘法表发明于此时。

者在佛教中都不存在（关于不朽，这种说法如果过于绝对，可能引起误解，但最终分析起来，是没有错的）。然而，我们西方人却把上帝与不朽视为神学上不能再少的最低限度。毫无疑问，人们会继续接受这种信念，因为这种信念是令人愉快的，正如设想我们自己是美好的，而我们的敌人是丑恶的，会令人愉快一样。但是对我来说，我看不出此二者有何根据。我不敢妄称能够证明没有上帝。同样，我也不能证明撒旦是虚构的。基督教的上帝也许存在；奥林匹斯山的，或古埃及的，或巴比伦的诸神同样可能存在。但是，在所有这些假设中，没有一个能比另一个更可能些：它们均在可能的知识范畴以外，因此没有理由去考虑其中的任何一个。我不打算展开这个问题，因为我在别处已经讨论过了[①]。

说到个人不朽的问题，其立足点有些不同。双方的证据在这里都是可能的。人是这个与科学有关的普通尘世的一部分，而且决定人们存在的条件是可以找到的。一滴水不是永存的；它可以分解成氧和氢。因此，如果一滴水分解后，仍坚持说它具有水的性质，我们实在不敢苟同。同样，我们知道脑子不是不死的，生物的机能似乎随死亡而消失，因此不能用做集体的行动。各种证据表明，我们视之为精神生活的东西是与脑的结构和身体的机能密切相关的。因此，假定肉体生活一旦终止，精神生活亦随之终止，是合理的。这个论点固然只是一种可能，但它与最科学的结论所依据的论点同样有力。

① 见我著的《莱布尼兹的哲学》，第 15 章。

这种结论可以被人从许多角度加以攻击。心灵研究宣称有实际的科学证据，证明有残存[①]现象的存在。毫无疑问，心灵研究的程序从科学角度观察，大体上是正确的。这类证据或许极为有力，以至任何具有科学态度的人都无法反对。然而，这类证据的分量必需取决于残存这假设的先前可能性。对于任何现象都会有不同的看法，我们应当从中选择其先前最有可能的。那些相信我们死后意识残存的人乐于将这一理论视为对心灵现象的最好解释。另一方面，那些认为这一理论似不可信的人则寻求别的解释。至于我个人，我认为心灵研究迄今所提出的为残存辩护的证据，较之生理学上否认残存的证据，要无力得多。但我完全承认它以后也许会变得更为有力，那时如果仍不相信残存，则是非科学的。

然而，肉体死亡后的残存与不死是两回事：残存仅意味着心灵死亡的延迟。人们所愿意相信的是不死。相信不死的人会反对我所使用的生理学的论据，其根据是：灵魂与肉体毫不相干，灵魂是与它通过我们的身体器官所表现的经验主义的现象截然不同的东西。我相信这是形而上学的迷信。精神与物质均是为了某些目的所设的适当术语，而不是最终的现实。与灵魂一样，电子和质子亦为逻辑上的虚构：各为一段历史，一系列事件，不是一个单独固定的实体。就灵魂而言，这一点可以从生长的事实中清楚地看到。任何一个考察过怀孕期、妊娠期和婴儿期的人都不会真的相信灵魂在此过程中始终是美好、完善、不可分的

① 即意识不随身死而俱去之意。

东西。显而易见，它的生长与肉体的生长并无二致，而且也是源于精子和卵子的，因此它不可能不可分。这不是唯物主义：这不过是承认每个有趣的东西都是一种有组织的东西，而不是一种原始的物质。

形而上学论者曾提出许多论据来证明灵魂必定永生。有一个简单的检验法能把那些论据全部推翻。那些论据全都同样证明灵魂充满整个空间。然而，我们对财富并不像对长寿那样关心，可又没有一个形而上学论者曾注意将这一点应用到他们的论据中去。这个例子表明，欲望那奇妙的力量甚至能将极能干的人迷惑到谬说中去，否则这谬说是会一下子让人看破的。假如我们不畏惧死亡，我相信永生的观念是不会产生的。

恐怖在人生中至关重要，也是宗教教义的基础。人类的恐怖，无论是个人的或是集体的，在我们的社会生活中大都起支配作用，但宗教的产生却是由于对自然的恐怖。正如我们所看到的，精神与物质的对立或多或少是因错觉而产生的；但还存在着一种更为重要的对立，那就是受我们欲望影响的事物与不受我们欲望影响的事物的对立。二者之间的界线既不明显，也非一成不变——随着科学的进步，越来越多的事物归于人类的控制之下。然而，毕竟有些事物无疑不在人类控制之列。其中包括自然界一切大的事实和天文学所涉及的那类事实。我们只能在某种程度上对地球表面或接近地球表面的事实施加影响，以适应我们的欲望。甚至在地球表面上，我们的能力也是非常有限的。而首要的是，我们不能避免死亡，虽然我们时常能够延缓它。

宗教企图克服这种对立。如果世界是由上帝支配的，而上帝又能为祈祷所感动，我们便能获得一份万能。过去，灵验偶应于祈祷，今尚见于天主教徒中，但新教徒已丧失了这种能力。然而，没有灵验也行，因为上帝已昭示，自然法则的应用能产生最佳结果。如此相信上帝乃是在把自然界人性化，使人们觉得自然的力量是他们的真正助手。同样，不朽的观念可以消除死的恐怖。那些相信死后能够永享天堂之乐的人，可望视死如归，虽然幸而由于医生的缘故，此事并非每每发生。但是，它纵不能完全消除人们的恐怖，毕竟能给他们一点慰藉。

由于宗教源于恐怖，它赋予某种恐怖以尊严，因而使人们不觉其可耻。宗教以此使人类遭到巨大危害，因为一切恐怖都是不好的，应当通过勇气与理智的思想去克服，而不是通过种种神话故事。我相信，我死后，我将腐烂，我的自我没有任何东西会残存。我已不年轻，并且我热爱生活。但是，我蔑视因想到死亡而吓得战栗。幸福并不因它终会完结而不是真的幸福，思想与爱情也不因它们不能永存而失去其价值。许多人在断头台上仍保持高傲，这种高傲谅必能教我们正确地思考人在世界上的位置。在习惯了人性化的传统神话所给予的惬意的户内温暖之后，即使敞开的科学之窗最初会使我们颤抖，清新的空气终究能带来活力，而那恢弘的空间更是自有其壮丽。

自然哲学是一回事，价值哲学又是一回事。将二者混为一谈，有百弊而无一利。我们所认为好的、我们所喜欢的与其究竟怎样毫无关系，这是自然哲学的问题。另一方面，我们不能因非人类界不曾评价，便被禁止去评价这个或那个事物，我们也不能因某事物是“自然法则”，便被迫去赞美它。毫无疑问，根据物理学家正在发现的法则，我们是自然的一部分，自然产生了我们的欲望、希望和恐惧。在这个意义上，我们是自然的一部分；在自然哲学上，我们从属于自然，是自然法则的结果，而且终究是自然法则的牺牲品。

自然哲学绝不应偏颇于地球；就自然哲学而言，地球不过是银河系中一颗较小恒星的一颗较小行星。歪曲自然哲学，以便为这微不足道的行星上的小小寄生物带来满意的结果，这是荒唐的。作为一种哲学的生机论和进化论，在这方面表现出缺少比例感和逻辑联系。它们把我们个人所关切的生命事实视为具有宇宙意义，而不是仅仅具有地球表面的意义。作为宇宙哲学的乐观主义和悲观主义同样表现出质朴的人本主义。就我们从自然哲学中所知，这个大千世界无所谓好坏，而且与我们的苦或乐也毫无关系。所有这类哲学均源于妄自尊大，最好求证于一点天文学知识。

然而，在价值哲学方面，情形却恰恰相反。自然只是我们所能想象之事物的一部分；任何事物，无论是真实的或想象的，都可由我们去评价，而不会有外界的标准来证明我们的评价是错误的。我们自己便是最后的且无可辩驳的价值仲裁人，在这个价值的世界上，自然只是其中的一部分。因此，在这个世界上，我们比自然更伟大。在价值的世界里，自然本身是中性的，既不好，也不坏，既无需赞美，也无需谴责。创造价值的是我们，授予价值的是我们的欲望。在这个王国里，我们就是国王，如果我们屈身于自然，那便降低了我们的国王身份。决定美好人生的是我们，而不是自然——甚至不是体现为上帝的自然。

2. 美好的人生

在不同时代和不同人当中，对于美好人生的见解多种多样。这些不同曾在某种程度上经得起论据的检验；这是当人们对于达到某一特定目的的方法有不同意见的时候。有些人认为监禁是阻止犯罪的良策，有些人则坚持说教育的效果更佳。这类不同可以通过足够的证据加以判定，但有些不同却不能以此种方式判定。托尔斯泰谴责一切战争，另一些人则认为士兵为正义而战的生活是很高尚的。这里或许含有目的上真正的区别。那些赞美士兵的人通常认为惩罚罪人是件好事，托尔斯泰则不然。在这种问题上是不可能拿出证据的。因此，我不能证明我对美好人生的看法是正确的；我只能说出我的观点，并希望得到尽可能多的人的赞同。我的观点是：**美好的人生是为爱所唤起，并为知识所引导的。**

爱和知识都是没有止境的；因此，无论一种人生如何美好，总还能想象出更美好的人生。有爱而没有知识，或有知识而没有爱，都不能产生美好的人生。在中世纪，当村里出现瘟疫时，教士便劝人们聚集在教堂里祈祷解救；

结果在一群拥挤的祈祷者中，传染发展得极为迅速。这是有爱而没有知识的例子。最近这场世界大战便是有知识而没有爱的例子，结果是大规模的死亡。

爱和知识都是需要的，但爱在某种意义上更为必要，因为它能引导明智之士去寻求知识，以明了如何为他们所爱的人谋取幸福。然而，如果人们没有知识，他们将满足于相信道听途说，而且可能存心为善却适得其反。医学或许能提供我所说的最好例证。对于病人，一个能干的医生要比最忠实的朋友更为有用，对于民众的健康，医学知识的进步要比慈善事业更有贡献。然而，如果只有富人才能得益于科学发现，仁慈的成分依然是不可或缺的。

爱是一个含有多种情感的字；我是有意用它的，因为我想把多种情感一并包入。作为一种情感的爱（这是我正在说的爱，因为在我看来，“原则上的”爱不是真正的爱）总是移动于两端之间：一端是观察中纯粹的欢喜，另一端是纯粹的仁慈。我们对于无生物，只会产生欢喜：我们不可能对一幅风景画或一支奏鸣曲怀有仁慈之心。这种欢喜或许是艺术的来源。通常，这种欢喜在儿童中比在成人中更为强烈，因为成人惯于以功利主义的眼光看待事物。它在我们对人类的情感中亦起重要作用，当仅仅从审美的角度观察事物时，一些人颇有魅力，另一些人则相反。

爱的另一端是纯粹的仁慈。有些人曾为帮助麻风病患者牺牲了他们的生命：在这种情形中，他们所感到的爱不可能具有任何审美欢喜的成分。父母的爱心通常伴随着对孩子容貌的欢喜，但是当这种成分完全不存在时，父母的爱心依然强烈。将母亲对生病孩子的关心称之为“仁慈”，这会令人奇怪，因为我们习惯于用这个词描写一种带有九分虚伪的淡漠情感。但是，我们很难找到另外一个词来描述这种希望他人幸福的情感。事实上，这类愿望在父母对子女的情感中，可以强烈到任何程度。但在其他情形中，远不能达到这样的强度；的确，一切利他主义的情感似乎都是一种父母之情的流露，有时也许是它的升华。由于缺少更好的词，姑且称这种情感为“仁慈”。但是，我要说明，我所讲的是一种情感，而不是一个原则，并且我也不把有时与这个词有联系的任何优越感纳入其中。“同情”这个词能表达出我的一部分意思，但却漏掉了我希望纳入的活动成分。

最完全的爱是欢喜和美好愿望这两种成分不可分解的结合。父母对漂亮且成功的孩子所感到的快乐即兼有这两种成分；完美的性爱也是如此。但是在性爱里，仁慈只有当可靠占有时才会存在，否则妒忌将会破坏它，同时也许会实际上增加观察中的欢喜。没有美好愿望的欢喜也许是残酷的；没有欢喜的美好愿望则容易变成冷淡和高傲。一个希望被人爱的人总是希望成为含有两种成分的爱的对象，除非他处于极端弱者的情况下，如婴儿期和病重之时。在这种情况下，所希望的也许只是仁慈。反之，在处于极端强者的情况下，赞美比仁慈更为渴望：这是当权者和绝色美人的心态。我们渴望他人美好愿望的程度，是依我们感到自己需要帮助或面临他人伤害的程度而定的。这似乎至少称得上是这种情境的生物逻辑，但对于人生则不尽然。我们渴望善心，目的在于脱离孤独感和“被理解”。这是同情的问题，而不仅仅是仁慈的问题；那些对我们有善心的人不仅应当希望我们好，而且必需知道我们幸福之所在。但是，这属于美好人生的另一成分，即知识。

在理想的世界里，每一个有感觉的生物都会成为所有其他生物最充分爱的客体，这种爱是欢喜、仁慈和理解融为一体的混合物。这并不是说，在这个现实的世界里，我们也应当对我们所遇到的每一个有感觉的生物怀有这样的情感。有许多生物是我们无法感到欢喜的，因为它们是令人厌恶的；如果我们扭曲我们的天性，企图从它们中看到美，我们只会削弱我们自然发现美的感受性。撇开人类不谈，还有跳蚤、臭虫和虱子。若要我们在观察这些生物时能够感受到欢喜，我们非得先受到老船夫[①]那样的紧勒不可。诚然，一些圣人曾将它们称之为“上帝的珍珠”，但这些人的欢喜只是表现他们自己圣洁的一次机会罢了。

仁慈之心较容易扩大，但是甚至仁慈也有它的限度。如果一个男人想要一位女士，而且发现其他男人也想娶她，这时我们不应当认为他最好退出来：我们应当认为这是竞争的正当范围。他对他情敌的感情不能是完全仁慈的。我认为，在人世间各种美好的人生中，我们必需把动物的活力和动物的本能视为某种基础；舍此，人生将是沉闷和无趣味的。文明应当成为加入其中的东西，而不应取代它；

① 老船夫是英国浪漫主义诗人柯勒律治（1772 ~ 1834）的名诗《老船夫》中的人物，他因误杀了一只海鸟，惹起灾难，众船夫愤怒，以该死鸟紧勒其颈。

苦行的圣者和超俗的哲人在这方面未能成为完人。少数这类人或可点缀社会，但整个世界若都由这类人组成，那将乏味之极。

上述理由使得我们将欢喜的成分作为最完美的爱的组成部分加以一定的强调。在这个现实的世界里，欢喜不免是选择性的，这使得我们不可能对所有的人具有同样的情感。当欢喜与仁慈之间产生冲突时，通常应采用折中的办法解决，而不应完全放弃其一。本能有它的权利，如果我们扭曲本能到一定程度，它会采取巧妙的方式进行报复。因此，在争取美好的人生时，人类可能性的限度必需铭记在心。然而，这里我们又被带回到知识的必要性上来了。

当我说知识是美好人生的一个组成部分时，我不是指道德的知识，而是指科学的知识和特定事实的知识。严格说来，我不认为有道德的知识。如果我们希望达到某一目的，知识可以给我们指出方法，这种知识或可无意地转化为道德的知识。但是，我不相信我们能判定哪一种行为是正确的，哪一种行为是错误的，除非我们考察了其可能的各种结果。假定有一要达到的目的，明了如何达到这一目的，那是属于科学的问题。一切道德准则都必需经受检验，方法是检验它们是否能实现我们欲求的目的。我所说的目的是我们希望达到的目的，而不是我们应当希望达到的目的。我们“应当”希望的东西，不过是他人要求我们希望的东西。通常是权威人士——父母、教师、警察和法官要求我们希望的东西。如果你对我说“你应该做某某事”，你这句话的动力在于我对得到你的赞赏的欲望——伴随你的赞赏或不赞赏而来的，可能还有奖励或惩罚。既然一切行为都源于欲望，那么显而易见，道德的概念毫不重要，除非它能影响欲望。道德的概念完全取决于对赞赏的渴望和对不赞赏的恐惧。这是一股强大的社会力量，如果我们希望实现任何社会目的，我们自然要把这股力量尽力争取到我们这边来。当我说行为的道德应根据其可能的结果去评判时，我的意思是，我希望看到人们能赞赏那种很可能会实现我们所希望的社会目的的行为，而不去赞赏相反的行为。目前，这还做不到；现在存在着某些传统准则，根据这些准则，赞赏和责备是与结果毫不相干的。但这是我们在下一章将要讨论的问题。

理论上的道德的多余，在简单的例子中便可一目了然。例如，假定你的孩子生了病，爱使你希望治好孩子的病，而科学则告诉你如何达到这个目的。这里并不存在一个道德理论的中间阶段来论证你的孩子还是接受医治为好。你的行为直接源于实现目的的希望和知识。这适用于一切行为，无论是好是坏。目的不尽相同，知识在一些场合较之另一些场合更为适用。但是，没有任何办法能使人们去做他们不想做的事情。可能的是通过一种奖罚制度来改变他们的欲望，其中社会的称赞和指责不能算是效果最差的。因此，立法机关的道德家所面临的问题是：如何制定这套奖罚制度才能取得立法机关所希望的最佳效果？如果我说立法机关缺少良好的愿望，我的意思不过是说，它的愿望与我所属于的某部分社会的愿望相冲突。离开人类的欲望，便没有道德的标准。

因此，道德与科学的区别不在于知识的种类，而仅仅在于欲望。道德方面所需要的知识与其他方面所需要的知识完全一样；所特殊的是，有某些目的被希望达到，而正当的行为是有助于这些目的的。当然，如果正当行为的定义要获得广泛的认可，其目的必需是大多数人所希望的。如果我将正当行为定义为是能增加我个人收入的行为，读者想必不会同意。任何道德论据的效力全在于其科学的部分，即能够证明此种行为而非彼种行为是实现大多数人所求目的的手段。然而，道德论据与道德教育是有区别的。后者旨在加强某些欲望和减弱某些欲望。这是截然不同的过程，后面将分别进行讨论。

现在我们可以更准确地解释本章开始所谈到的美好人生之定义的意义了。当我说美好的人生是由受知识引导的爱所构成时，那激励我的欲望是尽可能去过这种生活，并看到他人也过着这种生活的欲望。这句话的逻辑含义是，在一个人们能这样生活的社会里，比在一个缺少爱或知识的社会里，能有更多的欲望得到满足。我的意思并不是说这种人生是“有道德的”，或相反的人生是“罪恶的”，因为这两种概念在我看来都是没有科学根据的。

3. 道德的准则

道德的实际需要产生于不同人或同一人在不同时间，或同一时间的欲望冲突。一个人既想饮酒，又想能胜任他第二天早晨的工作。如果他所采取的方式仅能给他的欲望以较小的满足，我们会认为他是不道德的。而那些过于奢侈或放纵的人，即使他们只损害自己，并不损害他人，我们也会认为他们不道德。边沁认为，一切道德都能产生于“明智的自私”，一个总是根据他自己的最大满足而行事的人，其行为归根结底总是正确的。我不能接受这种观点。世上有过以观看酷刑为最大快乐的暴君；谨慎曾使得他们暂饶受难者一命，以求他日使其遭受更大的痛苦，对这种人，我实在不敢恭维。然而，笼统说来，谨慎是美好人生的一部分。甚至连流落于荒岛的鲁宾逊也曾辛勤劳作、自我克制和深谋远虑，这些均应看作是道德方面的品质，因为它们增加了他的满足，而又未损害他人，这部分道德在教育儿童方面甚为重要，因为儿童是很少考虑将来的。假如他们日后能信守这部分道德，世界会很快变成天堂，因为这道德足以避免战争——战争是感情的行为，而不是理智的行为。然而，无论谨慎何等重要，它终究不是道德的首要部分。它也不是引起理智方面问题的部分，因为它仅诉诸于个人的利益。

不包括于谨慎范围的那部分道德，大体上是类似法律或俱乐部规则的东西。它是一种方法，能使人们共处于一个社会中，而不管其欲望有何冲突的可能。但这里可能有两种截然不同的方法。一种是刑法的方法，其目的仅在于通过对以某种方式损害他人欲望的行为施加令人不快的惩罚来求得表面的和谐。这也是一种社会指责的方法：被自己的团体认为不道德，是一种惩罚，为避免这种惩罚，大多数人都会避免让人知道他们违反了自己团体的准则。但还有一种更根本的方法，一旦成功，结果将令人满意得多。这就是通过最大限度地减少冲突的机会来改变人们的性格和欲望，手段是使一个人欲望的满足尽可能与另一个人欲望的满足相一致。爱所以比恨好，是因为它能使有关人士的欲望变得协调，而不是冲突。在相爱的两人中，成败与共，但在相恨的两人中，一方的成功便是另一方的失败。

“美好的人生是为爱所唤起，并为知识所引导的”这句话如果没有说错，那么显而易见，任何社会的道德准则都不是终极的和自足的，而是必需进行检查，看看它是否像智慧和仁慈所指示的那样。过去的道德准则并非总是无误的。阿兹台克人曾认为吃人肉是他们痛苦的责任，因为他们担心不这样做，阳光就会变得暗淡。他们错在不懂科学上；假如他们对牺牲者怀有爱心，他们或能察觉他们的错误。有些部落把十至十七岁的女孩关闭在暗处，因为他们害怕阳光会使这些女孩怀孕。但是，难道我们现代的道德准则一定没有这类野蛮的东西吗？难道我们一定仅在禁止真正有害的东西，或正派人无论如何不会为之辩护的坏东西吗？我是不敢断言的。

现行的道德是功利主义和迷信的奇特混合物，但迷信部分占有更大的比重，这很自然，因为迷信是道德准则的起源。最初，某些行为被认为是神所不喜欢的，于是通过法律制止，因为神的愤怒会加诸于整个社会，而不只是犯罪的个人。由此产生出罪的观念，就是上帝所不喜欢的即为罪。至于某些行为何以为上帝所不喜欢，却说不出理由；例如，为什么那羔羊应浸入它母亲的奶中，否则上帝会不高兴，这是很难讲清的。但据《圣经》中的“启不录”所说，情况就是如此。有时，上帝的意旨被解释得莫名其妙。例如，我们被告知星期六不要工作，而新教徒却认为这意味着我们星期日不应游玩。但是这新的禁令与旧的禁令具有同样至高无上的权威。

显而易见，一个具有科学人生观的人，是不会为《圣经》的经文或教会的教义所吓倒的。他将不会满足于说，“某某行为是有罪的，此事的结局应是那样。”他将调查那行为是否有害，或者相反，调查相信那行为有罪是否造成伤害。于是，他将发现，尤其是在关于性的方面，我们现行的很多道德，其来源是完全迷信的。他还会发现，这种迷信与阿兹台克人的迷信一样，包含着无谓的残酷，假如人们能对周围的人怀有善心，那迷信是会被抛弃的。但是，传统道德的卫道士是很少有善心的，从教会头面人物对军国主义的偏爱中，即可看到这一点。人们不禁想到，他们所以重视道德，是因为道德能使他们施加痛苦的欲望得以合法发泄：罪人是准予捕猎的鸟兽，因而无需宽容！

让我们考察一下从生到死的普通人生，并注意迷信的道德是如何施加本来可以避免的痛苦。我从胚胎开始讲起，因为这里迷信的影响特别值得注意。如果父母没有结婚，那孩子便会蒙受耻辱，这显然是不应有的。如果父或母有花柳病，很可能会遗传给孩子。就家庭收入而论，如果子女过多，便会出现贫穷、营养不良、住房过于拥挤，而且很可能乱伦。但是，大多数道德家却认为，父母还是以不知道如何通过避孕来避免痛苦为好。为了使这些道德家欢愉，痛苦的人生遂落到千百万人头上，这些人本不该存在，只因道德家们认定没有生儿育女欲望的性交是罪恶的，而有了这一欲望，则不是罪恶的，即使那后代注定要受苦。突然被杀死，接着又被吃掉，这是阿兹台克人受害者的命运，但他们所受的苦比起那些生于悲惨环境中，并染上花柳病的孩子来，要小得多。然而，那更大的痛苦却是主教和政治家们以道德的名义，煞费苦心赐给的。假如他们对儿童尚有些微的怜爱之情，他们断不会坚持那残酷之极的道德准则了。

在出生时和婴儿期，一般孩子受经济之苦较迷信之苦为多。当大户人家的女人生孩子时，她们有最好的医生、最好的护理、最好的饮食、最好的休息和最好的运动。工人阶层的女人是享受不到这些的，她们的孩子常因此而死去。政府当局虽然在照顾母亲方面做了点事情，但那简直是微不足道的。就在政府当局取消对哺乳母亲的牛奶供给，以节省经费时，他们却准备花费巨额资金为富人住宅区修路，而那里的人员来往是很少的。他们必需知道，他们做出这项决定就是在因贫穷罪而宣判众多工人子女死刑。但是，这些统治者得到绝大多数牧师的支持，这些牧师以教皇为首领，使得全世界巨大的迷信势力都来维护社会的不平等。

在教育的各个阶段，迷信的影响是灾难性的。一部分儿童具有思考的习惯；教育的目的之一是铲除他们的这种习惯。凡提出不便回答的问题的，均遭到呵斥或惩罚。集体的情感被用来灌输某些信仰，主要是民族主义的信仰。

资本家、军阀和教士在教育方面通力合作，因为他们的权力完全依赖于情感主义的盛行和批评精神的缺乏。在人性的帮助下，教育正在成功地增加和强化一般人的这些倾向。

迷信损害教育的另一种方式，是它在选择教师方面的影响。由于经济的缘故，女教师不准结婚；由于道德的缘故，她们也不准有婚外性关系。然而，凡是下工夫研究过病态心理的人都知道，长期的处女生活对于女人通常是极为有害的，其危害之大，在一个明智的社会里理应严格阻止女教师过独身生活。目前所实行的这些限制，使得越来越多有能力、肯做事的女人拒绝从事教书职业。这完全归咎于迷信的禁欲主义的长期影响。

在中等和高等学校，情况还要糟糕。这里要做礼拜，而且有关道德的事全由牧师掌管。牧师作为道德教师，几乎必有两方面的失误。他们一方面谴责无害的行为，一方面又宽恕极有害的行为。他们一致谴责那些彼此相爱，但尚未决定终身共同生活的未婚男女间的性关系。他们大都谴责节制生育。他们无一谴责丈夫使其妻子死于多产的残酷行为。我认识一个时髦的牧师，他妻子九年内生了九个孩子。医生告诫他说，如果她再生一个，她将不免于死。第二年她又生了一个，结果死了。无人谴责他；他依然保持着他的有俸圣职，并且又娶了一个女人。只要牧师们继续宽恕残酷而谴责无辜的欢乐，他们作为青年道德的保护者，只能起坏作用。

迷信对于教育的另一恶劣影响，是缺少有关性事实的教育。主要的生理事实应当在发情期前，当它们尚未产生刺激性时，在课堂上得以简单而自然的讲述。在青春期，应当进行非迷信的性道德教育。应当教育青年男女，如非双方情愿，性交在任何情况下都是不正当的。这与教会的训诫相反，教会认为，只要双方婚配，而且男方希望再要一子，则无论女方何等不情愿，性交都是正当的。应当教育青年男女相互尊重对方的自由；应使他们认识到，任何人都没有支配他人的权利，而嫉妒和占有欲会毁灭爱情。应当教育他们，生育是一件大事，只有当孩子确有可能获得健康、良好的环境和父母的养育时，才可这么做。但是，也应当教会他们节制生育的方法，以确保生育成为他们的意愿。最后，应当使他们懂得花柳病的危险，以及预防和治疗的方法。按此方式进行的性教育，可望极大地增加人类的幸福。

应当承认，不生孩子的性关系纯属私事，既无关于国家，也无关于邻人。某些不导致生育的性形式，目前受到刑法的制裁，这完全是荒唐的，因为这是除直接当事双方外，毫不影响他人的事情。对于有孩子的家庭，如果认定使离婚成为极为困难的事情于孩子的利益实属必需，那是错误的。习惯性酗酒、残暴和精神病都是离婚的根据，以此为根据的离婚不但于妻子或丈夫必要，于孩子也是必要的。目前，私通被看得特别严重，这是极不合理的。显而易见，许多错误行为较之偶然的私通，对婚姻幸福更有危害。男方坚持一年生一个孩子，无人视之为错误或残酷，其实是害中之最。

道德的准则不应当使本能的快乐成为不可能。然而，这是在一个两性数量极不相等的社会里严格实行一夫一妻制的结果。在这种情况下，道德准则自然会被违反。但是，当这些准则只有大大减少社会幸福才能被遵守时，当违反这些准则比遵守它们更好时，那准则无疑是该更改了。否则，许多不损害公共利益的人只能从两种不应有的状况中做一选择：要么装成正人君子，要么受人指责。教会是不介意虚伪的，因为虚伪是向其权力奉献的贡物；但在别处，它已开始被认为是不该从轻处罚的恶德。

比神学上的迷信更为有害的，是民族主义的迷信，即只对本国负责，不对他国负责。但是，我不打算在此讨论这个问题，只想指出，这样限制国人是与我们视之为构成美好人生的爱的原则完全对立的。当然，它也是与明智的自私相对立的，因为一种排外的民族主义甚至对于战胜国也是不利的。

我们社会受神学上“罪”观念危害的另一方面是对待犯人的态度。那种认为犯人都是“罪恶的”，因此“应受”惩罚的见解，是理性道德所不能赞成的。毫无疑问，某些人的所作所为是社会希望避免，而且应当尽力避免的。我们也许可以把凶杀作为最鲜明的例子。显而易见，如果社会要团结成一个整体，而且我们要享受它的快乐与利益，我们就不能允许人们相互残杀，即使当他们有这种冲动的时候也不行。但是，这个问题应当以完全科学的态度去对待。我们应当坦率地发问：防止凶杀的最好办法是什么？在两种具有同样效果的防止凶杀的办法中，应当选择那种对杀人者损害最小的办法。损害杀人者是很令人叹息的，就像是外科手术的痛苦。这也许和外科手术同样必要，但绝不是一件值得高兴的事。被称之为“义愤”的复仇之情，不过是一种残酷的表现。损害犯人绝不能以报复性惩罚的观念去辩护。如果教育加仁爱同样有效，那就应当选择它；如果它更为有效，那就更应当选择它。当然，防止犯罪和惩罚犯罪是两个不同的问题：给犯人以痛苦的目的，大概在于它的威慑作用。如果监狱办得如此人道，犯人竟能免费获得良好的教育，人们也许会故意犯罪以获得入狱的资格了。毫无疑问，监禁必需要比自由乐趣少些；但得到这个结果的最好办法，是使自由比目前有时的自由乐趣多些。然而，我并不打算着手做刑法改革的事情。我只是想建议，我们应当像对待染上瘟疫的人一样对待犯人。二者都是公共的危险，都必需被剥夺自由，直到他们不再构成危险为止。但是，染上瘟疫的人可以成为同情与怜悯的对象，而犯人却只是诅咒的对象。这是完全不合理的。我们的监狱在医治罪犯恶习方面之所以远不如医院在医治疾病方面成功，正是由于这种态度上的差异。

4. 个人的与社会的拯救

传统宗教的缺点之一是它的个人主义，并且这个缺点也属于与其相关的道德。从传统上看，宗教生活似乎曾是灵魂与上帝之间的对话。那时，遵从上帝的意志便是美德；这是个人可以做到的，完全不必考虑社会的情况。新教徒发展了“信教”的观念，这常见于基督教的教义中。这种独立灵魂的个人主义在历史的某些阶段曾有其价值，但在当代社会，我们所需要的是社会的而不是个人的幸福观。在本章中，我打算讨论一下这种个人主义是如何地影响我们关于美好人生的观念的。

基督教产生于罗马帝国完全失去政权的人们当中，他们的民族国家业已灭亡，并被归入一个非个人的庞大集合体。在公元的头三个世纪中，那些信奉基督教的人无法改变他们所处的社会制度或政治制度，虽然他们深知那制度的腐败。在这种情况下，他们自然会接受这样一种信念，就是个人在一个不完善的世界里是可能完善的，而美好的人生则与这个世界毫无关系。我的意思若与柏拉圈的共和国进行比较即可明白。当柏拉图想描述美好的人生时，他描述的是整个社会，而不是个人；他这样做的目的是明确正义，从本质上说，这是一种社会观。他已习惯于共和国的公民义务，政治责任被他视为是理所当然的东西。希腊式的自由丧失后，禁欲主义随之兴起，它对美好人生具有个人主义的观念，这一点很像基督教，而不像柏拉图的学说。

我们属于伟大的民主时代，应当在自由的雅典找到一种比在专制的罗马帝国所找到的更为适当的道德。印度的政治状况与基督时代犹太的状况很相似，在那里我们发现甘地在宣传一种很像基督的道德，并因此而受到彼拉多①的业已基督教化的继承者的猛烈抨击。但是较极端的印度民族主义者不满足于个人的拯救，他们渴望民主的拯救。

① 钉死耶稣的古代罗马的犹太总督。

于是，他们开始探求西方的自由民主。我想指出，从几个方面来看，他们的探求由于基督教的影响，尚缺少足够的勇气与自觉性，并且还受到个人拯救的信念的阻碍。

正如我们所想象的那样，美好的人生需要许多社会条件，否则是不大可能实现的。我们说过，美好的人生是为爱所唤起，并为知识所引导的。所需要的知识只有在政府或富豪致力于它的发现与传播的地方才会存在。例如，癌症的扩散是令人恐怖的，我们应该怎么办呢？由于缺少知识，目前还没有人能回答这个问题；而且这种知识若不通过拥有基金的研究，是不大可能获得的。再如，科学、历史、文学和艺术的知识应当是所有想得到它的人都能得到的；这需要政府当局的精心安排，而不是通过改变宗教信仰的方式所能奏效的。还有对外贸易，少了它，一半英国人都会饿死；如果我们饿着肚子，就很少有人能享受美好人生了。无须再举更多的例子。那重要之点是，人生确有好坏之分，世界是一个统一体，那些自命能独立生存的人不过是自觉或不自觉的寄生物。

个人拯救的观念是早期基督教徒为其政治屈从做自我安慰用的，一旦我们摆脱了有关美好人生的非常狭隘的观念，个人拯救的观念也就不复存在了。按照正统的基督教观念，美好的人生是有道德的人生，道德即是遵从上帝的意志，而上帝的意志是通过良心的声音启示给每一个人的。这整个观念是，人们的观念应服从于外来的独断。除了道德，美好的人生还包括许多别的东西，例如智慧。良心是最靠不住的向导，因为它是由儿时听到的训导的模糊回忆构成的，所以它绝不会比它的保姆或母亲更高明。要过上最完全意义上的美好生活，一个人必需有良好的教育、朋友、爱情、孩子（如果他想要的话）、确保他不致贫穷和忧虑的足够收入、健康和不感觉乏味的工作。所有这些东西都不同程度地依赖于社会，并为政治事件所帮助或阻碍。美好的人生只能存在于美好的社会中，否则不可能十全十美。

这是贵族理想的根本缺陷所在。某些好的东西，如艺术、科学和友谊，的确能在贵族社会昌盛起来。它们曾存在于以奴隶制为基础的希腊；它们也存在于以剥削为根据的当代。但是，表现为同情或仁慈的爱，在贵族社会里却不能自由存在。贵族深信，奴隶或无产者或有色人种是下等人，他们受苦是理所当然的。当前，斯文的英国绅士鞭打非洲人如此之狠，以致他们经过数小时难以言喻的极度痛苦之后便死去。即使这些绅士受过良好教育、懂艺术、善谈吐，我仍不能承认他们有美好的人生。人性所给予的同情固然是有一定限度的，但绝不是目前这种限度。在一个提倡民主的社会里，只有疯子才会这样做。贵族理想中所含有的同情限度便是对它的谴责。拯救是一种贵族的理想，因为它是个人主义的。因此，个人拯救的观念无论怎样解释和扩展，都不能作为美好人生的定义。

拯救的另一特点是，它产生于一种突变，有如圣保罗的转变。雪莱的诗可以作为这种观念应用到社会的例子；当每个人都得到改造，“无政府主义者”统统消失，“世界的伟大时代重新开始”的时候，这个时刻便会到来。人们也许会说，诗人算不上大人物；诗人的思想是不重要的。但我相信，绝大多数革命领袖都具有极其类似雪莱那样的思想。他们认为，苦难、残忍和腐败都应归咎于暴君或僧侣或资本家或德国人，如果这些祸根被铲除，人心就会普遍转变，于是我们便能永远幸福地生活下去。由于持有这种信念，他们便热衷于实行“以战争消灭战争”。较为幸运的是那些遭到失败或死亡的人；那些不幸获胜的人都变得愤世嫉俗或悲观失望，因为他们的一切热望统统成了泡影。他们产生这些希望的根源是这样一种基督教教义，即突变是得救之路。

我并非想说革命是永不需要的，但我要说它不是到达太平盛世的捷径。实现美好的人生，无论个人的或社会的，都是没有捷径的。要拥有美好的人生，我们必需拥有智慧、自制和同情。这是一个数量的问题，一个逐渐改良、早期训练、教育实验的问题。促使人们相信骤然改良之可能的，只是急躁情绪而已。可能的逐渐改良和使其实现的方法，是未来科学的事情。但有些东西是现在可以说的。可以说的部分，我将在最后一章里试着论述。

5. 科学与幸福

道德家的目的是改良人们的行为。这是值得称颂的雄心，因为人们的行为大部分是可叹的。但是，我不能赞美道德家所希望的个别改良和他们为实现这些改良所采用的方法。他们表面的方法是道德的告诫；他们真正的方法

（如果他们是正统的）是经济的赏罚制度。前者的影响既不长久，也不重要；自萨沃纳罗拉以来，信仰复兴运动者的影响总是非常短暂的。后者——赏与罚——却具有极为可观的效果。例如，它使得男人宁可临时嫖妓，也不愿有半个永久的情妇，因为他们必需采取最易隐瞒的方式。这样，它造就了大量从事一种非常危险职业的人，并使花柳病广为流行。这些并不是道德家所希望的东西，但是他们太不科学了，竟没注意到这正是他们所造成的。

有更好的方法来取代这种不科学的说教与行贿的混合物吗？我认为是有的。

人们的行为所以有害，或是由于无知，或是由于不良的欲望。“不良的”欲望，当我们从社会观点论述时，可以定义为有损害他人欲望倾向的欲望，或者更准确地说，损害他人的欲望多于帮助的欲望，源于无知的损害无需述；这里所需要的只是更多的知识，因此改良之路在于多研究和多教育。然而，源于不良欲望的损害却是一个比较困难的问题。

普通男女身上都存有某种程度的活跃的坏心，对特定敌人的特定恶意和对他人不幸的一般窃喜。这坏心通常是用漂亮的言词掩饰着的；约有半数的传统道德做了它的掩饰外衣。但是，道德家改良我们行为的目的要想达到，必需正视这种坏心。它的表现形式，大大小小有上千种：人们传播和相信丑闻时的欢心；虐待犯人，虽然已证明改善待遇可获得更好的改造效果；白人对黑人令人难以置信的野蛮；以及欧战期间老妇人和教士向青年诉说服兵役义务时的津津乐道。甚至儿童也可能成为肆意虐待的对象：大街·科波菲尔和奥利维·特威斯特绝不是凭空想象出来的。这种活跃的坏心是人性中最坏的特征，如果世界要改良，它是最需要改变的。这个原因与战争的关系，也许比所有政治的和经济的原因加在一起还要多。

对于避免坏心的问题，我们应当如何回答呢？首先让我们明了其原因。我认为，原因部分是社会的，部分是生理的。现在的世界与以往任何时候一样，是以你死我活的竞争为根据的；欧战的争点是，究竟是德国的还是协约国的孩子应当死于贫困和饥饿（除了双方的坏心，没有丝毫理由说双方不应并存）。大多数人的心灵深处都对毁灭怀有无法消除的恐怖，尤其是那些有子女的人。富人害怕布尔什维克分子没收他们的投资；穷人担心失业或生病。每个人都在疯狂地追求“安全”，并以为只有制服潜在的敌人才能达此目的。在人恐慌的时候，暴行最普遍且最残酷。各地的反动分子都求助于恐怖：在英国，求助于对布尔什维克主义的恐怖；在法国，求助于对德国的恐怖；在德国，求助于对法国的恐怖。他们这种做法的唯一作用，就是增加了他们希望避免的危险。

因此，防止恐怖应当成为科学的道德家主要关心的事情之一。这可从两方面着手：增加安全和培养勇气。我所说的恐怖是一种不合理的情感，而不是对于可能的不幸的合理预见。当剧院失火时，有理智的人对于灾祸的预见与惊慌失措的人一样清楚，但是他所采取的方法很可能会减少灾祸的损失，而那惊慌失措的人则会增加灾祸的损失。

自一九一四年以来的欧洲一直很像一座失火的剧院里惊慌失措的观众；需要的是镇静而可靠的指挥，以使大家脱离险境，而不致在此过程中彼此践踏至死。维多利亚时代，且不管它何等虚伪，是一个发展迅速的时期，因为当时支配人们的是希望，而不是恐怖。如果我们要重新取得进步，我们必需重新为希望所支配。

凡是能够普遍增加安全的东西，大概都会减少残酷。这适用于防止战争，无论是借助于国际联盟或利用其他什么；适用于防止贫困；适用于通过改善医疗卫生和环境卫生条件来增进健康；也适用于以种种方式减少那种潜伏在人的心灵深处，当人们入睡时如噩梦般出现的恐怖。然而，以一部分人的牺牲换来另一部分人安全的企图——法国人以德国人为牺牲，资本家以劳动者为牺牲，白种人以黄种人为牺牲，诸如此类，则是毫无益处的。这类方式只会增加统治集团的恐怖，因为他们担心正义的愤怒会导致被压迫者的反抗。只有正义才能产生安全；我所说的“正义”，指的是承认全人类拥有平等的权利。

除了旨在获得安全的社会变革外，还有一种更为直接的减少恐怖的办法，即旨在增加勇气的社会制度。由于勇气在战斗中的重要性，人们很早就发现了一种以教育和饮食增加勇气的方法（例如，吃人肉被认为是有效的）。然而，军事上的勇气是统治阶层的特权；斯巴达人的勇气多于奴隶，英国官员的勇气多于印度平民，男人的勇气多于女人，等等。在若干世纪里，勇气曾被认为是贵族的特权。统治阶层勇气的每一次增加都相应地增加了被压迫者的负担，并因此而增加了压迫者恐怖的根据，以致残暴的因素始终不减。勇气必需民主化，才能使人变得人道。

近来的一些事件已使勇气民主化了许多。那些从事妇女参政运动的妇女表明，她们所具有的勇气绝不在最勇敢的男人之下；这种勇气对于她们赢得选举权是至关重要的。在欧洲战争中，普通士兵所需要的勇气与尉官一样多，而且远在将军之上：这与他们退伍后不屈从很有关系。自称是无产阶级先锋队的布尔什维克，的确不乏勇气，且不管他们在其他方面如何，这已为他们革命前的经历所证明。在日本，尚武精神从前为武士所独有，但征兵制已使所有男性公民需要勇气。半个世纪以来，列强做了大量工作，以使勇气不再是贵族的专利：假如情况不是如此，民主所面临的危险将会比现在大得多。

然而，战斗中的勇气绝不是勇气的唯一形式，甚至也称不上是最重要的。还有面对贫穷时的勇气、面对嘲笑时的勇气、面对自己人敌视时的勇气。这些方面的勇气，连最勇敢的士兵也往往少得可怜。而首要的是，面临危险时冷静而理智思考的勇气，以及控制无谓的恐惧或愤怒之冲动的勇气。这些无疑是教育可以帮助获得的东西。各种勇气的培养会由于良好的健康、结实的体格、充足的营养以及生命基本冲动的自由发泄，而变得较为容易。勇气的生物来源也许可以通过对比猫与兔的血液来发现。科学在增加勇气方面所能做的事情，很可能是没有限度的，如历险、体育和适当的饮食。所有这些东西，我们上层阶级的子弟可以在很大程度上享受，但迄今为止，它们大体上还是富豪的特权。社会贫困阶层中目前刚受到鼓励的勇气，是命令下的勇气，而不是那种含有主动性和领导意识的勇气。当那些能产生领导意识的品质变得普遍化时，就不会再有领袖和追随者，民主政治也就能最终实现了。

然而，恐怖并不是坏心的唯一来源；妒忌和挫折也有份。众所周知，跛子和罗锅的妒忌是恶意的来源，但别的不幸也会产生类似的结果。在性方面受挫的男人或女人往往妒忌心极强；这通常采取对较幸运者进行道德谴责的形式。革命运动的动力大都源于对富人的妒忌。当然，吃醋是妒忌的特殊形式：爱的妒忌。老人常常妒忌青年；当他们妒忌时，他们易于虐待青年。

据我所知，没有办法对付妒忌，除非使妒忌者的生活变得快活些和充实些，并在青年时代提倡集体创业的思想，而不是鼓励竞争。最可怕的妒忌形式存留于那些在婚姻、子女或事业方面不如意的人身上。这类不幸在较好的社会制度下大都可以避免。但我们也应当承认，妒忌很可能还会残存一些的。历史上有许多将军之间彼此妒忌的先例，他们宁可战败，也不愿增加对方的声誉。同一党派的两名政治家或同一流派的两名艺术家，几乎肯定会相互妒忌。在这类情形中，似乎只有一个办法，就是千方百计使竞争者无法伤害对方，胜利只能取决于更优异的成绩。画家对竞争者的妒忌往往没有多少危害，因为唯一有效的对付办法，就是画出比对方更好的画来，所以他不大可能去毁掉对方的画。在妒忌不可避免的地方，应当利用它刺激人们去自我努力，而不是去阻碍对方的努力。

科学在增加人类幸福方面的可能，并不仅限于减少人性中造成两败俱伤，故而被我们称之为“恶的”那些方面。科学在增加美好的积极因素方面所能做的事情，或许是没有止境的。卫生条件已经得到极大的改善；不管那些怀旧者如何哀叹，与十八世纪任何阶级或民族相比，我们毕竟延长了寿命并减少了疾病。若把我们已有的知识更广泛地应用，我们将会比现在更加健康。未来的发现很可能会极大地加快这方面进程。

迄今为止，对我们生活影响最大的当数自然科学，但是在将来，生理学和心理学的影响很可能远在它之上。当我们发现了性格如何依赖于生理状况时，只要我们愿意，我们就能产生出大量我们所称羡的那种人。智慧、艺术能力、仁慈——所有这些东西无疑可因科学而增加。只要人们明智地利用科学，在创造美好世界方面所能做的事情，几乎是没有止境的。我在别处曾表示过我的担心，就是人们也许不能明智地利用他们从科学中所获得的能力[1]。现在我只探讨如果人们愿意，他们所能做的好事，而不涉及他们是否愿意做坏事的问题。

关于科学应用到人生这个问题，存在着一种观点，对这种观点，我有些同感，虽然最后分析起来，我是不能同意的。它是那些害怕“不自然的”东西的人所持有的观点。当然，卢梭是欧洲这一观点的伟大创始人。在亚洲，老子对这一观点的阐述，更是动人心弦，而且要早两千四百年。我认为，他们对于“自然”的赞美，不过是真理与谬误的

① 参见《科学的未来》。

混合物，而正确认识这一问题是很重要的。首先要问，什么东西是“自然的”？泛泛说来，是说话者幼年时所习惯的东西。老子反对公路和舟车，这恐怕是他所出生的那个村子不知公路和舟车为何物的缘故。卢梭对这些东西习以为常，所以并不认为它们是违反自然的。但是，假如他在有生之年看见铁路，他无疑会大加指责。服装和烹饪由来已久，大多数提倡自然的人都不提出异议，虽然他们一致反对式样翻新。节育被那些宽容独身的人当成犯罪，因为前者是违反自然的新事物，而后者则古已有之。在所有这些方面，那些提倡“自然”的人都是自相矛盾的，这只能使人把他们看成是守旧之士。

然而，他们并非一无是处。例如，维生素的发现使人们复而赞成“自然的”食物。不过，维生素似乎也可由鱼肝油和电光提供。此二者无疑不是人类“自然的”食物。这个例子表明，如果缺少知识，一种违反自然的新做法也许会带来意想不到的危害，但是当那危害被认识到时，往往可以用某种新的人造物去补救。至于我们的自然环境和满足我们欲望的物质手段，我认为，有关“自然”的这套理论，除了证明在采取某种新做法时应谨慎外，并不能证明别的什么。例如，衣服是违反自然的，如果不想让衣服引起疾病，就需要增加另一种不自然的行为，即洗涤。但是，穿衣与洗涤加在一起确可使人比与此二者无缘的野蛮人要健康些。

关于人类欲望方面的“自然”，有更多的话可说。强迫男人、女人或儿童去过一种压抑其最强烈之冲动的生活，是残酷且危险的；在这个意义上，依从“自然”的人生再加上某些条件，是应当赞许的。最人为的东西莫过于地铁，但是乘地铁旅行并不会损害儿童的天性；相反，几乎所有的孩子都觉得这种经历是愉快的。在其他各点都相同的条件下，能够满足一般人欲望的人造物便是好的。但是，对于那种为权力或经济贫困所逼迫的非自然的生活方式，则是无话可讲的。毫无疑问，这种生活方式目前在某种程度上还是需要的：假如汽船上没有司炉，航海将会变得极为困难。但是，这类需要令人遗憾，还是设法避免为好。一定数量的工作不是令人厌恶的事；的确一定数量的工作比起无所事事，十有八九更能使人愉快。但是，目前大多数人所不得不从事的工作，就其种类和数量来说，真是苦不堪言，那种一辈子都摆脱不掉的日常工作更是如此。生活不应管得过严或计划性过强；当我们的冲动确实无损于他人时，如果可能，应当得到自由的发泄；应当有冒险的余地。我们应当尊重人的天性，因为我们的欲望和冲动是造成我们幸福的原料。给人们一些在理论上被视之为“好的”东西，是没有用的；如果我们要增加他们的幸福，我们必需向他们提供所渴望或需要的东西。科学将来或许能使我们的欲望变得不致像现在这样易与他人的欲望相冲突；那时我们就能比现在更多地满足我们的欲望了。在这种意义上，而且只有在这种意义上，我们的欲望才会变得“好些”。单独的欲望，孤立地说，无所谓好坏；但是一些欲望可以比另一些欲望好，如果前者能够同时满足，而后者彼此有些冲突的话。这就是爱比恨好的原因所在。

尊重物质的自然是愚蠢的；物质的自然应当以尽量使其服务于人类之目的的观点加以研究，但它在道德上是无所谓好坏的。在物质的自然和人的天性相互影响的地方，如人口问题，我们无须束手被动地尊崇并接受战争、瘟疫和饥荒为解决人口过剩问题的唯一可能的方法。神学家们说：在此事上，应用科学于这一问题的物质方面是罪恶的：我们应当（他们说）应用道德于人的方面，并且实行禁欲。每个人，这些神学家也不例外，都知道他们的劝告无人理睬，撇开这个事实不谈，通过避孕的物质手段来解决人口问题究竟何罪之有？除了这是以古代教义为根据的，尚无别的答案。而且显而易见，这对于神学家所维护的自然的违反，至少不在节育之下。神学家们宁可选择违反人类天性的做法，虽然当这种做法卓有成效时，会产生不快、妒忌、迫害的倾向和经常性的疯狂。我却更喜欢"违反"物质自然的做法。这是一种类似使用蒸汽机或雨伞的做法。这个例子表明，我们所应遵循的"自然"的原则，它的应用是何等的含混和不确定。

自然，甚至人性，将越发不复为一种绝对的材料，而逐渐成为科学所造成的东西。科学如果愿意，它能使我们的子孙过着美好的生活，方法是给他们以知识、自制力及产生和谐而非争斗的品性。目前，它正在教我们的孩子互相残杀，因为不少科学家情愿牺牲人类的未来而赢得他们短暂的欢心。但是，当人们能够像他们控制外界物力那样控制自己的情感时，这一阶段将会过去。那时我们就将最终赢得我们的自由了。

三、社会改造原理

1. 生长的原理

对于一切能接受新印象和新思想的人们，战争已使他们原有的信仰和希望起了某些变化。至于各个事例中究竟起了什么样的变化，那要看什么样的人和什么样的情况来决定。但不管形式如何，变化是普遍发生的。在我看来，通过战争，我们所能学到的，主要是对于人的行动的动机有了一定的看法。就是说这些动机是什么，根据我们合理的希望，它们将会变成什么。这种观点，如果是正确的话，在这个危急的时机之中，作为一种政治哲学的基础来看，似乎比较传统的自由主义，更能站立得稳。下面各个讲题中，虽然只有一个讲题讨论到战争，但是全部都是由上面所说的关于人的行动的动机的观点启发出来的，而这个观点又是从战争中得来的。我所以要做这些陈述，就是希望在欧洲能建立一些政治制度，使人们能厌恶战争。要实现这个希望，虽然在经济和社会生活方面，非有巨大而根本的改造不可，但我深信这是可以实现的。

一个人如果没有视战争为必要的信念和热情，他对于一般人的活动，自然不免形成隔离，而且有一种几乎不能忍受的孤独的感觉。当全世界遭难，使怜悯心达到最高度的时候，这种怜悯心就能使人跟自行毁灭的冲动脱离，虽然这种冲动盛行于欧洲。怀着救人类于自趋灭亡，那种毫无结果的愿望的人势必使他与潮流相对立，因而遭受敌视，被人认为没有感觉，并一时无法取得他人的信任。这样的人要不被人敌视，虽不可能，但自己尽力抱着想象中的谅解和由此而产生的同情的心理，不跟他人相互为敌，那是可以做到的。如果没有谅解和同情，那么必定不能医治使世界受苦的病根。

对于战争有两种看法，我以为没有一种是恰当的。在我国有一种通常的看法，就是认为战争是由于德国人的凶恶；而大多数爱好和平的人认为，战争起因于外交上的纠纷和各国政府的野心。我想这两种观点都没有认识到战争是怎样产生于人类本性的。德国人和各国政府的成员都完全是普通人，被那种驱使着别人的一样的感情所驱使。他们同其他世人比较起来，除所处的地位不同以外，并没有两样。非德国人和非外交界的人们，也轻易地接受战争，对于不正确和不充足的理由也表示同意。如果深恶战争的思想早就传播于其他国家或其他阶级的人民中间，那么上面所述的情况就不会如此了。相信不真实的事情，而不相信真实的事情，这就表明人们的冲动——不一定表明每一事件中个人的冲动（因为信仰是可以传染的），但是可以表明社会上一般的冲动。有许多事情，并没有足以使人相信的很好理由，但是我们大家都信以为真，这是因为在下意识里，我们的本性渴望着某种行动，而这些行动就产生于这些信仰，使本来不合理的事情看成为合理。没有根据的信仰，就是冲动对于理性所表示的敬意。这里的人和德国人正由于这些相反而实相类似的信仰，大家都认为有从事战争的义务。

对于一个接受这种观点的人，其第一个自然发生的思想是：倘使人能更多地为理性所控制，那多么好。对于那些看到战争定会使参战者受害无穷的人来说，战争好像纯粹是一种狂病，一种集体的疯狂，犯了这种病，把和平时候所知道的事情，全给忘了。如果能把冲动加以更多的节制，如果思想能够少受些热情的控制，那么人的头脑就可以抵御战争狂热的侵袭，而有纠纷，也可以用和平协商的方法来处理。这是正确的，但仅仅如此，还嫌不够。凡愿望做正确思考的人，一定要把他们这种愿望化为热情，才能用这种热情来控制战争的热情，因为只有热情能控制热情，也只有一个相反的冲动或愿望才能遏制另一个冲动。正如传统的道德家所说的那样，要建设一种美好的生活，理性是太消极，太缺乏生命力了。要防止战争，不能单靠理性的力量，一定要有一种积极的、富有冲动和热情的生活，才能克服导致战争的冲动和热情。需要加以改变的正是冲动的生活，不仅是思想清醒的生活。

①冲动与愿望

人类一切的活动都发生于两个来源：冲动与愿望。愿望所起的作用常是可以充分地认识的。当人们觉得自己有不很满意的地方，而又不能立即获得满意的时候，想象就会在他们意识中产生一种思想，即想起一些他们认为能使自己获得幸福的事情。一切愿望都包含着从感觉需要到需要获得满足之间的一段时间。由愿望所鼓舞起的行动，就行动的本身来说，可能是痛苦的，达到愿望所需的时间或许是很长的，而且所要求达到的目标，可能跟我们的生活无关，甚至是涉及我们身后之事的。意志，作为一种主导力量，主要在于顺着愿望，追求较远的目标，即使涉及的行动要引起痛苦，并且要受到不合适的但较近的愿望与冲动的诱惑。这一切是大家所熟悉的，而政治哲学，到现在为止，几乎完全根据愿望作为人类行为的源泉。

但愿望只能控制人类活动的一部分，而且这一部分并不是最重要的部分，只是比较自觉、明显和文明的部分而已。

在我们的本性中，比较偏于本能的部分，都受制于追求某些活动的冲动，而不是受制于追求某些目标的愿望，试看儿童的奔跑和叫嚷，并不因为他们认为这样做了有什么好处，只是由于一种要跑要叫的直接冲动。又像狗对着月亮吠叫，也不是因为它们想到这样做了有什么好处，只因为感觉到一种要吠叫的冲动罢了。所以促使人做出吃、喝、恋爱、争吵和说大话等等的行为的，不是目的，而是冲动。凡是相信人是理性的动物的人们，一定会说，人之所以要说大话就是要想人家器重他。但是我们大都能想起：有时候我们明知说了大话会被别人看不起，但还是要说大话。所以出于本能的行为通常会达到适合于人性的结果，而并不是由于要达到这种结果，才去做的。那些行为都是从直接的冲动出发，而冲动往往是强有力的，即使在不能产生正常的、合意的结果时，也是如此。成年人喜欢想象自己比较儿童和狗更有理性，因此不自觉地把冲动在他们生活中所起的重大作用隐瞒着。这种不自觉的隐瞒，往往是产生于某种一般性的计划。当一种冲动不能在发生的时候得到满足，就会产生一种愿望，希望获得满足这种冲动时的预期后果。如果这些后果中间，有一部分为理所当然要产生的，而且是显然令人不愉快的，那么预见与冲动之间就要发生一种矛盾。假如冲动软弱，预见就可能胜利，这就是所谓按照理性行事。假如冲动坚强，那么或是预见被歪曲，把不愉快的后果忘掉，或是有些英雄式的人物，就会不顾一切地接受这些后果。当麦克白明知他注定要战败时，他毫不退缩，并且喊道：

> 痛击，麦克道夫，
> 谁先叫“停止，够了”，谁就该死！

但是具有这种强烈和大胆的冲动是不多的。大多数人，他们的冲动如果强，由于下意识的选择作用，他们常常会说服自己：放纵冲动，就会得到好的后果。一切哲学，一切伦理评价的体系都是这样产生的：它们都体现一种屈从于冲动的思想，其目的在于使冲动的放纵有一个似乎合理的根据。唯一真实的思想；产生于好奇的、理智的冲动，这种冲动使人有求知和求理解的愿望。但大多数冒充的思想，实际上是由非理智的冲动所引起，只是一种说服自己的手段，以为放纵了这种冲动，就不会使我们失望或受到害处。[1]

当一个冲动受到抑制的时候，我们会觉得不舒服，甚至于感到剧烈的痛苦。我们可能放纵冲动来避免这种痛苦，那时候我们的行动是有目标的。但是痛苦的存在是由于冲动，而现在只是把这个冲动引到一个行动上去，并不是把它引到避免因抑制冲动而生的痛苦上去。这样说来，冲动本身还是没有目标的。至于逃避痛苦的目标，仅仅发生于冲动暂被抑制的一转瞬间。

冲动是我们行动的基础，它的范围大大超过于愿望。愿望是有它的地位的，但是看起来没有那样大。冲动常带着一连串服从它的、想象出来的愿望：它们使人以为所希望的是冲动满足以后所产生的结果，他们就是为了这些结果才去行动，而实际上，他们的行动，除了行动本身以外，没有什么其他的动机。一个人写一本书，或画一幅画，当初或许自以为他的目标是在于获得称誉；但是一旦完成，如果他的创作冲动还没有耗尽的话，那么对于已成的作品，他又不感兴趣了，将会着手于另一件新的作品。这个道理适用于艺术创作，也同样适用于我们生活中的一切重要事项：直接的冲动在推动着我们，而我们想象中的愿望，仅仅是冲动所披着的外衣罢了。

愿望，跟冲动相反，在人类生活的调节中，确实起了愈来愈多的重要作用。冲动是反复无常、杂乱无章的，因此不容易把它纳入一个有条有理的规范之中；在儿童或艺

① 关于这个问题，可以参考伯纳·哈德所著《疯狂心理学》（Bernard Hart：Psychology of Insanity；剑桥大学出版社，1914 年版），第 5 章。

术家的生活中，或许可以容忍，但是对于应该严肃的人就不相宜了。几乎一切有报酬的工作，都是从愿望出发去做的，并不是从冲动出发的：就工作本身来说，或多或少会使人感到腻烦，但是能得报酬是合乎愿望的。人在工作时间内的一切严肃的活动，除了少数幸运的人以外，主要是受到愿望的节制，而不是受对于这些活动的冲动的节制。在这方面，很少人看到有什么坏处，因为大家认为在工作中不能让冲动占有满意的位置。

一个人对于一种冲动，如果在实际上和想象上都没有关系，那么在他看来，这种冲动永是疯狂的。一切冲动实质上是盲目的，那就是说，冲动不是从对于后果的任何预见所产生的。对于与一种冲动没有关系的人，关于这种冲动将发生怎样的后果，和必然发生的后果是否就是预期的后果，都另有一番估计。这种不同的意见，看起来好像是合乎道德与理智的，但实质上是发生于不同的冲动罢了。在这种情况之下，冲动上的差别如继续存在，那么彼此的见解就无法归于真正的统一。凡是生气蓬勃的人，同时也必然具有强盛的冲动，而这些冲动，在旁人看来，或许认为完全不合理。盲目的冲动有时引导到毁灭和死亡，但有时也可以引导到世界上最好的事情。盲目的冲动是战争的来源；但也是科学、艺术和爱的来源。我们所需要的，不是冲动的削弱，而是引导冲动到生命和发展方面去，不是引向死亡和腐朽方面去。

用意志来完全控制冲动，虽然道德家有时做这样的宣传，而为了经济上的需要，也往往被迫这样做，但实际上是不适当的。人的生活，如果专门给目的和愿望所支配而完全排斥冲动，会变成一种使人厌倦的生活，使生命力消耗净尽，结果会使人对于原来要达到的目标，变为冷淡和漠视。如果全国所有的人都过着这种生活，那么全国将变为软弱无力，没有足够的把握来认识和克服为达到它的愿望所遭遇到的阻碍。工业制度和组织经常迫使文明国家越来越多地过着有目标的生活而放弃冲动的生活。长期以后，这种生存方式，如果不把生命的源泉弄干，也会产生不是意志所能控制的，也不是思想上所能自觉的新的冲动。这些新的冲动，就它们的效果来说，往往比受到遏制的冲动更坏。过多的纪律，特别是从外面强加上去的，时常会产生残酷而有破坏性的冲动；就是因为这个理由，军国主义对于国民的性格产生了不良的影响。自发的冲动，如果不能寻找到出路，其结果几乎必然会使人丧失生命力，或者产生压迫性的和与生命敌对的冲动。一个人的冲动，并不是一开头就被他的本性所固定：在一定的范围之内，它们是大大地为他的环境和生活方式所改变的。这些变化的性质，应该加以研究，而且在判断政治和社会制度的好坏时，必需考虑到这些研究的结果。

战争，主要是从冲动的生活中产生出来的，而不是产生于理性或愿望。有侵略的冲动，也有抵抗侵略的冲动。两者有时也可能与理性相一致，但在许多的事例中，战争的实施是与理性背道而驰的。每一个冲动都带来一连串伴随的信仰。适合于侵略冲动的信仰可以从伯恩哈德，或从伊斯兰教初期的战胜者的事例中看到，也可以从《圣经》

中的《约书亚记》中看到完备的例子。信仰之中，第一个就是自己这一族的优越性，他们肯定在某种意义上是上天的选民。因此，他们感觉到只有自己一族的祸福是重要的事情，而世界上其他的人只供高一等民族在求得胜利或挽救危亡时的利用罢了。在现代政治上，这种态度体现在帝国主义里。整个欧洲对于亚洲和非洲抱着这种态度，而许多德国人对于欧洲的其他部分抱着这样的态度。

与侵略冲动相关联的，就是反侵略冲动。古代以色列人对于法利赛人的态度，和中世纪欧洲对于伊斯兰教徒的态度都是表明这种冲动的很好的例子。这种冲动所产生的信仰，就是相信侵略者非常凶恶，因此对他们的侵略发生惧怕，并且相信本国的风俗习惯有无限的价值，如果侵略者战胜，那么这些优良的风习就有被压制的可能。英法两国的一切反对派，在战争爆发以前，虽然用全力来反对民主，但战事一发生，他们就开始说民主受到威胁。他们这样说并非是虚伪的，因为反对德国侵略的冲动使他们感觉到，凡是受到德国侵略威胁的任何事物，都应该加以爱护。实际上，他们所以爱民主是因为他们恨德国；但是他们自以为他们所以恨德国是因为他们爱民主。

在一切参战的国家里，互相关联的侵略冲动和反侵略冲动，两者都起着作用。不受这两种冲动的任何一种所支配的人，大体可分为三类。第一类人，他们的民族感情是同统治他们的国家相敌对的。属于这一类的有如爱尔兰人、波兰人、芬兰人、犹太人及其他被压迫民族的人民。从我们的观点来看，这些人可以不加研究，因为他们的冲动的本性是同打仗的人全都一样的，所不同的只是外界的情况罢了。

第二类人，他们不是支持战争的力量的一部分，他们的冲动的本性已经或多或少归于枯萎。和平主义的反对者认为，一切和平主义者，除为德国人所收买者外，都属于这一类。他们认为，和平主义者是没有血性的，没有感情的人，这些人当他们的弟兄为国牺牲的时候，他们还能袖手旁观，以超然的态度加以论究。在一些纯粹是消极的和平主义者，除不积极参加战争外，并无其他行动的人们中间，可能有一部分人是这样的。我想支持战争的人有权利鄙视这些人。导致战争的冲动，尽管它能酿成一切破坏，但是一个具有这些冲动的民族，比较另一个一切冲动都已消失的民族，有更大的希望。冲动是生命的表现，冲动存在的时候，就有转向生命的希望，而不是趋向死亡；但是缺乏冲动就是死亡，死亡不会产生新的生命。

但是积极的和平主义者不属于这一类：他们不是没有冲动力的人。在这一类人里具有一种与战争相对立的冲动，其强度足以克服导致战争的冲动。这不同于一个没有感情的人的行为，把自己抛出于国家生活的一切运动之外，做世事无望的主张，招致辱骂，并且抵抗集体情绪的感染。避免舆论反对的冲动，是人类本性中最强的冲动之一，只能被一种直接而不计利害的冲动的非常力量所克服，这样的行为是不能单靠冷静的理性所能促使的。

冲动可以分为造成生命的和造成死亡的两类。体现于战争的冲动是属于造成死亡的一类的。任何一种造成生命的冲动，如果它足够坚强，那么将会引导一个人站出来反对战争。这些冲动中，有些只在高度文明的人中才是强有力的；有些是普通人类的一部分。趋向于艺术及科学的冲动，是属于那些造成生命的冲动中的更文明的部分。许多艺术家能够安之若素，完全不为战争的热情所动，这并非由于感情薄弱，而是由于创造的本能和对远景的追求，使他们批判地对待民族情感的袭击，而对于被好战的冲动当做外衣的神话则置之不理。在少数人中，科学的冲动占着优势，他们已经认识到战争双方相互竞争的神话，并且已通过了解而被引导到中立。但是，不能从这些精美的冲动中产生出一种足以改变这个世界的群众性力量。

在生活方面有三种力量。这三种力量并不需要特殊的天赋聪明，在目前也并不很少；在更好的社会制度之下，可能成为极普通的事情。它们是爱、建设性的本能和生活的快乐。在目前，这三件都由于人的生活的条件而受到限制和削弱——不但是物质生活较为不幸的人如此，就是大多数较为富裕的人也是如此。我们的制度建立在不公平和权力上面：我们只有硬着心肠不表露同情，封闭脑筋不认真理，才能忍受压迫和我们可以从中得到利益的不公平现象。关于成功的传统概念，引导多数人过着一种生活，让最富有生活力的冲动牺牲掉，而生活的快乐就在没精打采的困倦中消失掉了。我们的经济体系几乎迫使一切人完成他人的目标，而不是自己的目标，使他们感到行动的萎缩无力，而所能得到的只是少许消极的快乐罢了。这一切事情，把社会的活力、个人豁达的情感以及用宽大的胸襟来看待世界的能力全都毁灭了。这一切事情都是不必要的，而且可以用智慧和勇敢来消灭掉。如果这些事情能加以消灭，那么人的冲动的生活将会完全改变，而人类将向着一种新的幸福和新的活力前进。这些演讲的目的，就是要促进这样一个希望。

不论男女，他们的冲动和愿望只要在他们的生活中真是重要的，那么它们并非互相分离，而是从关于生长的中心原理发生出来的，这是一种本能的促进力引导人进入一定的方向，正像树木寻求阳光一样。只要这种本能的运动不受阻碍，任何不幸的遭遇都不会酿成根本性的灾害，也不会产生因妨害自然生长的结果所造成的畸形。我们如果要直觉地了解一个人，那么在想象中一定要明白每个人的这个内心的中心。这个中心因人而异，人的不同的特长也决定于它。社会制度对于每个人所能做的最重要的事情，就是使他自己的生长又自由又有劲：它们不能强迫他按照别人的模型而生长。有些冲动和愿望——例如喜欢服用药品，那不是从这个中心原理产生出来的；这样的冲动，如果强烈到足以变为有害的时候，那么应当用自制力来加以制止。另有一些冲动，虽然可能是从个人的中心原理产生出来的，但是或许对于他人的生长有害，为了他人的利益，也必需加以制止。但是大体说来，对于他人有害的冲动往往是因为生长受到阻碍而产生的，而在本能的发展上没有受到阻碍的人是很少有的。

②足够的自由

人，像树一样，为了生长，需要适合的土壤和不受压迫的足够的自由。政治制度对于这些可以有帮助，也可以有阻碍。但是一个人的生长所需要的土壤和自由比较树木的生长所需要的土壤和自由，要大大地难于形成和获得。可以期望得到的完全的生长，是无法加以形容或表现出来的；它是细致而复杂的，只能凭微妙的直觉来感觉，只能凭想象和注意来得到模糊不清的了解。它不是单凭或主要地凭着物质的环境来决定，而是凭信仰和情感，凭行动的机会和凭社会的全部生活来决定的。人所属的类型愈发展，愈文明，他的生长的条件也愈繁复细致，他也更多地依赖于他生活于其中的社会的一般状态。一个人的需要和愿望并不限于他自己的生活。如果他的头脑能做广泛的理解，他的想象力是活泼的，那么他所属的社会的成功和失败，也就是他的成功和失败：随着社会的成功和失败，他自己的生长也得到促进或受到阻碍。

在现代的世界里，就大多数的男女而言，他们生长的原理，被从更简单的时代遗留下来的制度所束缚。由于思想和知识的进步，由于对物质世界的力量的进一步控制，新的生长的可能性已经出现，并且产生了新的要求。假如要使提出这些要求的人不受阻碍的话，这些新的要求应该得到满足。对于那些不再是不可避免的限制，已经较少被默认了，而让这些限制继续存在，那么要得到一个良好生活的可能性就比较少。制度，如果给予某些阶级的机会比较别的阶级特别多，在处境比较不幸的人看来，就不会再认为它是公平的；虽然比较幸运的人还在热烈地保卫着它们。因此产生了一种普遍的斗争，就是传统与权力、自由与正义列阵相待。我们所公认的道德是传统性的，已失去了它对于起来改革的人们的约束力。要使旧事物的保卫者与新事物的拥护者相互合作已几乎成为不可能了。内部的分裂已经进入了几乎一切生活方面，而且在继续不断的增长之中。男人和女人，在为自由的斗争中，已愈来愈不能推倒“自我”的墙，不能达到由真诚而生动的团结所产生的发展。

我们的一切制度都有在权力方面的历史基础。东方暴君的不容怀疑的权力，在全能的造物主方面得到了它在宗教上的表现，造物主的光荣是人类唯一的目的，人类是没有权利反对他的。这种权力传给皇帝和教皇，中世纪的各国国王，封建的教会政权中的贵族，甚至传给每一个父亲和丈夫来对付他们的儿女和妻子。教会是神权的直接体现，国家和法律是根据君王的权力建立的，土地的私有权起源于战胜的勋爵的权力，而家庭是受家长的权力所统治的。

中世纪的制度，只容许极少数幸运的人得到自由发展；人类的绝大多数是为了替少数人服务而生存着。但是只要权力被甚至最不幸的臣民所真正尊重与承认，中世纪的社会仍是一个有机体，而不会与生活发生根本冲突；因为它产生于自愿，所以外表的顺从与内心的自由是表里一致的。西方基督教国家的制度体现了一种曾经真正被人信仰的理论，而今天用来为我们现在的制度做辩护的理论，是没有一种为人所信仰的。

关于生活的中世纪理论，因为不能满足人对于正义和自由的要求而崩溃了。当统治者滥用他们理论上的势力时，在过度的压迫之下，受害的人被迫而认识到他们自己也有权利，不必专为增加少数人的荣光而生活。渐渐地可以看出，人有了权力，就可能滥用，而权威实际上就意味着专制。因为正义的要求遭到掌权者的拒绝，人们越来越变为分散的个体，各人为了自己的权利而斗争，没有一个由共同的根本目标所维系的真正的社会。这种缺乏共同目标的现象已变为不幸福的一个源泉。许多人所以欢迎这次战争的爆发，其理由之一就是战争能使每个民族在单一的目标下，重新结合成为一个完整的社会。目前，战争所做到的，是把整个文明世界的单一目标的起点加以毁灭；但是，这些起点是如此的柔弱，以至于它们的毁灭，很少人感觉到大的影响。人们为了同国的人的相互间的团结的新的意义而高兴，而很少注意到跟他们的敌人分离得越来越远了。

在为自由的斗争过程中，个人的冷酷和分散是无可避免的，并且永远也不能做到完全没有。如果要产生一个有机体的社会，我们必需把我们的制度加以根本的改变，使现代的感觉所要求的对于个人及其权利的新的尊重，得以体现出来。中世纪的帝国和教会，把个人一扫而光。当时有异教徒，但是他们被无情地屠杀，一点没有像后来的迫害所激起的那种良心上的责备。而且，他们同迫害他们的人一样相信，世界上只应该有一个教会：他们之间的不同只是信条上不同的问题罢了。在少数艺术家和文学家中间，文艺复兴只挖掘了中世纪理论的墙脚，除了引起怀疑和紊乱以外，没有用任何东西来代替它。中世纪理论的第一个严重的裂口，是由于马丁·路德的主张造成的，他认为私人有裁决权，而宗教会议（General Council）易犯错误。这一个主张经过相当时间之后，必然产生一种信仰，就是一个人的宗教，不能由权威来代他决定，应该听凭每一个人自由选择。所以，为自由的斗争是从宗教问题上开始的，也是在宗教问题上得到一个几乎彻底的胜利。[①]

由极端个人主义发展到斗争，一个人又希望从这种斗争中达到一个新的复原，这几乎在生活的每一部分都可以看到。用正义的名义提出的要求，被用传统和既得权利的名义加以拒绝。双方都诚实地相信自己一方应该胜利，因为有两种社会理论并存于我们的思想之中，而人们都不知不觉地选择了适合于自己情况的一种理论。因为这样的斗争是长期而艰苦的，所以把所有的一般理论渐渐地忘掉，到最后，除了自己的主张以外，就没有别的东西了。当受压迫者获得了自由以后，他们跟以前压迫他们的“主人”一样的压迫别人。

这可以很粗浅地从所谓民族主义的事例中看到。民族主义，在理论上，是一种主义，就是说人们按照他们的同情心和传统，形成一个自然的集团，叫做“民族”，每一个民族应该团结在一个中央政府之下。大体上说，这个主义是可以承认的。但在实际上，这个主义采取了一种比较

① 这是写在基督教徒按照军役法案（第 2 号）得处十年以内劳役的规定以前。

偏重个人的形式。被压迫的民族主义者辩论说:“我,按照同情心和传统,属于甲民族;但是我受一个掌握在乙民族手中的政府的统治。这是不公平的,非但因为跟民族主义的一般原则不相符合,而且因为甲民族是宽大、进步和文明的,而乙民族是压迫人的、退步的和野蛮的。为了这样的理由,甲民族应该发达而乙民族应该降低地位。”乙民族的居民对于抽象的正义要求当然不理,何况他们还挟有个人的仇视和轻蔑。但是不久,在战争之中,甲民族获得了自由。民族的能力和骄傲已使他们获得了自由,但同时产生了一种动力,势所必然地把他们引向试图战胜外国或者拒绝把自由给予较小的民族。“什么?你说构成我们国家的一个组成部分的丙民族,同我们有同等的权利,正像我们同乙民族有同等的权利一样?但这是荒谬的。丙民族愚蠢如猪,而且好骚动,不能良好地治理,非用强力,不能使它不生危害,不扰邻国。”英国人谈到爱尔兰人,德国人和俄国人谈到波兰人,加利西亚的波兰人谈到卢森尼亚人,奥国人谈到马扎尔人,马扎尔人谈到同情于塞尔维亚的南斯拉夫人,塞尔维亚人谈到马其顿的保加利亚人,都是这样的说法。民族主义,在理论上虽然无可非议,但就这样通过一种自然的运动而引导到压迫和征服的战争。十五世纪时,法国刚从英国人方面得到自由,马上就开始征服意大利;西班牙刚从摩尔人方面得到自由,马上就跟法国为了争取欧洲的霸权而做了一世纪以上的斗争。在这一方面,德国的事例是很有趣的。在十八世纪的开端,德国的文化是法国式的:宫廷方面的用语是法语,哲学家莱布尼茨的哲学著作是用法文写的；恭敬的信札和学术著作也是普遍用法语的。民族意识是几乎不存在的。这以后，一连串的大人物在诗歌、音乐、哲学和科学方面做出了成就，因此在德国创造了一种自尊心。但是在政治上，德国的民族主义只是由于拿破仑的压迫和一八一三年的骚动产生的。以后的几个世纪中，每一次欧洲的和平受到扰乱，都是从法国或瑞典或俄国的侵略德国开始的，德国人发现依靠充分的努力和团结，他们能够把外国军队驱出于国境之外。当击败拿破仑之后，纯粹保卫自己的目标已经达到，但是需用的努力太大，以致欲罢不能。现在，事情已经隔了一百年，但是他们仍旧从事于同样的运动，这运动已变成一个侵略和征服的运动。我们是否能看到这个运动的结束，至今都无法想象。

人们对于一个由各民族组成的社会，如果有强烈的感觉，那么民族主义一词，只用来说明各民族的界限罢了。但是因为人们只感觉到自己一族里的社会，所以只有用武力才能使他们尊重其他民族的权利，甚至于他们主张与他们自己所代表的完全相似的权利时，也是如此。

自从工业体系成长以来就存在的劳资冲突和还在萌芽时期的男女冲突，由于时间的推进，我们可以预期将来会有一个相似的发展。

在这种种的冲突里，需要真正为人相信的某种原理，它是以正义为其指望的结果的。相互间任性所引起的剧烈战争，只有通过偶然的力量均衡才能达到正义的结果。企图支持建立在权力上的制度是没有用的，因为一切这样的制度都含有不公平在内，而不公平一经被人认识，对支持与反抗这种制度的人来说，他们都不可能没有重大损害地永久存在下去。损害在于把“自我”的墙加固，不是开一窗户，而是使它们成为牢狱。个人的无阻碍的生长，依赖于多与他人接触。在人与人的关系中间，应该出于自由的合作，而不是强制的服务。当权威的信仰存在时，自由合作就同不平等及屈服并存。但现在所需要的是平等和相互的自由。一切制度，如果要使它们不妨害个人的生长，那么一定要尽可能建立在自愿的结合上面，而不是建立在法律的力量或掌权者的传统权威上面。应用这个原则时，我们的制度没有一个能不经巨大的根本的改变而依然存在下去的；但是要挽救这个世界不使分裂成为截然分离的、各自为政的单位，那么这些改变是绝对必要的。

个人与个人之间的良好关系，是从两个主要的起源来的：一个是本能的喜爱，另一个是共同的目标。在这两者中间，从政治上说，或许共同的目标更为重要。但是实际上，共同目标往往是本能上的喜爱或共同的嫌恶的结果，而不是它们的原因。属于生物学范畴内的人群，从家庭到民族，或多或少地是由于本能的喜爱所组成，并且把他们的共同目标建立在这个基础上面。

本能的喜爱是一种感情，它能使我们同别人在一起的时候，感到愉快和高兴，愿意和他谈话，和他工作，和他在一起玩。它的最极端的形式就是恋爱，但是即使比较弱的形式，甚至于极弱的形式，也有政治上的重要性。你有一个在本能上不喜爱的人在你面前，你就会觉得任何一个其他的人都更可爱些。一个反闪族的人，当一个犹太人在他的面前时，他会喜爱任何一个基督教教友。在中国或在非洲的荒野之中，任何一个白种人会受到衷心喜悦的欢迎。一种共同的嫌恶，往往是温和的本能的喜爱的原因之一。

本能的喜爱，其次数之多少，程度之深浅，各人大不相同。就是同样一个人，在不同的时间里，他也是大有不同的。在这方面，我们可以把卡莱尔和华尔德·惠特曼作为相反的两个极端来说明。对于卡莱尔，大多数的男人和女人是可憎的，至少在他的晚年是这样的；他们引起了他本能的厌恶，使他以想象他们上断头台或战死沙场为快乐。这样使他藐视多数人，而对于某些著名的杀人者像腓特烈大帝、佛兰西亚总统和爱尔总督等人反而感到满意。这使他喜爱战争和强暴，而轻视弱者和被压迫者。例如，他对于那“三万个不幸的缝纫妇”竟不厌不倦地发泄他的嘲弄和侮辱。在他的晚年，他的道德和政治是完全由对于几乎整个人类的憎恶所激起的。

华尔德·惠特曼正和他相反，对于绝大多数的男女，有一种温暖而豁达的情感。他对于他的奇怪的人名录感到兴趣，因为每一项目，在他的想象中，都是一种使他愉快的事物。大多数人只对于特别美丽或卓越的人，才会有的那种喜悦，而惠特曼几乎对于任何人都有这样的感觉。从这种普遍的喜爱产生了乐观主义，对于民主的信仰，相信人与人是容易和平友好地共处的。他的哲学和政治，像卡莱尔的一样，是建立在他的对平常男女的本能的态度上面。

没有任何客观的理由可以用来指出这两种态度中的哪

一种在本质上比另一种更为合理。一个人如果觉得别人讨厌，没有理由可以向他证明他们不讨厌。但是一个人如果像惠特曼而不像卡莱尔，那么他自己的和别人的愿望都很可能得到满足。在惠特曼的世界里比卡莱尔的世界里是更幸福而更能实现它的目标。为了这个理由，假如能够的话，我们希望世界上增添本能的喜爱而减少本能的嫌恶。这也许是用来评判政治制度的一切效果中最重要的东西了。

个人之间良好关系的另一个起源是一个共同的目标，特别是那种非经合作不能完成的目标。有些组织，像工会和政党，几乎完全是根据一个共同目标组成的；任何本能的喜爱可能与它们结合在一起，也只是共同目标的结果而不是它的原因。经济组织，像铁路公司，是为了一个目标而成立的。但是这个目标实际上只存在于那些领导公司的人们，一般职工除获得工资以外，就没有其他的目标了。这是经济组织里的一个缺点，应该加以补救。工团主义的目的之一就是要补救这个缺点。

婚姻是（或应该是）建立在本能的喜爱上面的，但是一有孩子，或是一有要孩子的愿望，就添了一个共同目标的力量。不正常的男女关系，没有要得到孩子的意图；婚姻关系与它的不同，主要就在于这一点。事实上，往往夫妇间本能的喜爱消失之后，共同目标仍然继续存在下去，成为一种强固的维系。

一个民族如果是真实的，而不是人为的，那么它是隐隐地建立在同国人之间的本能的喜爱上面和对于外国人的一种共同的本能的嫌恶上面。一个英国人当他去过大陆，回到多佛或福克斯通的时候，他对于一些熟悉的事情，都有如逢旧友的感觉，如：临时的行李员，叫喊的报童，卖粗茶的妇女，这一切都使他心里感到温暖，并且比起举动上有奇怪习惯的外国人来，似乎更为“自然”，更具有人类应有的品质。他容易相信一切英国人都是好心的，而许多外国人是诡计多端的。有了这样的感情，就容易把一个民族组成一个统治的单位。当这样的事情发生之后，就添上一个共同目标，正像婚姻一样。外国人会喜欢侵略我们的国家而使它变成荒地，在战争中杀戮我们，把我们的骄傲打击下去。那些跟我们合作来防止这个灾难的是我们的朋友，并且他们的合作加深了我们的本能的喜爱。但是共同目标并非构成我们爱国心的整个来源：即使是多年的盟友也不能激起我们对同胞一样的感情。本能的喜爱，大都产生于相同的风俗习惯，它是爱国主义的一个重要因素，并且正是整个感情所寄托的基础。

如果人们自然的生长将得到他们的环境的促进而不是妨碍，如果他们的愿望和需要将尽量地得到满足，那么政治制度就应该尽可能体现共同的目标并培养本能的喜爱。这两件事是互相关联的，因为对于本能的喜爱危害得最深的，莫如被打击的目标和不满足的需要，而能为共同目标便利合作的也没有什么比得上本能的喜爱。一个人当他的生长没有受到妨碍的时候，他的自尊心没有被侵犯，他也不会把别人当做他的敌人。但是当他的生长，不拘什么理由，受到妨碍，或者当他被迫在歪曲的和不自然的形式中生长的时候，他的本能会把呈现在他的眼前的环境当做敌人，而他的心中充满了仇恨。他失掉了人生的乐趣，而恶意代替了友谊。驼背的、残废的对人怀着恶意是人所共知的；但是在那些不显明的残废者中间，也可以发现同样的恶意。真正的自由，如果能够实现的话，还得走一段漫长的路，才能消灭仇恨。

不少人相信我们内心里属于本能的东西是不能改的，只有接受它而加以利用。但实际上绝非如此。无疑，我们都有一定的本性，各人的本性又彼此不同。这些本性同外界的情况相结合而产生一定的性格。但是即使是我们性格里的本能部分，也是可以大大加以改变的。它可以被信仰所改变，也可以被物质环境、社会环境以及制度所改变。一个荷兰人可能跟一个德国人具有很多相同的本性，但是在他的成年生活里的本能，因为没有军国主义，没有强国的骄傲而大不相同。独身主义者的本能同其他男女的本能大不相同，这是显而易见的。几乎任何一种本能，都可以因它所找到的出路的性质不同而具有多种不同的形式。同样一个本能，它可以引导到艺术和知识的创造，也可以在别的情况之下引导到喜欢战争。事实上一种活动或信仰是本能的结果，但我们不能把这个事实作为理由，认为本能是不可改变的。

对于人的本能的喜爱与不喜爱的这种应用，也同样适用于其他的本能。喜爱某些自己的同种同属而不喜爱别的种属，无论对于人或对于别的动物来说，都是自然的；但是喜爱与不喜爱的比例，则决定于周围的情况，往往决定于极小的事情。卡莱尔的厌世，大半是由于他的胃病；可能一种适当的医疗方法就能完全改变他对于世界的看法。把处罚作为手段，来对付社会所欲取缔的冲动，其缺点在于处罚并不能防止冲动的存在，而只诉之于个人利益，以力图遏制冲动的放纵。这个方法既不能把冲动连根拔去，就算它能达到眼前的目的，恐怕也只是驱使冲动另找出路。如果冲动强，单凭个人利益，未必能有效地遏制冲动，因为除了理性很强，或没有热情的人以外，个人利益并不是一个很有力的动机。人们把动机想象得较实际上具有的更为强有力，因为我们的心情使我们在利益方面欺骗我们自己，并且引导我们相信它和我们由愿望或冲动所促成的行动是一致的。

因此，通常所称人性不能改变的说法是不对的。我们都知道，我们自己的性格和我们相识者的性格是受到周围事物的很大影响的；而且对于个人固然如此，对于民族也是如此。通常人类本性改变的根本原因，大致不外乎两种：或是纯粹物质的变化——例如，气候的改变——或是人对于物质世界控制的程度有所变化。我们对于纯粹物质的变化可以不去管它，因为这些对于政治家没有多大关系。但是，由于人依靠发明和科学而对物质世界日益增多的控制所引起的变化，却有十分迫切的重要性。通过工业革命，他们已经把人们的日常生活加以根本的改变；由于创造了巨大的经济组织，他们已经把社会的整个结构加以改变。人们的一般信仰，本来主要是本能和环境的产物，现有的信仰与十八世纪的比较起来，已经大不相同。但是，我们的制度，还是既不适合于因新环境而得到发展的本能，又不适合于我们真实的信仰。制度有它们自己的寿命，往往超过了使它们成为适合于本能的外衣的环境。这个道理，在各种不同的程度上，几乎适用于我们从过去承受下来的一切制度：国家，私有财产，家长制的家庭，教会，陆军和海军。这一切，已经在某种程度上，变为压迫性的，并有几分是跟生命相敌对的。

对于政治改造的任何一种认真的尝试，必需认识什么是平常男女的根本需要。在政治思想方面，习惯上认为只有经济上的需要是和政治有关的。这种观点不足以说明像目前的战争这样一回事，因为任何可以归属于战争的经济的动机，大多是神话式的，而战争的真正原因必需求之于经济范围以外。凡是不经过有意识的努力就可以正常地得到满足的需要是不受注意的，因此产生了一种过于简单的关于人类需要的通行的理论。主要是由于工业制度的缘故，有许多需要在从前可以不用费力得到的满足，现在大多数的男女都得不到了。但是关于人类需要的陈旧而过于简单的理论依然存在，使人忽视了新的不满足的原因，并且编造出十分虚伪的理论来说明为什么不能满足。社会主义像一种万应灵药，在我看来在这方面是错误的，因为它过于轻易地认为有了更好的经济条件就当然会使人幸福。人所需要的不仅仅是更多的物质用品，而是更多的自由，更多的自主，更多的创造性的出路，更多的生活愉快的机会，更多的自愿的合作，而少些非出于自愿的为他人的目标而服务。如果我们对于自然界的知识和控制自然界的力量的增长，在产生一种良好的生活方面，要收到完满的果实，那么，将来的制度必需帮助产生这一切事情。

2. 财富的崇拜

在许多忧郁的现实主义小说家中，忧郁最深的恐怕要算吉辛。他跟他书中的人物一样，生活在高度压迫的重力之下：在可怕而又可爱的金钱偶像的权力之下。他的典型的小说之一是《夏娃的赎身》这一篇小说的女主人公，用了各种可耻的饰词，抛弃了她所爱的穷人而和一个富人结了婚，因为她更爱他的收入。那个穷人觉得富人的收入比较穷人的爱能供给她更丰富的生活，使她成为一个更体面的人物，因此肯定她的做法是对的，而他自己因缺少金钱应该受罚。在这个故事和其他的书中，吉辛相当正确地说明了金钱的真实权力和它对于绝大多数的文明人类所要求的无情的崇拜。

吉辛所举的事实是无可否认的，但是他的态度使有生命热情和有自主愿望的读者产生一种反感。他对于金钱的崇拜和他内心的失败感觉结合在一起。而且在现代世界里，一般说来，因为生活的腐朽才促进了物质的崇拜；物质的崇拜又倒转来加速它赖以繁殖的生活的腐朽。凡是崇拜金钱的人，他不再希望通过自己的努力和行动来得到幸福：他把幸福看成从外界得来的一种被动的享受快乐。一个艺术家或情人在他的热情之中，不崇拜金钱，因为他有专属的愿望，而且他的愿望的对象只有他能创造出来。相反的，金钱的崇拜者绝不能做出艺术家或情人的伟大成就。

①爱　钱

自有世界以来，爱钱一直为道德家所指责。我也不愿在这上面再有陈述，但道德家的指责在过去也没有多大的效力。我想说明，金钱的崇拜在降低生活力方面怎样又是原因，又是结果，我们的制度应该怎样改变过来才能使金钱的崇拜发展得少些，而一般的生活力可以发展得多些。成为问题的不是那种当做手段来达到某种目标的对于金钱的愿望。一个奋斗中的艺术家可能为了有空闲可以从事艺术而愿有金钱，但是这样的愿望是有限的，只要有一个很小的数目就可完全满足。我所要讨论的是对于金钱的崇拜：是一种信仰，认为一切价值都要用金钱来衡量，金钱是人生成功与否的最后的考验。多数的男女，嘴里不说，事实上都有这种信仰，然而这和人的本性并不一致，因为它忽视了生命的需要，也忽视了对于某些特殊的生长的本能的倾向。它使人认为和取得金钱相反的愿望是不重要的，而这些愿望，一般说来，对于人的幸福比较收入的增加，更为重要。它从一种错误的关于成功的理论，引导人残害了自己的本性，并且使人羡慕对于人类幸福毫无补益的事业。它促使人们的品格和目标趋于完全一致，降低了人生的愉快，增加了紧张与繁重的感觉，使整个社会变成厌倦、消极和缺乏幻想。

许多人认为，西方进步的先锋——美国，在最完备的形式中表现出金钱崇拜。一个有钱的美国人，他已经有许多钱，可以满足一切合理的需要而绰绰有余，但往往在他的办公室里继续工作，他是这样的卖力，好像非这样的工作就得要饿死的样子。

但是英国，除了一小部分人以外，也和美国一样地倾心于金钱的崇拜。在英国，金钱的爱好，一般说来采取了另一种形式，就是势利地要想维持一定的社会地位，而不是争取无限制的增加收入。男子们延迟结婚直等到他们的收入足使家庭内房间与佣人的数目能和他们的尊严相称。因此他们年轻的时候就需要注意自己的感情，恐怕它们流于轻率：他们养成了一种谨慎小心的习惯，“只怕自己失足”，这样就使一个自由而活泼的生活成为不可能。他们在行动之中想象自己是在保持品德，因为他们觉得要一个女人下嫁一个门第不如她母家的人是一件难事，如果所娶的女子与自己的门第不相当，也降低了自己的身份。本性上的事情是不用金钱来与之比价值的。一个男子因若干年来的擅自约束，或因与他所轻视的女子有了卑鄙的关系而感情的力量已归消失。一个女子，作为唯一的爱情经验，不得不接受这样一个男子的小心而有限的青睐时，彼此认为并没有什么障碍。困难在于女子本身也不知道这是一件难事；因为她也受到必需谨慎的教导，唯恐降低了她的社会地位，而且从小就浸染了一种思想，认为青年女子不应该有强烈的感情。所以这两个结合起来，过着平稳的生活，而对于值得知道的事情一点也不知道。他们的祖先并不因为怕地狱之火而把情感拘束起来，但是他们自己却因为一个更坏的惧怕心理而有效地把自己拘束起来，这就是惧怕他们在世界上的地位会降落下来。

就是那些引导人延迟结婚的动机，也引导人限制他们的生育。专家职业者愿意把他们的儿子送到公立学校里去，虽然在那里所得到的教育并不比拉丁语学校为强，而且他们在那里所结交的同伴只有更坏。但是势利观点认为公立学校最好，这样的判决是没有上诉的。把它们当做最好是因为它们的费用最贵。同样的社会上的挣扎，在各种不同的形式里，行之于一切阶级，除去极高和极低的两端以外。为了这个目标，男女们在道德上作了很大的努力，而且表现了惊人的自制能力；但是一切的努力和一切对于自己的控制，并非用于任何创造的目的，只是把他们内心的生命的源泉弄干了，使他们变为软弱、没精打采和平庸。在这样的土壤里就无法培养出产生天才的热情。人的灵魂将旷野调换成会客室；他们好像中国妇女的小脚一样，变成了拘束、小巧而病态的。就是战争的恐怖也难以使他们从爱体面的悠闲的睡梦中觉醒过来。主要是金钱的崇拜产生了这使人成为伟大的一切事物陷入沉寂的睡眠。

在法国，金钱的崇拜采取了节约的形式。在法国不容易发财，但是得到一笔遗产是极普通的，而且凡是有遗产的，生活的主要目标是守住遗产以便传给下一代，即使不能增加，也应当勿使减少。法国的**食利生活者**在国际政治上是大势力之一：法国通过他们在外交上得到加强，战争上受到削弱，由于他们增加了法国资本的供给，而减少了法国人力的供给。依照遗产继承法，必需为女儿备就一笔出嫁费，并且应把遗产分给下一代，所以法国的家庭作为一种制度来说比较任何其他文明国家的家庭，显得更有力量。为了使家庭繁荣，必须要保持一个小家庭，而家庭中的个别成员往往为家庭而牺牲。要想传宗接代的愿望使人变为胆小而不敢冒险：只有在有组织的无产阶级中间还存留着勇敢的精神，酿成革命，并且在政治思想和行动方面领导着世界。由于金钱的影响，家庭的力量对于国家来说成为一个弱点，使人口保持不变，甚至还在减少。同是这一个安全的爱好，开始在别的地方产生同样的效果；但是法国在这一件事上，好像在许多其他比较好的事情上一样，她领头带路。

金钱的崇拜出现在德国，要比法国、英国和美国晚近得多，在普法战争以前是几乎不存在的。但是现在正以同样的深度和全心全力来采取它，德国人在信仰方面都是表现出这种态度的。但是，也各有特点，像在法国，金钱的崇拜与家庭结合在一起，而在德国，它是与国家结合在一起的。李斯特在有意反抗英国舶经济学家时，教导他的爱国同胞说，考虑经济时应以国家为前提，所以一个德国人从事于发展工商业，他自以为，人家也以为，他是在为国家服务。德国人相信英国所以成为伟大，是由于工业制度和帝国，而我们在这些方面的成功是由于高度的国家主义。他们认为我们在自由贸易的政策上所表现的国际主义，只是一种伪善罢了。他们着手仿效他们认为是我们实际所有的东西，而去除了伪善的部分。我们必需承认他们的成功是惊人的。但是，在这仿效过程之中，他们几乎把德国对于世界有贡献的一切东西全部毁灭，并且他们对于我们中间可能有的优点，没有采取，因为他们既然笼统地斥责我们“伪善”，就把优点给一笔抹杀了。而且他们在采取我们最坏的缺点的时候，加上了我们所幸而没有，而他们所有的系统性、彻底性和一致性，使这些缺点远远地坏上加坏。德国的宗教在世界上非常重要，因为德国人既有一种真实信仰的力量，又有一种精力来达到他们的信条所要求的美德与罪恶。为了世界，同样为了德国，我们必需希望他们不久会放弃他们不幸从我们这里学到的对财富的崇拜。

金钱的崇拜并非新鲜的事情，但是现在它比以往危害更大，其原因有好几个。工业制度，由于从事于它的人目的是为了金钱，使工作更引起厌倦，更紧张，更不能给人快乐和使人发生兴趣。限制家庭的力量，为实行节约开辟了新的园地。教育和自觉纪律的普遍增长，使人们更能不顾诱惑，踏实地追求一种目标，而且当这个目标和生活相违背的时候，采取这个目标的人越坚决，它的危害性越大。由于工业制度而得到的较大的生产力，使我们能把更多的劳动和资本用于陆军和海军来保护我们的财富，以防觊觎我们的邻国，也用来剥削劣等的民族，那是资本主义制度的一种无情的浪费。由于惧怕失掉金钱所发生的远虑与烦闷，使人把获致幸福的能力消耗掉，而且对遭受不幸的惧怕，比起所惧怕的不幸来，还更为不幸。我们大家都能用自己的经验证明：不论男女，最快乐的人是对于金钱不关心的人，因为他们有某些积极的目标，把金钱驱出门外。但是我们的一切政治思想，不论是帝国主义者、急进派或社会主义者，仍然继续不断地几乎倾全力于人的经济愿望，好像只有它们是真正重要的。

②工业制度与社会进步

在评判一个工业制度时，不论是我们生活在它之中的或者是改革者所倡议的制度，有四个主要标准可以用来检验。我们考虑这个制度能否保证：（1）生产的最高限度或（2）分配的公平或（3）生产者有一个可以忍受的生活，或（4）对于生命力和进步有可能的最大自由和刺激。我们可以一般地说，现在的制度只注重于第一个目标，而社会主义者注重于第二、第三。有些拥护现在制度的人会辩论说：私营企业比企业归国营能更好地促进技术的进步；在这个范围以内，他们认识到我们所列举的第四个目标。但是他们只注意到商品和资本家这一边，而没有注意到工资劳动者那一边。我相信四个目标之中，以第四个最为重要，应该对此加以重视，但现在的制度对于它是致命伤，而正统的社会主义同样可能证明它是致命伤。

资本主义制度里很少有人提出疑问的假说之一是，应尽一切可能的手段来增加生产量：如利用新式的机器，雇佣女工和童工，为适合效率而尽量地延长劳动时间。非洲中部的土著习惯于以地上的生果为食，因为不穿衣服可以战胜曼彻斯特[1]，但是因为要为居住的小屋付税，被迫受欧洲资本家的雇佣来工作。大家承认他们不受欧洲人势力的影响时，他们是十分快乐的，工业制度不但带给他们一种不习惯的束缚的痛苦，而且使他们因感染疾病而死亡，那

① 曼彻斯特是英国纺织业中心。

些疾病，白种人已有部分的免疫力。大家认为最好的黑人工人是刚从丛林中出来的“生土著”，他们还没有沾染工资生活的经验。然而没有人有效地主张应该保护他们，不要去加害于他们，因为没有人有效地怀疑这样一种说法，即认为不惜任何代价地增加世界的生产，总是好的。

关于生产的重要性的信仰，含有一种狂热的不合理和残酷性。只要有东西生产出来，至于所生产的究竟是什么东西似乎无足轻重。我们整个的经济制度鼓励这种观点，因为惧怕失业，所以任何工作，对于工资劳动者，都是一种恩惠。增加生产的狂热，把人们的思想从更重要的问题上移转过去，而且使世界上无从得到增长了的劳动生产率可能给人好处。

当我们已经有吃有穿有住的时候，还要想多得物品，只是为了夸耀，或是为了满足占有的贪欲，虽说这是出于本能，恐怕不能完全消除，但不是值得羡慕的事情。运用现代的方法，一部分的人民不必做长时间的工作，就可以在商品生产方面把实际需要的工作全部做完。现在用于生产奢侈品的时间，可以一部分用于娱乐和乡间假期，一部分可以用于获得更好的教育，另一部分可以用于非体力的工作或非体力的辅助工作。如果我们要的话，我们能够有比现在多得多的科学和艺术，更广泛的知识和智力的培养，工资劳动者有更多的业余时间，而且有更多的能力来从事于有益理智的娱乐。在目前，不但是工资，几乎一切依劳动所得的收入，人们只有依靠比应做的工作时间长得多的时间才能获得。一个辛勤工作的人每年赚八百英镑，大概说来，如果他做一半的工作，便得不到四百英镑。如果他不愿意几乎全天工作和每天工作，他往往一点收入也没有。因为过度相信生产的价值，所以认为人是应该长时间工作的，而没认识到较短的工作时间所可能发生的好处。工业制度的一切残酷的事情，不但存在于欧洲，在热带地区更厉害，但是只激起少数慈善家偶然的微弱抗议罢了。这是因为，由于我们现在的经济方法所产生的畸形现象，使人们在这些事情上的有意识的愿望，对于因工业工作所引起的真正需要，只照顾到了极小一部分，而没有照顾到最重要的部分。对于这件事，如果要加以补救，只有换上另一种经济制度，使活动与需要的关系不再那样隐蔽，而更直接些。

如果我们现在的工业制度继续下去，要使生产达到最高限度的目标，长久下去是不会成功的。我们现在的制度是在浪费人力，一部分由于它损害了工业劳动者的健康和效率，特别是在雇佣妇女和童工的时候，另一部分由于事实上最好的劳动者趋向于保持小的家庭，因此更文明的人类有逐渐归于消灭的危险。每一个大城市就是一个毁坏人类的中心。拿伦敦来说，已经有卢埃林·斯密士爵士根据丰富的详细统计来讨论这个问题了[①]；其他地方存在着同样的情形，也是不能轻易怀疑的。物质资源方面也有同样的情况：世界上的矿物、原始森林以及新近开发的麦田，正被无情的滥用而逐渐消耗殆尽，几乎必然给我们的后代造

① 见布斯：《人民的生活和劳动》(Booth : Life and Labour of the People)，第3卷。

成困难。

社会主义者认为，补救的方法在于使土地和资本归于国有，同时与一个更公平的分配制度相结合。不容否认，我们现在的分配制度，从任何一个观点来看，包括公平的观点在内，都是无法辩解的。我们的分配制度是用法律来规定的，有许多方面可加以改变，但因为熟悉的缘故，使我们认为是当然的，是无可避免的。我们可以把私有财产的公认的合法权利的四个主要来源加以鉴别:（1）一个人对于自己所做出来的东西的权利;（2）对于出借资本的利息的权利;（3）土地所有权;（4）遗产。这四种在尊贵的程度上好像声调那样步步升高：资本比劳动尊贵，土地比资本尊贵，任何一种财富，如果是由遗传得来，比自己用劳力得来的更受尊敬。

事实上，一个人对于由自己劳动所得的权利，在法律上只得到一个极小限度的承认，从未得到更多的承认。早期的社会主义者，特别是马克思的英国先驱者们，曾坚决主张把这个权利作为一种公平的分配制度的基础，但是在现代工业的复杂过程中，究竟一个人所生产的是什么，简直无法说。一条铁路所运送的货物，究竟有多少部分应该属于旅途中的货物搬运员？一个外科医生为人开刀救了一个人的生命，这个医生对于这个人后来所生产的商品之中，究竟有多少部分可以公平地提出要求？这些问题是无法解决的。这些问题即使解决了，按照每一个人自己所生产的东西分给他的时候，也不能达到绝对的公平。有些人比较别人强壮些，健康些，聪明些，自然的条件上已有这些不公平，没有理由在这些不公平上再加以人为的法律上的不公平。这个原则自称它一方面可以消灭大富，另一方面可以刺激人努力工作。但是这些目标中的第一个可以用别种方法来更好地达到，第二个目标，只要我们一停止崇拜金钱，也就不再成为显然需要的了。

在任何一个社会里，如果私有财产不受限制而偷盗是要受罚的，那么利息就很自然地兴起来了，因为生产上有些最经济的操作过程也是迟缓的，那些有技能来做这种工作的人，在进行这种工作时，可能不足以维持生活。但是出借金钱的权力给私人资本家带来巨大的财富和势力，除非严格地加以控制，否则将会和其他人民的真正自由不能并存。目前，不论在工业世界或在国际政治上，它的效果是这样坏，看起来有十分必要来想些办法把它的权力加以抑制。

土地的私有财产权，除了历史上通过刀剑的力量来取得以外，一点道理也没有。在封建时代开始的时候，某些人有足够的军事力量，他们能够强迫那些他们所不喜欢的人不准住在一定的区域里面。至于经他们选择后，认为可以留在那个土地上的人们，就变为他们的农奴，为报答他们准许留下的恩惠，不得不为他们工作。为了建立法律来代替私人武力，一般地说，有必要把用武力得到的权力，保持下来，不去动它。于是土地成为战胜者的私有财产，而准许农奴缴纳地租来代替劳役。土地的私有财产权一点也没有道理，除了历史上有必要来招抚那些骚扰的强盗，因为不这样，他们是不会服从法律的。这个必要，在许多世纪以前起于欧洲，但是在非洲，这整个过程，往往还是晚近的事情，就是通过这一个过程而稍微伪装一些，把金伯利（Kimberley）金刚石矿和兰德（Rand）金矿取下来，而对以前土著的权利置之不顾。这是一个人类惰性的奇怪的例子，就是人直到今天还得继续忍受极少数人因为拥有土地而能加于他们的专制和勒索。土地私人所有权，对于社会没有一点任何性质的好处。如果人是讲道理的，那就会宣告从明天起应即废止；对于现在的土地所有人，除酌量给予生活费用以外，不做任何其他补偿。

单纯取消地租，不足以去除不公平，因为这样又反过来便宜了地位最好和最肥的土地占有者。地租是应该有的，但是地租应该付给国家或付给为公众服务的人；或者地租总额如已超过这些目标的需要，那么可以付入一笔共同的基金，以便在居民中间平均分配。这样的办法将会是公平的，不但可以帮助解除贫穷，而且可以防止土地的滥用和地方上巨头的专制。有许多表面上看起来是资本的权力而骨子里是土地所有者的权力——例如，铁路公司和矿主的权力。现在的制度所有的罪恶和不公平是显明的，但是人对于已经习惯而可以防止的罪恶，有这样大的忍耐力，因此荒谬绝伦的事情究竟什么时候可以终止，现在还无法加以猜测。

遗产，是世界上大部分非经自己获得的收入的来源，大多数人认为这是当然的权利。有时候，像在英国，这个权利全归之于财产的继承者，他认为怎样好，他可以随意分配。有时候，像在法国，他的权利要受到家庭的限制，他至少应该留出一部分给家庭的成员来继承。但是除了占有的本能和家庭的骄傲以外，不论是按照自己的意志来分配财产的权利，或是儿女有向父母继承的权利，都是没有其他任何根据的。一个人的工作成绩如果非常好——例如一个发明家——那可能有理由让他享受一笔比较一般公民更大的收入，但是没有好的理由说这一种利益可以让他的子女、孙子孙女甚至世世代代永远世袭下去。其效果是产生一种懒惰而非常幸运的阶级，他们因为有钱而有势力，他们反对改革，因为恐惧改革是针对着他们的。他们的整个思想习惯变为怯弱，因为他们害怕被迫承认他们的地位是无法辩护的；但是由于势利和想得到他们的宠幸，所以几乎整个中间阶级都模仿他们的举止行动，并且采纳他们的意见。这样，他们变成了一种毒素，几乎一切受教育者的眼界都沾染了它的毒害。

有时候，有人说没有遗产的刺激，人不会工作得这样好。也有人告诉我们说，工业的巨头是由一种创建家庭的愿望推动着，如果这种愿望没有满足的希望，那么他们就不会努力不懈地把自己的生命花在工作上面。我不信大部分的真正有用的工作是从这个动机出发去做的，平常的工作是为了生活去做的，而最好的工作是为了工作本身的兴趣去做的。工业巨头常被人家认为（恐怕他们自己也有和别人一样的想法），他们的目标在于创建一个家庭，可能为爱好权力和大企业的冒险的乐趣所推动的成分较多。如果所做的工作量稍微减少一些，而借此可以去除懒惰的富翁和他们必然要带来的压迫、软弱和腐化，那是大为值得的。

现在的分配制度不是建立在什么原理上面的。从由战胜所强加于人的制度开始，那些由战胜者为自己的利益所定的办法得到法律的保障，从来没有经过根本的改造。那么应该根据什么原理来改造呢？

③社会如何改造

社会主义是一种提倡最广的改造计划，它的目标主要在于公平：就是说现在财富上的不平等是不公平的，而社会主义将会消灭不平等。社会主义认为重要的不是一切人都应该有同样的收入，而是在各个事例中根据不同的需要或不同的劳绩使不平等变为平等。不容争辩，现在的制度是大大地不公平，而且这里面几乎一切不公平都是有危害的。但是我并不认为单是公平就足以成为一种经济改造所根据的原理。如果一切人同样地不快乐，正和一切人同样地快乐一样，可以说公平达到了。公平，凭它本身来说，一旦实现，就不含有新生命的来源。旧式的马克思主义的革命的社会主义者的想象上从来没有考虑到千年的太平建立以后的社会生活。他所想象的，像神仙的故事里的太子和公主一样，他们会永远过着幸福的生活。但是，对于人类的本性来说，这一种情况是不可能的。愿望、行动、目标都与一种可以忍受的生活有重要关系。而千年的太平，虽然在远景里可能是一种快乐，但是如果真正做到以后，会变成不可忍受。

比较现代的社会主义者，关于他们先驱者所持有的宗教狂热，的确已经大部分消失了，并且把社会主义看作一种趋势而不是把它当做一定的目的。但是他们仍旧保持那种观点，认为对于一个人来说，政治上最重要的是他的收入，因此一个民主的政治家应该把增加劳动者的工资作为主要目的。我相信这里面包含着一个太消极的关于幸福的概念。不错，在工业世界里，大部分的人民太穷，不可能得到一个好的生活；但是说减少了贫穷就必然会得到一个好的生活，那是不对的。有钱的阶级中，只有极少数人在目前能得到一个好的生活，恐怕社会主义者只会把现在比较富裕者所受的痛苦来代替由贫穷所产生的痛苦。

在现在的劳工运动里，虽然它是改革的主要来源之一，但是有某些趋势，改革者应该加以防备。工人运动在本质上是一个主张正义的运动，有一种信仰做根据，认为多数人为少数人牺牲，不管它过去怎样，现在是不必要的。在工人的生产比较小而教育不够普及的时候，恐怕也只有一种贵族文化是唯一可能的：或者当时有必要认为多数人应该为少数人的生活而服务，如果要这些少数人传达和增加世界所有的艺术、思想和文明的生活。但是这一个必要性已经过去，或正在很快地过去，所以不再有任何充足的理由来反对正义的要求。工人运动在道德上是不可抵抗的，现在除了怀有成见和纯粹自私的人以外，不会遭到任何人强烈的反对：一切活的思想是在它那一边；跟它一起反对的是传统的和死的。但是，虽然它本身是活的，但绝不能说它对生活一定是有益的。

工人是在一定的方向里受着现行政治思想的领导，如果工人胜利以后，这些方向依旧强大，它们将会变成压制的和危险的。工人运动的热望，整个说来，是为大多数的知识分子所反对的，他们觉得不仅仅由于或主要地由于危害到他们个人的舒适，并且由于危害到他们有份的文明生活，他们深信那种生活对于世界是重要的。由于知识分子的反对，工人当其成为革命的和有力的时候，往往流于轻视知识分子所代表的一切。当他们更受尊重的时候，好像他们的领袖在英国所表现的趋势那样，知识分子的巧妙而几乎觉察不到的影响，往往削弱了他们的革命热情，把可能赖以获得胜利的迅速而单纯的坚定心，化为怀疑与不定。正是由于那有钱阶级中最好的人对于工人所表示的同情，和他们愿意承认工人要求的正当，可能发生一种效力，缓和了工人领袖对于现状的反对，也使他们的头脑开窍，可以接受一种所谓根本改变不可能的建议。因为领袖们受到这些影响的程度比普通工人深得多，所以在普通工人中间往往对于他们的领袖产生了不信任，并且发生了一种寻觅新领袖的愿望，新领袖将会不轻易接受比较幸运的阶级的要求。最后的结果或许会使工人运动跟劳心生活对立起来，正像有些受惊的财产所有人在目前所相信的那样。

正义的要求，狭隘地解释起来，可能会加强这个趋势。有些人比较别人工作时间短而收入大，可能被认为这是不公平的。但是脑力劳动的效率，包括教育工作在内，确然比较体力劳动在生理上是不健康的，也可以这样说。如果不认识这一点，那么劳心生活因见识浅薄所受的苦或许比因有意的敌视所受的苦，甚至还要多些。

现在，教育受到损害，因为家长们期望他们的儿女能赚钱，愈早愈好，教育也许还要长期受到损害。例如，人人知道半日制是不好的；但是有组织劳动的力量使它继续存在。这事很清楚，要补救这个缺点，除涉及人口问题外，应当免去家长对于子女教育的费用负担，同时也要剥夺他们处分子女收入的权利。

要想防止工人对于劳心生活的任何危险的反对，不应该去反对工人运动，它是太强大了，不能用通常的方法去反对它。正确的道路是用实际行动来指出思想对于工人是有益的，没有思想，他们的积极的目标不能达到，而且思想界有人愿意贡献他们的精力来帮助工人的斗争。这样的人，如果他们是聪明而诚恳的，那么能够防止工人危害及于智力世界中活着的东西。

有组织的工人的目标中的另一个危险，是生产方法中保守主义的危险。机器或组织上的改进，对于雇主带来很大的利益，但是其中包含着对于工资劳动者暂时的甚至有时是永久的损害。为了这个理由，并且也因为纯粹是本能上不喜欢任何习惯的改变，强有力的工人组织常常是技术进步的障碍。一切社会进步的基础，是增长了的技术的效率，从一定量的劳动得到更大的效果。如果工人对于这种进步做出有力的反对，那么长久以后，会使其他一切进步成为瘫痪。要胜过工人的反对，不在于和他们闹对立或作道德上说教，而在于使工人在经济的过程中，也能得到跟现在雇主所享受的一样的直接利益。这里，和其他地方一样，这个本质上是进步的运动里所含着的不进步部分，要去除它，不是依靠诋毁整个运动，而是使它具有更广泛的眼界，使它变为更进步，并且引导它要求一项关于社会结构的大改革，甚至于比它开端时所完成的任何一项改革还要大。

政治制度所能完成的最重要的目标，是使个人的创造性、锐气、生活力和生命的欢乐继续活着。例如，这些东西在英国伊丽莎白时代存在的方式，现在已不存在了。它们刺激了冒险、诗歌、音乐、精美的建筑，并且推动了整个的运动，这个运动产生了英国务方面的伟大的东西，而这些东西就使英国成为伟大。这些东西和不公平同时存在，但是以分量来说，胜过了它，并且使一国的生活比较在社会主义之下可能存在的任何一种国家生活，更令人发生羡慕。

要使人的生活力充沛，所需要的是机会而不是安稳。安稳只不过是恐惧的避难所；机会才是希望的来源。一个经济制度的主要的检验，不是看它能否使人发达，或能否得到分配的公平（虽然这两者都很需要），而是看它能否让人的本能的发展不受阻碍。要达到这个目标，有两个主要的条件必需做到：不应把人的私下的性情加以束缚，而是应该使创造的冲动有最大的可能的出路。大多数人都有一个建设的本能，一个做成一些事情的愿望，直等到它因不用而变为萎缩。凡是成就最大的人，大概就是这个本能最强的人：这样的人成为艺术家、科学家、政治家、帝国的创立者或工业巨头，根据各人偶有的资质和机会为转移。最有益和最有害的事业，都是从这个冲动激发出来的。没有这个，世界将会降到很低的水平：它经常会依靠祖先的聪明以为生，而且每一代会愈趋愈下而进入一个生气全无的传统主义。

但是不仅是杰出的人才有这种建设的本能，虽然以他们所有的为最强，而且凡是青年几乎普遍具有，成人中间通常也仍存在着，不过因为它所能找到的出路有大有小，从而各人有多少的不同。由这种本能所激励的工作，使人满意，即使是厌烦而困难的工作，也是如此，因为每次用力好像一只狗追野兔时的用力一样的自然。现在资本主义制度主要的缺点，是为了工资而做的工作，很少有机会给创造的冲动以出路。一个为工资而工作的人，他要做些什么，自己没有选择之权：整个操作的过程的创造性集中于雇主，唯有他发出工作的命令。为了这个理由，工作变为一种纯粹外界的手段来达到一定的结果，就是赚得工资。雇主对于产业工会所订限制产量的条规感到愤慨，但是他们没有愤慨的权利，因为他们不许所雇的人对于所做工作的目标有参与的份儿。因此，可以形成一种本能的循环的生产过程，被划分为各种单独的目的，而不再能对从事这工作的人提供本能上的任何满足。

这个结果是从我们的工业制度来的，但是在国家社会主义之下也是不可避免的。在一个社会主义的社会里，国家将成为雇主，而个体的工人对于他的工作只能有几乎同现在一样小的支配权。有一些他能行使的支配权将是间接的，通过政治的途径，而且太渺小也太迂回，不足以提供任何可以感知的满足。所怕的是，没有增加自主，而只会增加相互的干涉。

马克思社会主义要求把私人资本家的企业全部废除。似乎没有这个必要。大多数创造一网打尽的改革制度的人，正像大多数卫护现状的人一样，对于例外的重要性和硬性制度的不适宜，都没有足够的宽容。假定资本主义的范围受到限制，而大部分的人民都摆脱了它的统治，就没有理由要把它全部废除。作为一个竞争者和一个敌手，在防止更民主的企业陷于迟缓和保守主义，它可能为一个有用的目标而服务。但是最最重要的事情是资本主义应该变为例外而不是常规，而且世界上大部分的工业应该根据一个更民主的制度来经营。

我们为反对国家里的军国主义而讲的话，有许多也可以在经济领域中为反对资本主义而讲的。经济的组织，在追求效率之中，越长越大，而且没有使这个过程退回去的可能。它们生长的原因是属于技术性的，并且大的组织必需作为文明社会里的主要部分而加以接受。但是，没有理由说它们的管理一定要集中的和君主式的。现在的经济制度，由于它剥夺了大多数人的独创性，是产生普遍厌倦的原因之一，这样的厌倦，使都市和工业的居民失去了生活力，使他们永远在寻求刺激，并且引导他们甚至于欢迎战争的爆发作为从日常生活的忧郁单调中解救出来的方法。

如果一国的锐气要加以保持，如果我们要保存新思想的任何能力，如果我们不要陷入那种固定不动的情况，那么工业上君主式的组织必需加以扫除。一切大的企业在管理上必需变为民主的和联邦式的。整个工资收入的制度是令人憎恶的一件事，不仅因为它造成社会的不公平并且使这种现象延续下去，也因为它把做工的人和为什么要做工的目标隔离开来。整个有控制性的目标集中于资本家；工资劳动者的目标并不在于生产，而在于工资。资本家的目标是用最少的工资来获得最多的工作；工资劳动者的目标是用最少的工作来获得最多的工资。一个含有这种主要的利益冲突的制度，不能期望它工作顺利或成功，或产生一个效率上足以自豪的社会。

有两个运动存在着，一个已经成为很先进，还有一个正在襁褓时期，似乎在两者之间可以提出什么是最大的需要的问题。我所说的两个运动指的是合作运动和工团主义。合作运动在一个很广的范围里，可以代替工资制度，但是很难看出怎样可以把它应用到像铁路这样一些事业里。正是在这些事例中，工团主义的原理最易适用。

如果组织不是要摧毁个性，那么取得一个组织的成员的资格应该是自愿的，而不是强迫的，而且成员在管理方面应该永远有发言权。现在的经济组织就不是这么一回事，它不给人以机会来得到人在自己选择的活动中所得到的骄傲和快乐，假如这种活动不是完全单独而沉闷的话。

虽然如此，我们也必需承认在工业上有一大部分的机械工作是必要的，就它本身来说，也许无法使它变成有趣味的。但是如果工作的人在他们的工业管理上有发言权，那么这些工作在他们看来，要比现在少令人厌倦些。凡是希望有空闲的时间来做些其他职业的人，可以有机会在一天之中为低额的工资而做上少数钟点的没有趣味的工作；

这样可以使一切愿意做些不是马上可以得到利益的活动的人有一条出路。当一切使工作变为有趣的事情已尽可能做到了，剩余的部分一定要使它成为可以忍受的，像现在几乎一切的工作一样，给予劳动钟点以外的报酬作为诱导。但是如果要使这些报酬成为满意，主要一点是没有趣味的工作不应该一定要把一个人的全部精力加以吸收，并且应该使人有机会在其余的时间里做些或多或少连续的活动。这样一个制度，对于艺术家、文学家和其他能做出使自己满意的工作而不能及时为公众所重视因而一时无法取得生活保障的生产者，是莫大的恩赐。除了这些比较稀少的事例以外，也可以使青年男女在离开学校之后而在知识方面有志深造者，有继续求学的机会，或者为了需要特别长期训练的事业而自做准备。

现在的制度的坏处，是由于消费者、生产者和资本家各自的利益之间互相隔离所生的结果。这三者中间没有一个同社会或同其他两个中间的任何一个有着相同的利益。合作社制把消费者和资本家的利益结合起来；工团主义会把生产者和资本家的利益结合起来。没有一个把三者全部结合起来，或者使指挥工业者的利益与社会的利益完全一致起来。所以没有一个可以完全防止工业上的斗争，或者免除以国家作为仲裁者的必要。但是随便那一个都会比现在的制度好些，也许这两者混合起来可以把现存的工业制度的大部分毛病治好。令人惊奇的是人们曾经为了完成政治上的民主而奋斗，在把民主引到工业里去的工作却做得这样的少。我相信无限的利益会从工业的民主中产生出来，或是依照合作的规范，或把一种行业或工业作为政府目标的一个单位，略带一些地方自治的性质，就像工团主义所要做到的那样。没有理由可以说明一切政府的单位一定要以地区为根据：这种制度在过去是必要的，因为交通工具缓慢，但现在没有必要了。采用大概像这样的制度，许多人会渐渐地重新感觉到他们的工作里的骄傲，而且重新找到创造的冲动的出路，就目前而论，除极少数的幸运者以外，其他一切人是得不到这种出路的。这样一种制度，需要把土地所有者废除，并且要限制资本家，但是并不限定收入的平等。而且不同于社会主义，它不是静止的和最后的制度：它只不过是一个为发挥精力和独创性的体制。我相信，只有用大概像这样的方法，才可以使个人的自由生长和因工业制度而成为必要的巨大的专门组织调和起来。

3. 教育的力量

没有一种政治理论是恰当的，除非它既能适用于成人，又能同样适用于儿童。理论家大多是没有儿童的，即使有，他们也会小心地把青年骚嚷所引起的烦扰加以隔开。他们中间有些人写了关于教育的书，但是，大概说来，当他们写作的时候，没有真实的儿童在他们的脑子里出现。某些教育理论家，他们对于儿童有一定的知识，像幼儿园的发明者和蒙台梭利教育法[1]的创造者，但对于教育的最后目的就是要能够胜利地处理高级的教导，还不是有足够的认

① 关于幼儿的教育，在我看来，蒙台梭利夫人的方法是充满了智慧的。

识。我对于儿童和教育都没有知识，所以对于他人的著作中可能有缺点，不能加以补充。但是有些问题，关于教育当做一种政治制度，是包含在社会改造的任何希望之中，它们通常是不为教育理论的作家所考虑的。我所要讨论的正是这些问题。

教育的力量在形成品性和见解方面是很大的，也是为大家所承认的。父母和教师的真正的信仰，虽然通常不是明言的训诫，但是几乎无意识地被大多数的儿童所学到。即使他们在以后的生活中离开了这些信仰，有些东西还是深深地根植在里面，一遇到紧张和危急的时候，便会钻出来。教育，大概说来，是站在现状这一边的最强的力量而反对基本的改革：已经受到威胁的制度，当它们还有力量的时候，只要拥有教育机器，就把对于自己优越性的尊敬灌输到青年的容易加以塑造的心智中。改革者要把这局面扭转过来，就得用力把敌人从他们的有利地位上驱逐出去。这两派之间，没有一派考虑到儿童本身；儿童只被当做一种材料，不是被这一支军队就是被那一支军队所征召去。如果考虑到儿童本身，那么教育的目的就不会在于把他们纳入这一党派或那一党派，而应该使他们能够在两派之间做聪明的抉择；应该使他们能自己思考，而不是要他们思考教师所思考的东西。如果我们尊重儿童的权利，那么教育就不能成为政治上的武器。如果我们尊重儿童的权利，那么我们应该教育他们，使他们有形成独立见解所必需的知识和思想习惯。但是，把教育当作一种政治制度时，它就要设法去形成习惯和限制知识，并使人只能有一套一模一样的见解。

①公平、自由、尊敬

公平与**自由**这两个原则，包含着大量的必要的社会改造，在教育上说来，单有它们还是不够的。公平，照它的字义上来说就是平等的权利，对于儿童显然不是完全可能的。至于自由，它首先在本质上是消极的：它斥责一切对于自由的可以避免的干涉，而没有给人一个积极的建设的原则。但教育在本质上是建设性的，关于什么东西组成一个良好的生活，要求某些积极的概念。虽然教育中也尊重自由，只要它能和教导相配合，并且虽然还可以容许比习惯上更多的自由而无害于教导，但是如果要对儿童教些东西，除了理智非常发达而不与寻常同伴在一起的儿童以外，显然不能给以完全的自由，而有些与自由的距离是无可避免的。这就是为什么教师负着很大的责任的一个理由：儿童的必然或多或少地要听命于他们的长者，不能让他们做自己利益的保护者。权力，在教育上，在某些程度上是不可避免的，凡是施教的人必需找到一条按照自由**精神**来行使权力的道路。

权力成为不可避免的地方，所需要的是**尊敬**。一个真正善于施教的人，并且要使青年生长和发展得完全，一定要十分透彻地充满了尊敬的精神。那些主张用像机器做成的生铁般的制度的人所缺少的正是对别人的尊敬：军国主义、资本主义、费边科学组织以及改革者和反动派想把人类精神纳入其中的一切监狱。在教育中，有从政府机关发出的法令规章，有大的班级、固定的课程和工作过度的教师，有决心要产生同一水平的平凡的中等人才，而对于儿童缺乏尊敬是几乎普遍的。尊敬需要想象力和生命的温暖；对于有很少实际成就或权力的人，需要更多的想象力。儿童的弱者，而且表面上是愚蠢的，教师是强者，而且在日常意义来说是比儿童聪明。教师缺乏尊敬或是官吏缺乏尊敬，容易因为这些表面上的弱点而轻视儿童。他自以为有职责来把儿童“造成”一定的形状：在想象之中把自己比做陶工，儿童是他手中的陶土。因此，他给儿童某些不自然的形态，跟着年龄而硬化，产生紧张和精神上的不满，从这些又产生残酷的嫉妒，以及认为一定要强迫别人也经过同样的歪曲的一种信仰。

一个怀有敬意的人，不会想到把青年“造型”是他的职责。他觉得在一切生活着的东西里面，特别是在人类中，尤其在儿童中，有一些东西是神圣的，难下定义的，无限制的，有一些东西是个人的和异常宝贵的，是生命生长的原理，世界里无声无息的竞争一个片断的表现。在一个儿童面前，他感觉到一种难以形容的谦虚——这种谦虚不是容易用什么理性的根据来辩解的，然而比之许多父母或教师轻易的自信终究更近于智慧。儿童在外表上的软弱无力和依赖的呼吁，使他觉察到一种受信任的责任。在想象中，他看到儿童会变成什么，或好或坏，他的冲动怎样会发展或受到遏制，他的希望怎样会变得暗淡而他的生命变为少活泼，他的信任怎样会受了伤害，他的快速的愿望怎样会被沉思的意志所代替。这一切使他盼望着在儿童自己的斗争中加以帮助；他要把儿童装备起来，使他坚强起来，并不是为了政府或任何其他无个人关系的机关所定的外界的某些目标，而是为了儿童自己在精神上模糊地寻求的目标。有这样感觉的人才能运用一个教育者的权力而不至于违背自由的原则。

现在政府、教会和其他为它们服务的大的机关团体所办的教育，并不是本着尊敬的精神。教育上几乎从来也没有考虑到男女儿童、男女青年，而差不多老是在研究怎样在某种形式之下，可以操持现在的秩序。当考虑到个人的时候，几乎专门着眼于世俗的成功——发财或得到一个好的地位。做一个平常的人和学会立身社会的技术，就是摆在青年头脑里的理想，只有极少数的教师怀着大胆的信仰，希图冲破人家期待他们所从事的工作制度。几乎一切教育都有一个政治动机：它的目的在于加强或是国家的，或是宗教的，甚至于是社会的某些集团，来和其他的集团做竞争。大体说来，就是这个动机决定了所教的科目，某些知识应该提供，某些知识应该抑制，也决定了什么样的思想习惯是学生所应该养成的。至于怎样培养思想与精神方面内部的生长，几乎什么都没有做；事实上，受教育最多的人，他们的思想和精神生活变为萎缩是极常见的事情，他们缺乏冲动，只拥有一定量的机械式的才能来代替生动的思想。

②灌输的科目与思想

目前的教育所完成的事情之中，有些是任何文明国家的教育所必需继续完成的。例如，一切儿童必需继续教以怎样写字与读书，而某些儿童必需继续学得某些专业，像医药、法律或工程等所需要的知识。科学和艺术所需要的高等教育，对于那些适合的人是必要的。除了在历史、宗教以及类似事情上以外，结合实际的教学只有恰当，而并非一定有害的。在实施教学的时候，可以用更自由的精神，应当更多地试图指出它的最后的用处；当然，它的里面有许多是传统的和死的东西。但是大体说来，这是必要的，并且成为任何教育体系的一部分。

唯有在历史、宗教以及其他可以争辩的科目之中，结合实际的教学是必然有害的。这些科目接触到学校所赖以维持的利益；而且这些利益所以维持学校就是为了要把这些科目上的一定的观点灌输下去。在每一个国家里，历史的教学总是要赞美国家：儿童学习和相信他们自己的国家永远是对的，几乎永远是胜利的，差不多一切伟大的人物都是产生于他的国家里，而且在一切方面都比其他国家优越。因为这些信仰是颂扬性的，所以很容易被吸收，而且几乎从来没有被后来所得的知识把它从本能方面驱逐出去。

举一个简单而很平凡的例子：关于滑铁卢战争的事实，大家知道得很详细，并且细小的地方也都正确；但是在小学里所教的事实，在英国、法国和德国将会大不相同。一个普通的英国男孩子，在他们想象中，普鲁士人没有出什么力；一个普通的德国男孩子，想象着在布吕歇尔的英勇把危局挽救过来的那一天，惠灵顿实际上已经被打败了。

如果在两个国家里都把事实正确地讲授出来，国家的骄傲不会培养到现在那样的程度，没有一个国家会感觉到如有战争，胜利是这样地有把握，因而可以削弱愿意作战的心理。要防止的正是这个结果。每一个国家要想促进国家的骄傲，而且意识到如果采用没有偏见的历史，就不能达到这样的愿望。毫无防御的儿童受到歪曲、压制和暗示的教育。在各国所教的关于世界历史的虚伪的观念，是属于鼓励斗争和培养顽固的国家主义的那一类。如果要保持国与国之间的良好关系，第一步就应当把一切历史的教学提交给一个国际性的委员会，由他们来编出一套中立性的课本，从而摆脱像现在到处所要求的那种爱国主义的偏见[1]。

恰好是同样的事情，也适用于宗教。小学实际上是经常掌握在某些宗教团体的手里，或是在一个对于宗教抱着一定态度的国家手里。一个宗教团体是通过这样的事实而存在的，就是它的成员对于某些问题都有某种确定的信仰，而关于这些问题的真理是无法确定的。宗教团体所办的学校，对于本性常好发问的青年，不得不防止他们发现这些确定的信仰已被并非不合理的别种信仰所反对，而且许多

---

① 我们最近已经达到一个深度，甚至于比歪曲儿童的思想还要低下。要把儿童组织起来，使他们成为由父母的感情所培植出来的憎恨与残酷的天真工具，关于这件事情的做法，可以看 1917 年 9 月 5 日的“教师世界”（“Teacher's World”）。在某一天，学校里的每一个男女学生要写一封信给一个现役军人的朋友，“他们的信必需给他们的读者一个衷心的祝贺；一个真诚而坚定的握手。信中不单是说，‘您好吗’，而且说‘您在打胜仗，我们为您而骄傲。我们当始终和您在一起。人人都在支援您’，等等”。“最重要的是，这些信一定要写得自然……年龄较大的孩子应该完全自己来写。年龄较小的应该尽可能少请人家帮忙。年龄极小的可以按老师在黑板上所写的格式，写上一两行令人愉快的话。”

最善于评判的人认为没有充分的证据来支持任何确定的信仰。当一个国家已经好战成为习俗，像在法国那样，国家设立的学校变为和教会学校一样的武断（据我了解在法国的小学里，“上帝”一字是不许提到的）。在这一切事例中结果是一样的：自由发问是被阻止的，并且在世界最重要的事情上，儿童所遇到的不是武断就是冷酷的沉默。

不仅在初等教育中有这些坏处。在更高级的教育中，采取了比较巧妙的形式，并且做了更多的努力来隐蔽它们，但是它们还是存在着。伊顿学院和牛津大学在一个人的脑子里打上一定的烙印，正像耶稣会大学所做的一样。我们很难说伊顿和牛津有一个**有意识的**目标，但是他们有一个并不因为没有正式提出而削弱或减损其效力的目标，几乎一切从它们那里出来的人，都养成一种对于“礼貌”的崇拜，这对于生活和思想，跟中世纪的教会有同样的危害性。“礼貌”跟表面的虚心是很相配合的，准备听取各方面的意见，对于反对者也是和蔼有礼。但是，它并不合于根本上的虚心，也不是内心准备重视另一方面的意见。它的本质自以为最重要的事情是一种待人接物的行为，这一种行为可以减少平等人中间的摩擦到最低限度，而对于下面的人可以巧妙地使他们产生一种印象，使他们相信自己的浅薄。当做一种政治上的武器，在一个谄上骄下的民主里，来保持富人的利益，那是再好没有了。把这个作为一种手段，使那些有钱而没有坚强信仰或非常愿望的人成为有礼貌的社会**中间分子**，它是有些长处的。在其他方面都是令人可憎的。

“礼貌”的坏处发生于两个来源：它的完全相信自己的正确，和它的相信正确的礼节比较智力或艺术的创造、生命的活力或任何其他世界进步的来源，更为需要。完全自信，照它本身来说，足以使有此自信的人，他的思想进步受到阻碍。如果它还兼有轻视大思想家所几乎必有的傲骨和不知礼节，那它对于一切和它接触的人变成了一种破坏的来源。“礼貌”本身是死的，不能生长的，而且由于它对于那些没有它的人的态度，它把自己的死气传播于许多本来可以有生命的人。它对于有钱的英国人和对于那些有能力来使有钱人注意到他们的人所加的损害，是计算不尽的。

只要教学的目标是产生信仰而不是思维，是强迫青年对于可疑的事情持有一定的意见，而不是使他们看到可疑之点来鼓励他们独立思考，那么，防止自由发问是无可避免的。教育应该培养求真理的愿望，而不是相信某种特殊的信条就是真理。但是在战斗的组织里，是信条把人团结在一起的：如教会、国家、政党。在战争中，由于深信一种信条而产生了效率：胜利属于这样一些人，就是他们对于按理性的态度来说，应该怀疑的事情，却感觉到最坚强的肯定。为了产生这个高度的信仰和战时的效率，采用培养遏制的方法来阻止新思想的滋长，于是儿童的本性被歪曲了，他们自由的展望被遏制了。对那些头脑不很活动的人来说，结果是成见万能；对于那少数思想没有完全被扼杀的人来说，变成愤世嫉俗，智能无力，恶意讥评，能把一切活的东西看成愚蠢，只会毁灭他人的创造的冲动而自己又不能加以补充。

用压制思想自由而得到的战斗中的成功是暂时的，极无价值的。终究，思想的活动力对于成功和对于一个良好的生活是同样的重要。把教育当做一种锻炼的方式，当作一种通过奴化来达到一致的手段，这种教育的概念是很普遍的，而为它辩护的主要理由是它能引导到胜利。那些好用古代历史来做比喻的人们，会指出斯巴达战胜雅典的故事来加强他们的教训。但是，对于人类的思想和想象有力量的是雅典而不是斯巴达：如果我们能够回转过去，生活在古代的某一时期里，那么我们中的任何人都宁愿生在雅典而不愿生在斯巴达。在现在的世界里，在实际的事务方面也需要那么多的智力，甚至于外界的胜利也可能更需要用智慧来取得，而不是依靠驯服。使人轻信的教育，经过一个时期，很快就会将思想引导到腐朽；使自由发问的精神活着，是达到进步所不可缺少的最低限度的要求。

一定的思想习惯通常由从事教育的人灌输进去：服从与纪律，无情地争取世俗的成功，对于反对派的轻视和一种不发生疑问的轻信，对于教师的智慧被动的接受。这一切的习惯是和生命相反的。我们应该把目的放在保全独立和冲动上，来代替服从和纪律。教育应该设法发展思想上的公平来代替无情；教育应该慢慢地注入敬意和谅解的态度来代替轻视。对于他人的意见，不一定要同意，但是如有反对，应该和想象的理解及清楚地认识反对的理由相结合。目标应该在于刺激建设性的怀疑、对大胆思想的爱好、凭思想上的进取心和大胆来战胜世界的感觉，而不是轻信。

由于不关心思想上的事情，满足于现状和把具有个性的学生屈从于政治目标，是这些坏处的直接原因；但是在这些原因的下面还有一种更基本的原因，就是把教育当做在学生身上得到权力的一种手段，而不是培养他们自己生长的手段。就在这点上显出缺乏敬意；也只有增加敬意才能完成一个根本的改革。如果要维持班级的秩序和进行任何一种教学，那么服从与纪律被认为是不可缺少的。在某种范围内是对的；但是比较那些认为服从与纪律本身有其必要的人所想的范围要小得多。服从就是一个人的意志听从外来的指挥，是和权力相对的东西。在一定的场合下，可能两者都需要。对倔强的儿童、精神病人以及犯罪的人，需要使用权力，或者需要强迫服从。但是，当这样做成为必要的时候，就是一件不幸的事情：所需要的是自由选择目的而不必加以干涉。并且教育改革者已经指出这事的可能性远比我们的前辈所相信的大得多。[①]

③服从与纪律

使服从在学校里好像成为必要的原因，在于由虚伪的经济学的要求所引起的人数众多的班级和工作过度的教师所造成。那些没有教学经验的人，无法预料要做到真正有生气的教学所需要消耗的精神。他们以为可以合理地期望教师们担任与银行职员相同的钟点。高度的疲倦和易受刺激的神经是其结果，并且绝对需要把当天的任务机械地完

① 蒙台梭利夫人设法把服从与纪律减到最低限度使教育得到好处，她在这方面的成就差不多是个奇迹。

成。但是任务不能机械地完成，除非强求服从。

如果我们严肃地对待教育，并认为使儿童的头脑保持活力和在战争中得到胜利同样的重要，那么我们所办的教育就要大不相同了：我们应该坚持要达到目的，即使所花的费用要比现在高出百倍。对于许多男女来说，少量时间的教学工作是一件愉快的事情，并且能以一种新鲜的兴趣和生气来做到，这样能使大多数的学生发生兴趣，一点也不需要纪律。至于少数不感兴趣的学生，可以把他们跟其他的同学分开，给以另外一种教学。一个教师应该在大多数的日子里，能教多少就教多少，真正能在工作中得到愉快，而且能够了解学生思想上的需要。结果师生间会变成一种友谊关系而不是敌对关系，大多数的学生也会认识到教育是为了发展他们自己的生命而服务的，而不是一种单纯的外来的灌输，妨害他们的游戏，并且要求他们做很多时间的静坐。总之，为了要达到这个目的，必需用更多的钱，使教师能有更多的空闲，而且有一种自然的对于教学工作的爱好。

纪律，像它现在存在于学校里的那样，在很大程度上是一件坏事。有一种纪律对于几乎一切的成就都是必要的。这一种纪律，在那些反抗传统方法的、单纯靠外界纪律的人，恐怕还不曾加以充分的重视。那种合于要求的纪律就是从内心产生出来的一种纪律。它存在于一种坚决追求一个较远目标的过程之中，在这个过程舍弃了许多东西，并且在许多事情上吃了苦。这里面也含着次要的冲动服从于意志，它是一种凭着大的创造愿望来指导行动的力量，即使当它们并不活跃的时候，也是如此。没有这一个，就没有真诚的大志可以实现，不管这志气的好坏如何；也没有坚实的目标可占据优势。这一种纪律是很必要的，但是只能是由于急切不能达到目标的那些强烈愿望的结果，并且只能由教育产生，如果教育是培养这种愿望的话，而现在的教育是很难做到这一点的。这样的纪律是从一个人自己的意志里发生出来的，而不是从外界的权力来的。这种纪律不是现在大多数学校里所寻求的一种，而在我看来成为坏事的也不是这一种。

虽然初等教育鼓励了存在于被动的服从中的不适当的纪律，虽然现在的教育很少鼓励坚决自主的道德纪律，却有某种纯粹思想上的纪律，那是从传统的高等教育产生出来的。我所指的那一种纪律是能使一个人的思想随意集中在任何一件他有时要研究的事情上的意志，不管他脑子里本来有什么事情或烦恼或智力上的困难。这样一种特性虽然没有重要的内在的优点，但把头脑作为一种工具的效率大大地提高了。正是这一个特性使一个律师能够掌握一个专利案件中的科学细节，这些东西等到判决下来之后，就不记得了。或者一个公务员能够很快地把许多不同的行政上的问题接连着加以处理。就是这一特性能使人在业务时间里忘却了私人的忧虑。在一个复杂的世界里，这一个性能对于那些必需集中思想来工作的人是十分必要的。

在形成思想纪律方面的成功是传统的高等教育的主要功绩。除用强迫或说服使人主动地注意于一项指定的工作以外，我怀疑是否能做到这一层。主要是为了这个理由，我不相信蒙台梭利夫人那样的方法也能适用于已超过儿童时代的年龄。她的方法的本质，是在一切有教育意义的作业之中选出一个大多数儿童最感兴趣的。儿童的注意是完全自发的，像在游戏中一样；他喜欢这样来获得知识，而他所不想要的知识是得不到的。我相信对于年幼的儿童，这是最好的教育方法：根据实际的效果来看，几乎不可能想出别种方法。但是难以看出这种方法怎样可以引导到由意志来控制注意力。对许多必需思考的事情是不感兴趣的，有些事情即使在开始的时候对其感兴趣，但往往还没有用必要长的时间来加以考虑，就已经感到非常厌倦了。一种长时间集中注意的力量是非常重要的，而且除用外界的压力在开始的时候诱导它成为一种习惯以外，恐怕不能广泛地获得。不错，少数男孩子有充分强的智能上的愿望，由于他们自己的进取心和自由意志，情愿忍受一切必要的事情；但是对于其他人，要使他们彻底学会任何一科，必需先有外力的诱导。在教育改革者中间，对于需费大力的要求，有一定的惧怕，照整个世界来说，不愿意招麻烦的心理也愈来愈大。这两种趋势都有它们好的一面，但是两者也都有它们的危险。当一个男孩子在智能方面的兴趣和大志能够充分地刺激起来的时候，思想的纪律受到危害可以仅用劝告来保全，而不必用外界的强迫。一个好教师应该能够为任何一个孩子做这一件事情，只要那个孩子能够作出许多思想上的成就；至于为其他许多人，现在纯粹的书本教育可能不是最好的。这样，只要能够认识思想纪律的重要性，凭着唤起学生对于自己需要的意识，当他能做时，就能做到这点。如果我们不希望教师采用这个方法而获得成功，教师们就容易流入迟缓和鲁钝而去责备学生，实际上是他们自己的过失。

只要社会上的经济结构一天不改，经济斗争的残酷将会几乎不可避免地在学校里讲授。这种情况必然特别会发现于中间阶级的学校里，因为他们的人数要依靠家长们对他们有好评，所以要依靠宣传学生的成绩来博取家长们的好评。这是许多道路之一，在这些道路上，国家的竞争性组织是有害的。自发的和不图利益的求知欲望，在青年中间绝非是不普通的事情，而且在许多人中的这种潜在的愿望，可以容易地把它激发出来。但是这些愿望被教师们残忍地加以阻遏，因此他们只想到考试、文凭和学位。至于比较能干的学生，他们没有思想的时间，也没有时间使他们智能方面的爱好得以畅所欲为，从第一次进学校起一直到离开大学为止。从头到尾，没有别的，只有一个长时期的辛苦忙碌于考试的赏赐和课本上的事实。最聪明的学生，到最后，还是厌恶学习，只希望把它忘掉，而逃入一个行动的生活中去。但是在那里，像从前一样，经济机构又把他们当做俘虏，因此他们一切自发的愿望受到了伤害和挫折。

考试制度和教学主要是为谋生做训练这一事实，引导青年人用一个纯粹功利的观点来看待知识，把它作为赚钱的道路，而不是当做智慧的门径。如果这仅影响到那些没有真正智能兴趣的人，那还没有什么大关系。但是不幸得很，受影响最大的是那些智能上的兴趣最浓的人，因为考试的压力落在他们身上最为严重。把教育当做占据他人上风的一种手段，对于他们也最为严重，对于其他人也达到某种程度；这样互相传染开去，使大家无情地追求和歌颂社会的不平等。任何自由而无私的思考显示出，在乌托邦里没有什么不平等会存在，而实际上的不平等，几乎都是违反正义的。但我们的教育制度，除失败以外，往往把这一点完全隐藏起来，因为那些成功的人已经踏上依靠不平等来得到利益的道路，受到曾经教育过他们的人的一切鼓励。

④独立思考

被动的接受教师的智慧，对于大多数的男女孩子是容易的。这不需要努力来作独立思考，看起来似乎是合理的，因为教师比他的学生懂得多；再加以这样做可以博取教师的欢心，除非他是一个非常与众不同的人。但是被动接受的习惯，在后来的生活中是一个不幸的习惯。它教人寻求一个领袖，而且接受任何一个稳坐在领袖位置上的人作为他的领袖。这一种造成了教会、政府、政党干部会议和其他一切组织的权力，把普通人错误地引导到拥护对国家和自己都有害的旧制度上去。可能独立思考也不会那么多，即使教育做了一切的事情来促进它；但是必然会比现在所有的多。如果目的是要使学生思想，而不是叫他们接受某些结论，那么教育的实施将会大不相同：将会减少很快的讲授而多从事于讨论，给学生以更多的机会使他们受到鼓励来发表自己的意见，更多地尝试使教育的内容能使学生感到一些兴趣。

最重要的是努力设法来激起和鼓舞对大胆思想的爱好。我们所生活于其中的世界是多样性的和惊人的：有些事情似乎很平淡，但是越加研究越觉得难；另一些事情，或许有人认为不可能被发现，倒被天才和勤勉揭露出来了。思想的力量，能涵盖广大区域，然而更多的广大区域现在还只能模糊地引起想象，这一切给那些思想已经越过日常事务的人一种丰富得惊人的材料，使他们从熟悉的日常事务的琐屑和厌倦中逃避出来，这样一来，整个生活充满了兴趣，也打破了庸俗的监狱的墙。就是这样一个冒险的爱好，把人带到了南极，就是这样一种断然试验的力量的热情，使有些人欢迎战争，它能够在创造思想里，找到一条出路，既不浪费，也不残忍，而且由于把人类精神从不可知的东西里面所取得的某些光辉，混合在生活里边，因之增加了人的尊严。把这一个喜悦，在或多或少的程度上，给予一切能这样做的人，这就是最高的目标。为了这个目标，思想教育应该加以重视。

有人会说，由大胆思想所得到的喜悦一定是很少的，只有少数人能够加以欣赏，而普通的教育不能管到这一贵族式的好事。我不相信这种说法。大胆思想所带来的喜悦，在青年中比较在成年人中间普遍得多。在儿童中间这是很普通的，而且是从假装和幻想的时期里自然生长出来的。在后来的生活中所以稀少，是因为在教育中用尽一切方法把它消灭了。人怕思想，好像世界上没有比它更可怕的东西了——比毁坏更可怕，甚至于比死还可怕。思想是颠覆性的和革命的，破坏的和可怕的，思想对于权益，对于已建立的制度和舒适的习惯是毫不留情的；思想是无政府的和无法律的，对于权力不关心，对于历代以来久经考验的智慧也不放在心上。思想看到地狱的深处而不怕。它看到人像一件软弱的微小东西被包围在深不可测的寂静之中；但是它仍然举止骄傲，不为所动，好像它是宇宙的主宰一样。思想是伟大的，迅速的和自由的，是世界的光，是人类主要的光荣。

但是如果要使思想为许多人所有，而不是少数人的特权，那么我们一定怀着恐惧去做。恐惧使人倒退——害怕他们所抱的信仰会被证明是误信，害怕他们所赖以生活的制度会被证明是有害的，害怕他们自己会被证明不应该像他们一向所想象的那样受人尊敬。“工人应该自由地想到财产么？那么我们富人将变成什么样？青年男女应该自由地想到性的问题吗？那么道德将变成什么样？士兵应该自由地想到战争吗？那么军队纪律将变成什么样？滚开吧，思想！回到成见的荫庇之下去，否则财产、道德和战争都要受到危害！人，与其让他们的思想自由，还不如让他们愚蠢、懒惰和沉闷。因为他们的思想如果自由了，那么他们或许不会像我们想的一样。因此不管要付出什么代价，都必需避免这种灾害。”反对思想的人在他们不易觉察的灵魂深处就有这样的论调。所以他们在教会里、学校里和大学里就这样做起来了。

没有一种从恐惧出发的制度能够促进生活。人类事业的创造的原理是希望，不是恐惧。一切使人成为伟大的，都是从要得到好东西的尝试中产生出来，而不是从要避免思想上认为坏事情的斗争中产生出来的。正因为现代的教育这样难得受到伟大希望的鼓舞，所以它也这样难于完成伟大的结果。今天统治着掌握青年教育的那些人的头脑的，是保全过去的愿望，而不是创造未来的希望。教育的目的不应该在于被动地注意死的事实，而应该注重于一种活动，以我们的努力所要创造出来的世界为方向。教育应受到鼓励，不是以惋惜的心情追求那已灭亡的希腊和文艺复兴时代的美景，而是追求辉煌的远景，指出将来应有的社会，思想在未来的时间内所要完成的胜利和人窥测宇宙的日益广阔的眼界。凡是在这样的精神之下教育出来的人，将会充满了生命、希望和喜悦，能够尽他们的力量带给人类一个比较过去更光明的未来，而且对于人类的努力所能创造出的光荣具有信心。

4. 我们所能够做的

当我们活着的时候我们能为这个世界做些什么？

有许多男女要想为人类服务，但是他们迷惑不解，而且他们的力量似乎非常渺小。他们为失望所控制；热情最高的人，因为感觉到自己的无力，痛苦最深，而且因为缺乏希望的缘故，最容易造成精神的衰微。

①最近的将来

我们如果只想到最近的将来，那么我们能做的事情似乎不多。我们恐怕不可能结束这场战争。我们不能消灭国家和私有财产的过大的权力。我们在此时此地不能把新的生活带到教育里去。在这些事情上，我们虽然能够看到弊病，但是我们不能迅速地用任何通常的政治方法来治好它。我们必需认识到这个世界是在一种错误的精神下管理着，也必需认识到一种精神的改变不是一朝一夕所能成功的。我们所期待的事情绝不是明天就会实现的，但是今天少数人想到的事情，到时候自会变成许多人共同的思想。我们如果有勇气和耐性，那么我们就能想到和感到那些迟早会激动人的思想和希望，而且厌倦和沮丧会转化成为精力和热心。为了这个理由，我们必需做的第一件事情，是先在我们自己的思想之中，明确在这个世界里什么样的生活是我们所认为好的和什么样的变革是我们所愿望的。

大思想家的最后的力量远远超过于那些受当代不合理政治痛苦的人所能看到的。宗教上的宽容曾经是少数大胆哲学家孤独的空想。民主主义，作为一种理论，发生于克伦威尔军队中的一小撮人；在复辟以后，由这些人带到美洲，在那里的独立战争之中得以实现。当时和华盛顿并肩作战的拉斐德与其他法国人把这个民主主义理论从美洲带到了法国。在法国，这个理论和卢梭的学说结合在一起而激起了大革命。社会主义，不论我们对于它的是非有怎样的想法，也是一个伟大而不断增长的力量，它正在把经济和政治的生活加以改变；社会主义也是起源于极少数的孤独的理论家。反对压迫妇女的运动，现在已经成为不可抗拒，而且全胜之期已经不远，当初也同样发生于少数不切实际的理想家，像玛丽·沃斯通克拉夫特、雪莱和穆勒等人。思想的力量天长日久，毕竟要比任何人的力量来得大。凡是有思想能力的人和有想象力能依照人的需要而思想的人，就迟早有可能实现他们的理想，虽然不一定在他们生前能够实现。

但是想依靠思想来赢得世界的人，应该准备在眼前失去世界的支持。大多数人在生活的过程之中不大提出疑问，而接受当前发生的信仰和习惯，以为世界是他们的同盟者，如果他们不挺身而出与世界反对的话。世界上的新思想与这种安逸的同意接受是不相容的；它要求一定的理智上的独立性，一定的孤独的毅力，一种内心方面统治世界的力量和认为世界是在发展的看法。如果没有一些甘居寂寞的意念，新思想是不能完成的。如果寂寞之外再与超然的态度相结合，新思想也不能达到什么目标，因为这样一来，和他人团结的愿望就消灭了，或者理智上的独立性如果变为瞧不起人也是不行的。因为所需要的思想的状态是细致而困难的，因为理智上既要独立又非超然绝俗是不容易的，在人事方面有果实的思想是不寻常的，而且大多数的理论家不是因循守旧就是索然无味。正确的思想是稀有的，是难的，但它不是没有力量的。如果我们有志愿，要把新的希望带给这个世界，那么我们不必因为惧怕无力而放弃了思想。

在寻求一个在一定时期发生效用的政治理论的时候，我们不需要发明一个乌托邦，而应当找出运动的最好的方向。在某一个时候的一个好方向可能和另一个时候的一个好方向在面貌上大不相同。有用的思想一定要指出目前的正确方向。但是要判断什么是正确的方向，有两个永远适用的总的原则。（1）个人和社会的生长和生活力要尽可能地加以促进。（2）一个个人或一个社会的生长要尽可能地少侵害到另一个人或另一个社会。

第二个原则，当适用于一个个人和其他个人有来往的时候就是**尊敬**的原则，就是我们应该感觉到别人的生活跟我们自己的生活有同样的重要性。当适用于无个人关系的政治时，它就是**自由**的原则，或者说它作为一个部分包含着自由的原则。自由本身是一个消极的原则；它叫我们不要干涉，但是它不曾指出建设的基础。它指出许多政治和社会制度是坏的，应当加以扫除，但是它不曾指出在它们的位置上应该建立起什么。为了这个理由，如果我们的政治理论不是纯粹破坏性的，就应当再加上一个原则。

要把我们的两个原则合并起来，事实上不是一件容易的事情。世界上大部分的生活力流入于压迫的途径。德国人显出他们有非常充沛的生活力，但不幸他们所表现的形式似乎跟邻国人的生活力是不相容的。就一般来说，欧洲的生活力比较非洲的大，但是它利用它的精力通过工业制度把非洲弄得枯竭，甚至于连黑人所有的那种生活也不保了。东南欧的生活力也因为供给美国百万富翁的企业所需的廉价劳动力而正在变为枯竭。在过去，男子的生活力曾经是妇女发展的障碍，也可能在不远的将来，妇女会变成男子的相似的障碍。为了这样的理由，尊敬的原则，虽然它本身还嫌不够，却是极为重要的，而且能够指出这个世界所需要的许多政治上的改革。

为了使这两个原则都能得到满足，所需要的是做到统一或结合为一个整体，首先是关于我们个人的生活，然后涉及社会和世界的生活而并不牺牲我们的个性。个人的生活、社会的生活甚至于人类的生活，不应该是互相脱离的断片，而应该在某种意义上是一个整体。在这种情况之下，个人的生长得到培养，而并不与他人的生长相冲突。这样，两个原则就取得和谐一致。

能使个人生活成为整体的是一个适合的创造性的目标或不自觉的方向。单有本能不足以使一个文明的男子或女子的生活达到统一：一定要有某种占优势的目标，一个大志，一种为科学或艺术创造的愿望，一种宗教的原则，或强烈和持久的爱。一个男子或女子如果曾经遭遇到某种失败，那么生活的统一是极为困难的，那种失败使本来可以占优势的冲动受到阻碍而变为无效。大多数的专门职业在刚开头的时候就把这种失败加到一个人的身上。一个人如果当了新闻记者，他可能不得不为一张与自己政治主张不合的报纸写稿；这样他的工作上的骄傲和独立的感觉都被扼杀了。大多数的医师发觉非用欺骗否则就很难得到成功，这样，不管他们有怎样的科学良心都会被消灭掉。当政客的，不但一定要把党纲吞咽下去，而且要装作圣徒模样，才能够同宗教界的支持者和好相处；任何人如果不会假冒为善就难以进入议会。没有一个专门职业对于人天生的骄傲加以尊重，而没有这种骄傲，一个人就不能成为一个完全的整体；这个世界无情地把它压挤出去，因为它含有独立性，而且人们希图奴役他人的愿望胜过了他们自己获得自由的愿望。内心的自由是无限宝贵的，一个能够把它保全的社会就是我们所极端希望的社会。

②一个人的生长

个人生长的原理，并不因为阻止他去做某种特定的事情而必然会受到摧残，但是常常因为说服他去做些别的事情而遭到摧残。摧残生长的事情是指在有活力的冲动要想发挥效力的方向里产生无力的感觉的那些事情。最坏的事情是意志所容忍的事情。往往，主要因为没有自知之明，一个人的意志比他的冲动的水平较低：他的冲动面向着某种创造，而他的意志面向着有相当充足的收入又有同辈的尊敬的惯常事业。最确切的例子是一个艺术家制成低劣的作品来取悦于大众。但是有很多人，他们虽然不是艺术家，却也有确实属于艺术家的那种冲动的某些东西。因为冲动是深藏而不会说话的，因为称做常识的东西常与它做对，因为一个青年人只能跟着它走（如果他情愿建立起他自己的模糊的感觉来反对年长者和朋友的智慧和格言），所以在百分之九十九的事例中，可能产生自由而有活力的生活的创造性冲动，往往在一开始的时候就遭到阻碍和挫折：青年人同意做一种工具，而不是一个独立的工人 单纯是完成他人事务的一种手段，而不是自己本性所认为好的东西的制作者。在他表示同意的一瞬间，他内心的某些东西死亡了。他永远也不能再成为一个完全的人，永远也不能再有那么受伤的自尊心、正直的骄傲，这些东西可能使他在灵魂里感到愉快，尽管有外界的一切烦恼和困难——当然，他的生活方式如果有所转变或发生基本的变化不在此例。

意志所不同意的外来的禁令，比较用巧妙的引诱手段来使意志受骗，其害处小得多。在恋爱之中遭受强烈的失望，可能会造成最沉重的痛苦，但是对于一个有生活力的人，他内心所受的损伤不如为了金钱而结婚那样严重。主要的事情不在于完成这个或那个特殊的愿望，而在于那个方向，所要寻求的**那种**效率。当基本的冲动被意志反对的时候，它就会感觉到软弱无力：它不再有足够的希望成为一个有力的动机。外来的强迫不会造成同样的损害，除非它产生同样的无力的感觉；而且冲动如果是坚强而勇敢，那它也不会产生同样的无力的感觉。至于特殊的愿望会遭遇某些挫折，即使在最理想的社会中也是难免的，因为某些人的愿望，如果不受限制，会引导到压迫或破坏别人。在一个良好的社会之中，不会容许拿破仑自己所选择的职业，但是他可能在美国西部做一个开拓者而得到幸福。如果叫他当伦敦商业区的一个书记，他是不会感到幸福的，社会里任何有容忍力的组织也不会强迫他去当伦敦商业区的一个书记。

要使个人生活成为整体，它必需体现一个人所有的创造性的冲动，并且他的教育应该是一种能够启发和加强这种冲动的教育。要使一个社会成为整体，应该使各类男女的不同的创造性冲动共同协作，以达到某些共同生活，共同目标，这种目标不一定为自己所觉察到，但社会的一切成员能在这里找到他们个人成就所需要的帮助。从有活力的冲动所发生的大多数的活动是由两部分组成的：一部分是创造性的，它用同样的冲动或在同样的情况之下使一个人自己的生活和别人的生活都得到促进；还有一部分是占有性的，它用不同的冲动或在不同的情况之下阻碍了某一群人的生活。为了这个理由，凡是本身最有活力的东西，其大部分可能反而对于生活起着相反的作用，就像十七世纪清教主义在英国所做的，或像今天国家主义在整个欧洲所做的一样。生活力容易引导战争或压迫，从而丧失生活力。战争，在开头的时候，把一个国家的生活变为一个整体，但把世界的生活拆散了，而在长期过程中，当它像现在的战争那样剧烈的时候，就连一国的生活也会被拆散。

从战争中可以明白，当文明国家之间由侵略和猜疑所统治的时候，在一个单独的社会里不可能产生一个巩固的完整的生活。为此，任何真正有力的改革运动都应当是国际性的。纯粹是一国的运动，由于恐惧外来的危险，必然会遭到失败。凡是愿意有一个更好的世界，或者甚至于愿意在他们本国之内有一个剧烈改进的人，应当同别国中间有相似的愿望的人互相合作，并且把他们大部分的精力用来克服战争所加深的盲目的敌视。局部的完整，像单纯的爱国主义所能产生的那样，不可能得到任何最后的希望。问题是在国家和国际间的问题中，好像个人生活一样，怎样可以在有活力的冲动里面保持它的有创造性的部分，并且同时把现在成为破坏性的部分转入到其他的途径里去。

人们的冲动和愿望可以分成创造性的和占有性的。我们的活动，有些是针对着创造一些不经创造不会有的东西，其他是针对着取得或保全已经存在的东西。典型的创造性冲动是艺术家的冲动；典型的占有性冲动是占有财产的冲动。最好的生活是创造性的冲动占最大的地位而占有性的冲动占最小的地位。最好的制度是能够产生最大可能的创造性和最少的适合于保全自己的占有性的那些制度。占有可能是自卫的或是侵略的：在刑法里它是自卫的；在罪犯里面，它是侵略的。或许可以认为，刑法比较罪犯可少一些恶，并认为只要侵略的占有仍然存在，自卫的占有就不可避免。但是即使是最纯粹自卫的占有形式，就它们本身来说，也是不值得羡慕的；实际上，它们一经强盛的时候，就会敌视创造的冲动。“不要去想了，干脆说，我们要吃些什么？或是我们要喝些什么？或是我们穿什么？”凡是懂得一个有力的创造性冲动的人，都懂得这个教训在正确的和文字意义上的价值：这是占有的先入为主，比较任何其他的事情为多，因此阻止了人们的自由和高尚的生活。国家和财产是占有的最大体现者；为了这个理由，它们是与生活作对的，所以结果会发生战争。占有意味着取得或保全某些好的东西，使别人不得享受；创造意味着把一件好的东西放到世界中去，若不如此，就没有人能够享受。由于世界上物品必需在人口中间加以分配，也由于某些人是天生的强盗，所以必需有自卫的占有，在一个良好的社会里，它将根据某些不涉及个人的不公平的原则，被规定下来。但是这一切不过是一种良好生活或良好政治制度的开端，在这样的生活或制度里，创造的重量会完全胜过占有，而且分配的公平会作为不受注意的当然之事而存在。

在政治和私人生活里的最高原则都应该是**促进一切创造性的东西从而减少围绕着占有的冲动和愿望**。目前的国家在极大的程度上体现了占有的冲动：在国内，它保护富人，反对穷人；在国外，它用武力来剥削低等民族，并且和其他国家做竞争。我们的整个经济体系只关心占有；但是商品的生产是一种创造，而且除了绝对机械的和单调的工作以外，它可以为创造的冲动提供一种工具。如果把一定种类的商品的生产者组织成为一个自治的民主团体，只在商品的价格上受国家的管制而并不干涉它的生产方式，朝着这个目标，正是大有可为的。

教育、婚姻和宗教在本质上是创造性的，但是这三者全都因为掺杂了占有的动机而遭到污损。教育通常是作为依靠灌输成见，来维持**现状**的手段，而不是用气度豁达的榜样和大胆思想的刺激来培养自由思想和高尚的眼界。在婚姻中，爱情本来是创造性的，但是被占有性的嫉妒的铁链锁住了。宗教，本来应该使精神上的创造性幻象得到自由，但是通常多注意于抑制本能的生活和打击思想的破坏性。在这一切方面，从不稳固的占有所产生出来的恐惧，代替了由创造力所激起的希望。掠夺别人的愿望，在理论上是被认为不好的；但是对于害怕被人掠夺的恐惧，也好不了多少。然而，这两个动机共同统治着十分之九的政治和私人生活。

不同的人的创造的冲动在本质上是一致的，因为一个人所创造的东西不会成为另一个人所要创造的障碍。唯有占有的冲动包含着冲突。虽然，在道德上和政治上，创造的和占有的冲动是敌对的，但是在心理学上，由于偶然的情况或机会，这一个容易渗入另一个中去。关于冲动的起源和使它们发生变化的原因，应该加以研究；教育和社会制度应该做到能够加强在各种人中间归于一致的冲动，而削弱那些引起冲突的冲动。我相信循着这样的途径所能完成的事情，是几乎没有限制的。

要使个人生活和社会生活能够得到单一方向的力量和统一性，在于通过本能而不在于通过意志。意志有两种，一种是对外的，另一种是对内的。第一种即对外的一种，是由外界的障碍引起它的作用的，不论是由于别人的反对或是由于工作上所遇到的技术上的困难。这种意志是在不能马上得到成功的时候，一种强烈冲动或愿望的表现。凡是生活富于生活力的人都有这种意志，只有当他们的生活力受到削弱的时候，才归于衰败。任何艰难的事业要得到成功就非它不可，所以没有它，伟大的成就是很少的。但是内在的意志只有在人的内心里发生冲动或愿望之间的冲突时才需要它；一个完全和谐的本性就不需要有对内的意志。这样完全的和谐一致当然是一个很少实现的理想：在一切人中所发生的冲动，是与他们的中心目标不相称的，如果要使他们的整个生活不致失败，必需把他们的冲动加以抑制。但是中心的冲动最强的人，这种情形更少发现；在一个以自由为目标的社会里要比在一个像我们那样的社会里更少发现；我们那样的社会是充满了由古老的制度和一个专制的舆论所创造出来的人为的矛盾。凡是要想使他们的生活能体现某些中心目标的人，一定经常需要在必要时有一种产生对内意志的力量，但是有了更好的制度，对内意志需要的时机可以减少，它的重要性也可以减少了。这样的结果是十分需要的，因为当意志抑制了仅仅偶然有害的冲动时，它把一种本来可以用于克服外界阻碍的力量掉转方向，而且受到抑制的冲动如果是有力和重大的，它会实际降低可用的生活力。一个充满了内心遏制的生活往往不能成为一个很有活力的生活，而变得没精打采，缺乏兴趣。当冲动经常受到抑制的时候，它就容易死亡；如果不死的话，它会转入地下工作，而结果变成另一形式，要比以前受抑制时候的形式坏得多。为了这些理由，应该尽量避免运用对内意志的必要，而且行动的一致应该发生于冲动的一致而不是发生于用意志来控制冲动。

③生活的统一

生活的统一不应该要求把形成娱乐和游戏的偶然的愿望压制下去；相反的，应该想方设法使生活的主要目标能够容易和各种本质上无害的享乐结合在一起。有些事情像习惯性的喝醉酒，服用毒品，残酷的运动，或者使人痛苦以取乐等本质上都是有害的，文明人所自然欣赏的大多数的娱乐，或者绝对无害，或者是由于某些效果仅仅偶然有害，而这些效果在一个更好的社会里是可以避免的。我们所需要的，不是禁欲主义，或是一种单调的清教主义，而是把有力的冲动和愿望导向大的创造性目标的才能。当这样的冲动和愿望具有活力的时候，它们自然会带来形成一个良好生活所必需的东西。

但是娱乐和冒险虽然应该有它们的地位，如果它们成为了主要的愿望，也不可能创造出一个良好的生活。主观主义是一种习惯，它把思想和愿望引导到我们自己的心理状态上去而不是引导到某些客观的事物上去，这样必然会使生活成为断片的和不进步的。一个人如果以娱乐作为他生活的目标，他会渐渐地对于他所惯于从中取得娱乐的事物失去兴趣，由于他认为这些事物的本身并没有什么价值，而价值在于它们在他里面所激起的感觉。当它们不再能够使他得到娱乐的时候，他觉得腻烦了，就不得不另找新的刺激，但新的刺激也会跟着使他失望。娱乐是由一系列的断片所组成的，没有本质上的一贯性；一个能统一生活的目标，是一个需要某种长期的活动的，好像造一座纪念碑而不像儿童的沙之城堡。

主观主义，除了单纯的寻求娱乐以外，还有其他的形式。有许多人，当他们在恋爱之中，他们多注意于自己的感情而少注意于恋爱的对象；这样的恋爱，不会引导到任何真正的结合，根本的隔阂不会减少。一旦感情低落，体验已经达到了它的目的，于是就似乎没有继续下去的动机了。另一方面，主观主义的同样的缺点，是受着新教和道德的培养，由于它们把注意力集中于罪和灵魂的状态，而不在于外部的世界和我们与世界的关系。这些主观主义的形式，没有一种能够防止一个人的生活不变为断片的和孤立的。只有一种发生于指向客观目标的优势冲动的生活，才能成为一个满意的整体，或者能密切地与别人的生活相结合。

寻求快乐和寻求德行，同样地吃到主观主义的亏：伊壁鸠鲁学派和斯多葛学派犯了同样的毛病。马克·奥留斯制定了好的法律，以为这样可以成为一个有德行的人，但是他并没有成为一个有吸引力的人物。一种生活如果思想比行动多得多，必然会产生主观主义：对于外界的事物如果只是回忆或想象，而没有实际的经验，那它们就似乎变成为单纯的观念。我们对于它们内在的东西所感到的兴趣比较少，而对于它们在我们思想上所发生的效果兴趣比较大。这样的结果往往是从文明的增进中带来的，因为文明的增进不断地减少了活跃行动的必要，而增加了思想的机会。但是思想如果是主动的思想，针对着完成某些目标的，它也不会有这种坏的结果；唯有被动的思想才会引导到主观主义。所需要的是使思想跟冲动和愿望密切地结合起来。经常使它自己成为一种有客观目标的活动。否则，思想就会与冲动成为仇敌，对于两者都大有害处。为了使普通男女们的生活少成为断片和各自分离，并且使他们有更多的机会来发挥他们的创造性冲动，仅仅知道我们所要达到的目标，或宣扬我们所要完成的事情的优点，还嫌不够。必需了解各种制度和信仰对于冲动的生活所发生的效果，并且找出用改革制度来改进这种效果的道路。而且当这种思想工作已经做到之后，我们的思想还是不毛之地，除非我们能够使它与某种强大的政治势力发生关系。唯一强大的政治势力是工党，可以期望得到它的帮助来促进必要的改革。所要求的改革绝大部分可以期望受到工党的欢迎，特别是在战后的艰苦时期里。当战争结束以后，工人的不满一定十分流行于整个欧洲，而且必然会组成一种政治势力，利用这种力量可以实现一个伟大而势如破竹的改造。

这个文明世界如果要从腐化中挽救出来，那就需要根本的变革——经济结构方面和人生哲学方面的改革。我们中间凡是觉得需要变革的，切不可静坐下来徒抱失望：我们如果需要变革的话，那就要使变革能够深深地影响将来。我们可以发现和宣传我们所需要的那种变革——就是能够保存现在的重要信仰中积极的部分的那种变革，而且，由于去掉它消极的和无关重要的部分之后，可以使一切不是完全反动的因素都来通力合作。等到**哪一种**的变革是我们所需要的问题一经明确之后，就可以把它的部分的东西更详细地规划出来。但是非等到战争结束，否则一切细则都无用处，因为我们还不知道战后的世界到底是什么样的世界。唯有一件事情似乎不用怀疑，就是在由战争所产生的新世界里，需要许多新思想。传统的观点将没有多大的帮助。人们的最重要的行动不受传统政治哲学认为重要的那些动机所领导，这是很清楚的。产生和支持战争的冲动，是从比大部分政治论据都要更深刻的领域中产生出来的。而且在反对战争者的中间，有少数人的反对战争也是从同一深处出来的。一个政治理论，如果要在局势紧张的时候能够站得牢，一定要顾到在明晰的思想下面存在着的冲动：它一定要向这些冲动呼吁，而且它一定要找出怎样可以使它们成为有益的而不是破坏的。

经济制度在促进或破坏生活方面有很大的影响。除了奴隶制度以外，现在的工业制度是从古以来对于生活破坏最大的一个制度。机器和大规模的生产是不能废除的，在任何可以代替我们现在生活于其中的制度的更好的制度里面，它们一定会继续存在。工业上的联合民主可能是改革所要采取的最好方向。

人生哲学，当它们广泛地受人信仰的时候，对于一个社会的生活力也有很大的影响。现在最广泛地被人所接受的人生哲学是主张：与一个人的幸福最有关系的是他的收入。这种哲学除了其他缺点不谈以外，是有害的，因为它引导人注重结果而不注重行动，只注重物质的享受（在这里面，人是没有区别的），而不注重可以体现个体个性的创造性冲动。比较精炼的哲学，像那些在高等教育里所灌输的，往往过分地注意于过去而不是将来，而且注意于正确的举止而不是有效的行动。从这样的哲学中，人们不会有精力来轻松地负担传统和永远增积的知识的重荷。

世界需要一种能促进生活的哲学或宗教。但是为了促进生活，必需看重单纯生活以外的某些事情。为生活而生活的是动物，没有一点真正人的价值，不能保持人永久不厌倦和感觉到一切都是虚空。如果要使生活成为完全是人的生活，它必需为某种目标服务，这种目标在某种意义上似乎是在人的生活以外的，就是这种目标，它是非个人的和超出于人类的，有如上帝或真理或美。凡是最善于促进生活的人，就不以生活为他们的目标。他们的目标宁可是好像逐渐实现理想的东西，把一些不朽的东西投入到我们人类的生存里去，这一些东西似乎在想象上使人觉得生活在一个天堂里，跟斗争和失败以及时代的贪婪嘴脸相距很远。与这一个不朽的世界的接触——即使这汉是我们想象中的一个世界——能带来力量和根本的安宁，这些东西是不能完全被我们暂时生活中的斗争和显然的失败所消灭的。这一种对于不朽事物的幸福的默想，就是斯宾诺莎所称的对于上帝的理智的爱。对于那些一旦能够懂得它的人，这就是智慧的锁钥。

至于实际上我们应该做些什么，那是各人不同的，要根据我们的才能和机会来决定。但是我们的内心里如果有了精神生活，那么什么是我们必需做的，什么是我们必需避免的，就会一清二楚。

凭着同不朽的东西相接触，凭着我们献身于把一些神圣的东西带到这个烦恼的世界里来，我们甚至于现在就可以使我们的生活成为创造性的，即使在暴虐、斗争和仇恨的四面包围之中也可以做到。在一个以占有为基础的社会里，要使个人的生活成为创造性的，比在将来人力可能建立起来的社会里困难得多。凡是要开始从事于世界革新的人，一定要面对着寂寞，反对贫穷和辱骂。他们一定要能循着真理来过生活，具有一种合理的和不可战胜的希望；他们一定要诚实而聪明，无所畏惧，而且受一个贯彻始终的目标的指导。受到这种鼓舞的一群男女们是会战胜一切——首先战胜他们个人生活的困难和迷惑，然后，及时地，虽然恐怕会在一个长时间里，战胜外界的世界。智慧和希望是世界所需要的东西；虽然这个世界是在跟它们作斗争，到后来终究会尊重他们。

当哥德人劫掠罗马的时候，圣·奥古斯丁写作了《天城论》一书，用一种精神上的希望来填补已被毁灭的物质现实。在这以后的许多世纪中，当罗马已经沦为茅屋的村落的时候，圣·奥古斯丁的希望还是活着并且发出生命来。我们也必需创造一个新的希望，用我们的思想来建立起一个比那个正在自投灭亡的更好的世界。因为时机不好，所以对于我们的要求要比平常的时候多。只有思想上和精神上的热火朝天，才能挽救我们的后代不至于像我们所知道和爱的那一代一样遭遇到死亡。

我感到幸运，能够作为一个教师和许多不同国家的青年们接触——在青年们里面希望正在活着，创造的精力正存在着，本来他们所赖以生活的想象中的美至少有某些部分可以在这世界上得到实现。他们已经被卷入战争之中，有些在这一边，有些在那一边。有些还正在作战，有些已成为终身残废，有些已经死了；在留下来的那些人中间，恐怕有许多要失去精神的生活，他们的希望会死去，他们的精力会用掉，而他们的余年只不过是走向坟墓的一段厌倦的旅程。在这一切悲剧之中，有不在少数的教导者似乎是没有感觉的：他们用无情的逻辑来证明这些青年已经不可避免地为了某些冷酷而抽象的目标牺牲了；他们自己无动于衷，他们受了一些暂时的感觉的袭击之后，又迅速地事过境迁安然如故了。在这样的人里面，精神生活已经死了。如果它是活着的话，它会跑出去，用一种好像父母之爱一样热烈的爱，迎接青年的精神。它会不知道自我的界线，把青年们的悲剧看作就是它自己的悲剧。有一些东西会喊出来：“不，这是不对的；这是不好的，这不是一个神圣的目的，在这里面，青年的聪明受到损害和蔽塞。这就是我们这辈年长的人犯的罪；我们把这些青年送到战场上去是为了我们的罪恶的热情，我们的精神上的死亡，我们不能从温暖的心肠和精神的活的幻象之中过我们豁达大度的生活。让我们从这死亡中走出来，因为已死的是我们，而不是那些由于我们的生活上的恐惧而死去的青年。他们的冤魂还比我们多些生气：他们将永远讥讽我们，使我们千秋万代受到耻辱。从他们的幽灵之中，一定会发出生命来，而他们必需给以生气的正是我们。”

四、自由之路

1. 工作与报酬

人们在寻求建立更美好的社会时必须面对两大阻碍：一种阻碍来自自然；另一种阻碍来自人类自身。一般说来，科学是用于抵御自然阻碍的，而政治和社会组织是用于克服人类自身的阻碍的。

经济学所认定的基本事实是，只有通过劳动，自然才提供产品。为满足我们的需求必须付出劳动，这并不是政治制度和对劳动阶级的剥削强加于我们的，而是物质规律作用的结果。社会改革者和所有别的人一样，都必须承认并研究这些规律。在任何乐观的经济计划被接受并施行之前，我们都必须考察一下进行生产的物质条件是否允许，或者这些条件是否可以借助科学和组织而得到大大改变。在考察这一问题时必须考虑两种相关的学说：第一是马尔萨斯的人口论；第二是这种稍嫌模糊却十分流行的观点：即认为要生产出多于人们维护生存需要的产品来，大多数人就得从事长时间单调而痛苦的劳动，从而少有闲暇去享受合理的文明生活。我认为这两种妨碍人们做出乐观估计的观点都经不住仔细的推敲。我相信，生产设备的技术改进潜力十分巨大，无论如何在今后几个世纪中人类福利事业的进步不会遇到难以克服的障碍，这一进步既可带来产品数量的增加，又可同时导致劳动时间的缩短。

克鲁泡特金对这一问题做过特别的研究。不管人们如何看待其一般政治理论，他对农业生产的潜力问题的论述都是富于教益、非常具体而令人信服的。社会主义者和无政府主义者大都是工业生活的产物，因而他们中间极少能有具备粮食生产的实践知识的。但克鲁泡特金是个例外。他的两本著作《面包的掠取》和《田园、工厂和作坊》列举了大量翔实的资料，尽管其观点有过于乐观之嫌，我认为不可否认的是他指明了我们以前很少会相信的农业发展的潜力。

马尔萨斯认为，实际上人口的增长总是趋向于突破维持生存的极限；食物的生产随着产量的增加，成本也会越来越高；因此，除了在短暂的特殊时期内由于新的技术发现而得到缓和之外，绝大多数人总是停留在维持生存和繁衍后代的最低生活水平线上。就世界上的文明种族的情况来看，这一学说由于出生率的锐减而变得不足信了；但是，除了出生率降低这一点之外，仍然有其他理由认为这一学说至少就不久的将来的情况而言是难以被接受的。马尔萨斯的人口论问世以来的一个世纪内，整个工资阶级的生活舒适程度得到了很大提高，而且由于劳动生产力的巨大提高，只要再加上一套更公平的分配制度，生活舒适程度还可望有更大的提高。在过去的岁月里，由于一人的劳动不可能生产出远远多于维持其生计的产品来，所以既不可能大大缩短工作时间，也不可能导致享受高于最低水平生活的人在总人口中所占比例的大幅度增加。但是现代生产手段改变了这种状况。时至今日，不仅有许多人从租金和利息中得到丰厚的收入，而且大多数文明国家里有将近一半的人口不再从事商品生产，而是参加战斗或生产军火。和平时期，这一半人闲居无事，倒也不会让另一半人比战争时期更为贫困，而一旦让这些有闲者充分就业，则会生产出超出目前工资的可供分配的剩余产品来。目前大不列颠的劳动生产力已足以为每个家庭每天增加一英镑的收入，这还算不上明显可行的生产手段的革新。

但是，会有人说，随着人口的增加，随着来自加拿大、阿根廷、澳大利亚及其他地区的资源供应的日趋枯竭，食物的价格终会上涨。悲观者声称，这一天终会到来，那时食品变得非常昂贵，普通工人除了维持生计外就再也没有剩余去用做其他用途了。应当承认，假若让人口无限制地增长下去，在很远的将来会发展到这一步的。假如地球表面的人口密度都达到像目前伦敦这样的程度，那么无疑需要几乎全部的人类劳动都用于所剩不多的农业地区生产粮食了。但是，没有理由去设想人口会无节制地增长下去，再说这也是很远很远以后的事了，就实际的考虑，完全可以撇开不管。

让我们从这些晦暗的思辨中走出来，再来看看克鲁泡特金所列举出的事实。我们会发现他在著作中证明了，通过采用现已有人使用的集约耕种方法，单位面积的粮食产量可以大大提高到那些外行人无法想象的程度。在谈到大不列颠、巴黎近郊和其他地方的果菜种植者时，他写道：

> 他们发明了一种全新的农业。当我们夸口说利用轮耕法可以每年收获一季庄稼或者每三年收获四季庄稼时，他们只是付之一笑，因为他们的雄心是在同一块土地上每年收获六到九季庄稼。他们不理解我们为什么还在谈论什么好土壤，因为他们自己制造土壤，而且制造出来的土壤数量如此之巨以至不得不每年出售部分土壤；否则的话他们的园子每年要增高半英寸。他们不像我们满足于在一英亩的土地上只收获价值五英镑的五六吨草料，而是要在一英亩的土地上收获价值至少一百英镑的五十至一百吨蔬菜，主要有卷心菜、胡萝卜等。

关于畜牧业，他提到温特比的查姆品先生可以在一英亩土地上种植两三头牲畜的草料，而在大不列颠在通常高效种植下，每养一头牲畜需要两三英亩的土地。巴黎周围蔬菜园的成绩就更让人吃惊。这里我们无法概述这些具体的成绩，就看看作者的一般结论吧：

> 目前，有些经验丰富的蔬菜园主甚至宣称，假如供应塞纳和塞纳瓦斯两省三百五十万居民的全部粮食、肉类和蔬菜都得以他们的园地（面积三千二百五十平方英里）里生长出来的话，只需要用现已大规模采用并证明有效的方法，而无需使用其他方法，就可以实现了。

我们不应忘记巴黎市的所有人口都是包括在这两个省人口之内的。

克鲁泡特金接着指出了不需要长时间的劳作而可以取得同等收获的办法。实际上，他认为大部分活都由这样一些人来干，他们的主要工作都是坐着做的，每天只要几个小时的劳动，而劳动正是为了保持其健康，并多一些娱乐方式。他反对过细的劳动分工。他所需要的是整体，“即这样一个社会，其中每一成员既是体力工作者，又是脑力工作者；每一有劳动能力的人都是工人；每一工人都既在农园又在厂房里工作。”

克鲁泡特金对生产的看法与他所倡导的无政府主义没有本质的联系。这些看法在国家社会主义条件下也同样可能行得通，甚至在某些特定情况下的资本主义制度里也能执行。我们目前所关心的不是他提出了赞成某一经济体制而反对另一种经济体制的观点，而是他消除了我们的悲观情绪，这种情绪是因为怀疑劳动生产力而造成的。我着重探讨了农业不是工业，那是因为农业是最可能出现困难的行业。一般而言，随着规模的扩大，工业生产成本会趋于降低，因此在工业中不会因为需求的增长而早致原材料价格的上涨。

我们现在撇开生产问题的纯技术、纯物质方面，来看一看其中人的因素，即引导人们从事生产的动机，有效的生产组织的潜力以及生产与分配的联系。现行体制的捍卫者认为，假如没有经济刺激，就不可能有高效的劳动，而假如废除了工资制，人们连哪怕为维持社会最低生活水平的工作都不做。这种认为必须有经济动机的观点使得生产问题和消费问题交织在一起了。对产品公平分配的渴求，成了大多数社会主义和无政府主义的主要原动力。因此，我们必须考虑它们所提出的分配制度是否会导致生产的萎缩。

在分配问题上，社会主义和无政府主义之间有着根本的差异。各种形式的社会主义大都主张保留按劳取酬或按劳动意愿取酬，而且，除了对于那些因为年龄或身体原因而没有劳动能力的人之外，使愿意劳动成为维持生存（或者至少高于最低水平的生存）的条件。相反，无政府主义则企求做到无条件地满足任何人对普遍产品的需求，而供应不足的稀有产品也是平均分配。因此，无政府主义不把劳动的义务强加给任何人，尽管无政府主义者相信必要的劳动可以是那样地令人愉悦以至绝大多数的人都会自愿参加。社会主义者则会强制人们劳动。他们中的有些人认为所有工人都应获得相同的收入，而另一些人则认为价值高的工作应付高一点的报酬。所有这些制度都是和土地与资本的公有制相容的，尽管这些制度会产生非常不同的社会类型。

允许有不同收入的社会主义就工作的经济刺激这一点而言，与我们现在所处社会没有多大不同。从目前的观点看，由此导致的收入差异无疑是朝好的方向发展。在现在制度下，许多人享受清闲，仅靠继承地产或资本便可致富。还有许多涉足实业或金融业的人，其收入远远高于他们对社会的实际贡献。相反，那些对社会贡献颇大的发明家和发现家则因为资本家的抢掠或公众的漠视而一无所得。收入较丰的工作只有那些有能力支付昂贵训练费用的人才能得到，而这些被选来参加训练的人不是因为优点突出，而往往是因为运气较好。挣工资的人不是因为他愿意劳动而仅仅因为他对于雇主的用处而被支付报酬。因此，工人可能因为自己无法控制的原因而陷于饥寒交迫的境地。这种恐惧始终威胁着他们，而一旦这种威胁成了现实，就会给他们带来不应有的苦难，并时常会导致他们社会价值的降低。这些只不过是从生产的方面来看现存制度下所存在的罪恶的一小部分而已。我们期望看到，所有这些罪恶都将在任何一种社会主义制度下得到纠正。

在讨论何种程度上工作需要经济动因时，有两个问题需要考虑。第一个问题是：社会是否必须为大量的技术水平要求更高或社会价值更大的工作支付更高的报酬？第二个问题是：工作会不会这样具有吸引力，以至在很多游手好闲者可以得到同样多的劳动果实时，仍可保证有足够的劳动总量？第一个问题关系到两派社会主义者之间的区别：较为温和的社会主义者认为即便在社会主义制度下也可以保留不同工作间的报酬差别，而更加彻底的社会主义者则提倡所有工人同等报酬。而第二个问题则标明社会主义者和无政府主义者之间的区别：假如一个人不劳动，后者不会不给他分配产品，而前者一般会这样做。

第二个问题比第一个问题重要得多，我们不得不马上就讨论它，而在讨论过程中关于第一个问题要说的自然而然就要说出来。

工资制还是自由享有制？——“废除工资制度”是无政府主义者和激进的社会主义共同的口号之一。但就其最自然的意义来说，这是无政府主义者才有的口号。在无政府主义者构想的社会里，所有日常商品每个人都可以不加限制地享用，就像如今用水一样。这一制度的倡导者们指出这同样适用于以前必须支付费用的项目上，如道路和桥梁等。他们指出，这可以很容易地扩展到电车和地方火车上去。他们继续论辩说——就像克鲁泡特金证明通过土地肥力无限提高就可实现一样——所有日常食物可以满足任何人的需求。因为这些食物很容易生产而且要多少有多少。一旦这一制度被扩展到所有的生活必需品，任何人的生计就都可以得到保证了，而完全不管他如何去消磨自己的时间。至于那些不可能无限量生产的产品，如奢侈品和精制物品，无政府主义者也认为要无偿分配，不过要按配额制来平均分给每一个人。还有一点尽管无政府主义者没有说出来，但无疑得给奢侈品定个价格，好让人们自由选择要什么东西；一个人可能想要上好的葡萄酒，另一个人可能要一等的哈瓦那雪茄烟，还有人可能要画片或漂亮的家具。通过把相对价格固定下来以求得需求的平等，如此便可以让每个人得到他应得的东西，而不管他得到的是哪一种东西。在如此这般情形的世界里，对生产的经济刺激将完全消失，从而必须借助其他动因劳动才能继续下去。

这样一种制度可能实现吗？首先，要提供如此大量的生活必需品让每一个男人和女人从公共贮藏中要多少拿多少是技术上可行的吗？

购买和付款的观念已深入人心，现在都要废除它，乍看来就是不切实际的。不过我仍相信这并不像表面看来那样不切实际。即使我们可以无偿得到面包，我们的世界也不会要求超过一定限度的量。事实是，富人花在面包上的钱只占其收入的很少一部分，这一点消费在他们实际是不予计较的；然而即使按他们的消费量供应全民，依先进的农业耕作方法也很容易做到（排除战争时期）。人们对食物的需求量有自然的限度，造成的浪费也不太严重。就像无政府主义者所指出的，虽然目前人们能享用的水资源取之不尽，但很少有人让水龙头在那空流。再说公共舆论也反对过度浪费。我想，就那些需求有限、一旦短缺就可以很容易生产的产品，可以实行无限制供应原则。而且，只要生产被有效地组织起来，不仅其他生活必需品，而且还包括教育等都可以实行这一原则。即使直到最高等的教育都是免费的，年轻人也不会要求受教育超过一定的程度，除非他们都被无政府主义制度彻底改变了。就普通食物、衣物以及其他满足基本需求的东西来讲，也是这种情况。

我想可以得出结论说，无政府主义者的自由享有制不存在技术上的不可能性。

但是，假如个人即使不劳动都可以保证过上舒适的生活，那么必需的工作还有人做吗？

大多数人会毫不犹豫地给予否定的回答。雇主们，特别是那些习惯于把雇员看做懒汉、酒鬼的雇主们会十分坚定地认为，除了受到解雇和挨饿的威胁外，他们是不会干任何工作的。但是，这些人们乍看之下那样确定吗？假如到那时劳动仍像现在的大多数劳动一样，那么可以说除非受到饥寒威胁将很难促使人们再参加劳动。但是，没有理由认为这种在可怕的条件下从事的苦役般的劳动会一如其故。如果要让人们不是被迫而是受吸引去参加劳动，则社会显然要设法让劳动变为愉快的事情。只要劳动没有从总体上变为愉快的事，那就不能说达到了好的社会形态。劳动的辛苦难道是可避免的吗？

目前，收入较丰的工作，即从事实业和专门职业者的工作大多是轻松愉快的。我并不是说这些人在任何时刻都是快乐的，而只是说一个从事这类工作的人总体上比一个有相同收入但什么事也不做的人要幸福一些。假如精力充沛的人们要保持心理健康和对生活的热情，那么从事某项连续的工作，付出一定的努力，是完全必要的。现在有许多工作都是不计报酬的。认为人生来就贪图享乐的人会觉得不拿报酬的地方法官是个苦差事，就像水道疏通工一样；而愤世嫉俗者都认为，由于断明是非和道德威望能够带来极大的快乐，所以不难找到一些肠肥脑满的老绅士不要报酬也乐于把那些无助的可怜虫送进监狱。况且，除了工作自身的乐趣外，仅仅是为博取邻人的好感和让人夸奖办事有效率便足以让许多人积极投身进去了。

但是，有人会说，人们自愿选择的工作必定很特别：大量必需的工作都是辛苦的。假如能过上另一种舒适的生活，谁还会去选择当一个煤矿工人或大西洋邮船上的一个伙夫去呢？我想必须得承认许多必需的工作总还得是那样不愉快或者至少是痛苦而单调的，而且对从事这些工作的人必须给予特殊的照顾。确实，给予这种特殊照顾就会损坏无政府主义的逻辑完整性，但我想这不至于给这一制度带来太过严重的破坏。只要多费些心思，多做些关照，许多需要做的工作都会变成可人意的。即使是现在，让人觉得工作厌烦的无非就是工作时间太长而已。假如工作缩短为四小时（通过更好的组织和更科学的手段可以做得到），则许许多多现在被当作一种负担的工作就不再成其为负担了。假如像克鲁泡特金所言，农业劳动不再是处于赤贫边缘的无知劳动者的终生苦役，而是通常从事工业或脑力劳动的男女偶尔为之的职业；假如农业劳动不再以古老而陈旧的方式进行，没有工人的任何智力参与，而是在充满自由的气氛中进行，邀请工人不仅进行体力上的合作而且进行智力上的合作，那么劳动就不再是一种苦役，而是一种快乐，一种参加劳动者的健康和生命的源泉。

无政府主义者认为，就农业而言是正确的，对工业来说同样也是正确的。他们坚持认为，目前的大型经济组织都由资本家把持着，除了有时不得不向工会妥协外，根本就不考虑工人的死活；假如这些经济组织被逐步改造为自治的共同体，在那里生产者可以自行决定有关生产手段、劳动条件和工作时间等问题，那么情况就会朝好的方向发展；肮脏和嘈杂就可以完全消除；让人厌恶的工业区可以变成美丽的花园；所有天资聪明的生产者都会沉浸于生产的科技改进；而类似于艺术创作的快感会激励人们去从事任何一件工作。所有这些眼下脱离现实、十分遥远的想法，一旦实现了经济自治，便会成为现实。我们得承认，如果这些都得以实现，那么很大一部分的必需工作都会变得令人愉快，从而在可以工作也可以不工作的情况下，人们还是宁愿工作而不愿闲着。至于剩下来的那些不大有人愿意做的工作，则可以用特殊报偿来激励人们去做，不管这种报偿是以货物、荣誉还是特权的形式来表现。但这要以不引起大的反对为限度。

很自然地会有一部分人选择游手好闲。假定这部分人只是极少数，不会碍事的。况且，在这些被划为游手好闲者一类的人们中间，还包括艺术家、作家等献身抽象理智事业的人——简言之，就是那些生前为社会所唾弃，而死后却为社会所赞誉的人。对这些人来讲，只顾自己的追求而不管其对社会是否有用，那将是毫无价值的。任何人只要调查一下有多少诗人都拥有私人财产，就会意识到多少人的诗才都因贫困而被埋没了；因为说富人天生就有作诗的禀赋是扯淡的事。这样的人虽然为数不多，但必须给他们以自由，以抵消那些纯粹游手好闲者所造成的浪费。

到此，我们提出了一些赞成无政府主义计划的论证。以我看，这些论证已足以让这一计划成为可能成功的、但却不足以让它可能到必须一试的地步。

无政府主义的分配计划是否可行的问题，同其他许多问题一样，是一个量的问题。无政府主义的这一计划有两部分构成：（1）所有日用品都对所有社会成员实行无限制的供应；（2）不对任何人强加以从事劳动的义务，也不强加以经济回报制度。这两点计划并不必然是不可分割的，从其中任何一点也都无法推知整个的无政府主义制度，尽管离了这两点无政府主义就几乎是不可能的。就第一点而言，甚至目前就可以在某些商品的分配中实行了，而且不久的将来还有更多的商品可以这么分配。这个计划具有一定的伸缩性，根据情况需要，可以在免费供应表加上或去掉某种消费品。这一计划具有多种多样的优点，而世界的实际情况也是朝这个方向发展的。我想我们可以做出结论说，无政府主义制度的这个部分可以逐步采纳，直到最终完全实现他们的愿望。

至于第二个计划，即没有劳动的义务也不实行经济回报制度，则要可疑得多。无政府主义者总是假定，一旦实行他们的计划则每一个人都会参加工作；但是尽管可以为这一观点做出很多辩护，而不像许多人一看之下就否定它，它实际施行起来是否可行还是很有问题的。或许，在一个由于经济压力而使得从事工业生产成为习惯的社会里，强大的舆论足以迫使人们参加工作；但这种事情到底能持续多久总是一个疑问。假如舆论真的能起作用的话，那么就有必要以某种方法将社会分成一些小组，让每一小组只能消费和它所生产的产品相等的东西。这样，经济因素就会对小组产生作用。这些小组由于我们假设它们规模很小，所以每增加一名闲散人员，小组的集体消费品就有相当的减少。这种制度也许行得通，但它与无政府主义的整个精神相违背，从而也将损坏无政府经济制度的主要原则。

正统社会主义对这一问题的态度完全不同于无政府主义。《共产党宣言》所提倡的紧急措施中有这么一条："实行普遍劳动义务制。成立产业军，特别是在农业方面。”社会主义理论认为，一般来说，只有参加劳动才能有享受劳动果实的权利。当然这一理论也有例外的情况：老弱病残者不在此列。但是，就我们目前关心的问题，社会主义有基本构想：有劳动能力的人都得参加劳动，否则就会挨饿，或被绳之以法。而自然只有权力当局所承认的劳动才能算作劳动。撰写反对社会主义或反对政府所体现的任何理论的书当然不被算作劳动。同样，做出与国家画院的风格不同的绘画作品以及写出不合审查机关口味的剧本也都不能算作劳动。任何新思想都将被禁止，思想都只有借助某种影响或者攀龙附凤才能博得学术权威的青睐。社会主义者们并没能预见到这些后果，因为他们设想社会主义国家的统治者就和他们这些倡导者一样的。这自然是一种幻觉。社会主义国家的统治者将同现在的社会主义者毫无相似之处，就像君士坦丁大帝以后的教会权贵和十二门徒毫无相似之处一样。开始倡导革命的人都是杰出的公而忘私的人，而革命成功后掌握政权的人都是从古至今把持政府的野心家那一类人。这类人听不得反对意见，容不了自由的存在。

这么说来，要是无政府主义计划有其危险性，则社会主义计划至少有同样大的危险性。确实，我们预见将在社会主义制度下存在的丑恶现象，目前也存在，但是社会主义不是要医治这些丑恶现象吗？他们不能满足于说他们并没有把事情弄得更糟。

在保护自由方面，无政府主义有其优点；而在主张劳动是一种义务方面，社会主义有其优点。能用一种方法将这两个优点结合起来吗？我看可以。

我们已经看到，假若大多数人都参加一些劳动，并尽可能地利用科学和组织来提高生产，就没有理由不在所有人中间无偿分配生活必需品。唯一让我们深深怀疑的是，在无政府主义制度下，参加工作的动因是否会已经大到足以防止出现大量的游手好闲者。但是，也可以很容易地做出如下规定：虽然生活必需品可以无偿提供，但只有愿意工作的人才能得到奢侈品——所谓愿意工作不是像现在一样仅指正在工作，而且还指不是由于自身原因而暂时没有工作。我们现在可以看到这样一个人，他由于投资获利很少，只能维持日用，所以总愿意做些有酬工作以购买奢侈品。在我们所设想的共同体内也很可能是这种情况。同时，对于那种希望从事未被社会认可的艺术、科学或思想研究的人，也应随其所愿，只要他甘于“自行其乐”。那些对劳动怀有恐惧的少数人——这些人现在都成了流浪汉——也可以无害地生存下去，只要其数量不要变得太大，成了勤劳者的沉重负担。这样，一方面可以保证自由，另一方面又保留了对劳动的经济刺激的需要。依我看，这种制度获得成功的机会远远要比纯粹无政府主义和纯粹正统社会主义要大。

说得明确一点，我们所提倡的计划实质就是：使每一个人，无论劳动与否，都得到一份足够维持生计的小收入，但只有那些愿意从事被公认为对社会有用的工作的人才能得到更高的收入，但高出的收入应以社会所能保证生产出的产品总量为限。只有以此为基础，才能更进一步。我认为，并不总要给那些技术更复杂、社会价值更高的工作付更高的报酬，因为这种工作本来就更为有趣、更受到重视，而有能力的人总愿意去做。但是，我们可以只给那些只愿做别人一半工作的人半份收入，而对那些自愿选择特别是愉快职业的人要给予高出大多数工人的收入。这一制度或许不符合无政府主义，却完全符合社会主义。关于它的优点我们将在以后的章节里进一步讨论。这里我只想说，这一制度把自由和正义结合在了一起，并且避免了隐藏于无政府主义者和正统社会主义者所提计划中的对社会的危险性。

2. 理想的世界

在大多数男女的日常生活中，恐惧比希望占据更大的比重：他们担心别人会夺走自己的所有物的时候较多，而考虑如何为自己也为他人的生活带来快乐的时候较少。

①生活本不该这样

那些其生活对自己、对朋友、对世界都有益处的人是为希望所激发、为快乐所支撑的人：他们通过想象看见了可能的事物以及把它们变为现实的方法。在处理私人关系时，他们从不为可以失去别人的亲爱和尊重而萦然挂怀：他们只顾付出爱和尊重，而回报自然会不招自来。工作时，他们不会受嫉妒心的驱使，而只关心什么事是必需做的。

政治上，他们不会耗费时间和热情来为本阶级或本国家辩护，他们的目标只在于让整个世界更幸福、更少些残忍、更少些利欲之事，让更多的人摆脱压迫，自由发展。

在这种精神主导下的生活——不为占有只求创造的生活——包含一种根本性的幸福，任何不利的环境都不能完全将它夺走。这些是福音书所提倡的生活方式，也是世界上所有伟大先哲所提倡的生活方式。那些找到了这种生活方式的人不再惧怕任何东西，因为他们在生活中最看重的事情并不受制于任何外在力量。假如所有的人都鼓起勇气，并不顾一切障碍和挫折地坚持这种生活方式，则世界的变革就不需要从政治和经济改革开始了：由于个人的道德已经发生变革，这类改革将会毫无阻力地自动发生。但是，尽管基督教义已被世界接受了许多世纪，可信徒们却信然受着像康斯坦丁大帝以前一样的迫害。经验已经证明，很少有人能够穿透这些生命者表面的遭遇而看到那来自于信仰和创造性希望的内在快乐。就一般大众而言，要克服恐惧心理，光靠面对不幸的勇气和无畏，还是不够的；还必需根除造成恐惧的原因，把美好生活不再看作世俗意义上不成功的生活，并减轻那些不注意自我的防卫者所受到的伤害。

我们考虑一下生活中所见的罪恶，就会发现它们大致有如下三类。首先是物质方面的罪恶，如死亡、疼痛、难以靠耕地为生等等。第二类是由于受害人在性格上气质上的缺陷造成的罪恶，如无知、缺少意志力、脾气暴躁等等，这可称作“性格的罪恶”。第三类是借助一个人或一个集团对另一个人或另一个集团的权力而生的罪恶，包括暴政、借助暴力或教育中的过度灌输而形成的对自由发展的干涉。这可称作“权力的罪恶”。可以依据一种社会制度与这三种罪恶的关系来判定这种制度。

这三种罪恶之间倒不是泾渭分明的。纯粹物质的罪恶是一个界限，我们永远无法确定是否达到了它：我们无法消除死亡，但我们常常可以借助科学延缓它的到来，并最终可能达到保证绝大多数人都寿终正寝的水平，我们无法完全阻止疼痛，但我们可以通过让每个人都过上健康生活来无限地减轻它；我们无法让土地自己生出大量粮食，但我们可以减少劳动量、改进劳动条件，直至劳动不再成为一种罪恶。性格罪恶时常是以疾病形式出现的物质罪恶的一种结果，更常见的是作为权力罪恶的结果，因为暴政即使施暴者堕落，也通常让受害者堕落。权力罪恶被那些掌权者的性格罪恶加强了，也被对那些无权的人易有的物质罪恶的恐惧加强了。由于这些原因，这三种罪恶是相互交织在一起的。尽管如此，我们一般的是可以把我们的不幸分成以下三类：大致由物质世界所引起的、主要由于我们自身的缺陷所引起的以及由于受制于他人而引起的。

和这些罪恶作斗争的主要方法是：对于物质罪恶，用科学；对于性格罪恶，用教育（最广义的）和除统治冲动外的所有冲动的自由发泄；对于权力罪恶，用将一个人对另一个人的干涉降低到最低点的社会政治和经济组织改革。

我们将从根除第三种罪恶开始，因为社会主义和无政府主义寻求救治的正是权力罪恶。他们反对财富不平等主要就是因为他们看到了产生于由财富赋予的权力的罪恶。科尔先生把这一点阐述得很清楚：

> 我想问，在我们现代社会里，什么是我们首先要消灭的根本罪恶？
>
> 对这一问题有两种可能的回答，而我确信许许多多的好心人都会做出错误的那种回答。他们会回答说：是贫困。而他们应当说：是奴役。他们每天看到的都是富贵和贫穷、高利润和低收入的可耻对比，他们痛苦地看到无论如何也无法通过个人的或公家的慈善活动来求得收入的平等，所以他们毫不犹豫地支持消灭贫困。
>
> 好的！这一点上所有的社会主义者都站在他们一边。但他们对我的问题的回答还是错误的。
>
> 贫困只是症状，而奴役才是病根。富与贫这两极是压迫和被压迫这两极的必然产物。许多人不是因为贫穷才受奴役，而是因为受奴役才贫穷。就是这样，社会主义者们时常还只把眼睛盯在穷人物质生活的悲惨上，却没有意识到这乃是奴隶的精神堕落的必然结果。

我认为任何一个明白事理的人都不会怀疑，现存制度下的权力罪恶远远多于必需的量，也不会怀疑一种合理的社会主义制度会大大减少这些罪恶。确实，现在有少数幸运者可靠租金或利息自由自在地生活，在别的什么制度下他们也不能更进一步了。但是，绝大多数的人（其中不光有最贫穷的人，还有所有的工薪阶层甚至专职人员）都沦为金钱的奴隶。几乎所有人都被迫艰苦劳动，而没有闲暇去享乐或者干本职工作以外的事。有些人即使在中年以后得以退休，但生活也颇为无聊，因为他们不知道该怎样打发时间。他们先前也曾有过工作之外的其他爱好，现在早已不存在了：可不管怎么说他们还算是比较幸运的。大多数人都不得不苦累到老，还经常要在贫穷的威胁下生活。情况稍好一点的又得为子女教育或少不了的医疗费问题而发愁，情况差的更是提心吊胆地担心要忍饥挨饿。而且，几乎所有参加工作的人都对自己的工作没有发言权，整个工时里他们就像机器一样地按老板的意志转动着。通常都得在可怕的环境下干活，忍受着痛苦和折磨。工作的唯一动机就是领取工资：对于把劳动变成像艺术家的创作那样的一种享受的想法，他们会认为是一种乌托邦式的幻想。

但是，这些罪恶绝大部分都是完全不必要的。假如人类中的文明不再去给别人制造痛苦而转为自己谋幸福，假如你们愿意停下那些企图阻止其他阶级或国家的破坏性活动，转而为他们得以和别人一起享受的进步做一些建设性的工作的话，则可以在一代之内把这个决定一切的制度来一个从头到脚的变革。

②什么样的制度最好

从自由的观点来看，什么样的制度会是最好的？我们希望进步的力量朝什么样的方向推进?

暂且撇开其他因素不管，仅就这一点来说，我确信最好的制度接近于克鲁泡特金所倡导的那一种，这种制度又由于采纳了基尔特社会主义的主要主张而变得更加切实可行。由于任何一个论点都是可以争论的，所以以下我将不加论证地提出似乎是最好的那种工作。

十六岁以前（或更长）实行全民义务教育；过后，由学生自主选择是否继续读下去，但是在二十一岁之前还是免费受教育。接受完教育之后，任何人都不应当被强迫参加劳动，而那些不参加劳动的人可以维持生计，而且绝对自由；不过要是有一种赞成劳动的强大舆论就好了，那样的话，就只有很少一部分人选择游手好闲，给不工作的人提供经济条件的一个很大的好处就是这样可以推动社会改善劳动条件；一个社会如果大多数工作都是不可人意的，就不能说是找到了解决问题的办法了。我认为假定只有很少的人选择游手好闲是有根据的。事实上，即使是现在那些每年可以从投资中得到（譬如说）一百英镑的人十之八九都是愿意干事挣外快的。

现在我们来看看选择工作的绝大多数人。我想我们可以假定，在科学的帮助下，并排除由于国内和国外竞争而导致的大量的非生产性工作，每个人每天只要工作四个小时就可以让全社会的人都感觉舒适了。有经验的雇主已经说了，工人工作六小时就可以生产出与工作八小时同样多的产品。在以后科学技术远远超过目前水平的社会中，劳动时间就更能缩短了。到了那个时候，人们就不会像现在只会一种技术甚至一种技术的一小部分，而是能掌握几种技术，可以根据季节和不同的需要而改变工种。每一产业都可以就自己内部事务实行自治，甚至每家工厂都可以自行决定只关涉本厂职业的事情。那里不再会有像目前的这种资本家管理，而只有那种类似于政治的由推选的代表进行的管理。不同生产组织之间的关系由基尔特代表大会来决定，涉及到居住在某一地区的人们的社会问题仍由议会解决，而议会和基尔特代表大会之间的争端由一个来自双方的等数代表组成的机构决定。

报酬也不像现在仅根据实际需要和实际完成工作量来支付，而是根据工作意愿来支付。这种制度实际上已在某些收入不菲的工作中实行了：一个人占着某个职位，即使有时碰巧没事儿，他仍留在那里。失业和生计无着落的恐惧不再像噩梦一样萦绕心头了。至于所有愿意工作的人是不是领取同样的报酬，或者有特殊技能的人是否领取特殊的报酬，都由各基尔特自行决定。一个同布景师拿同样多钱的歌剧演员在这种分配制度改变之前可能也宁愿当个布景师：看来，高薪似乎还是应当保留的。不过，假如由基尔特自由投票决定此事，则不会引起什么怨言的。

不管我们尽了多大努力去把工作变成可人意的，但总会有些行业的工作不那么令人愉快。可以用高工资和短工时把人们吸引到这些工作上来。这样一来，社会就有了一种强烈的经济动机来想方设法使这些行业的工作变得更可人意些。

不管我们想象中的社会是什么样子，货币或者类似的东西都还是必需的。即使是主张全部劳动产品在所有人中间进行无偿平均分配的无政府主义计划，也不能摆脱对某种交换价值标准的需求，因为每个人以什么样的形式领取自己的那份酬劳是不尽相同的。例如，在分配奢侈品时，老妇人们是不会要雪茄烟的，而年轻的先生也不会领一条哈巴狗；这时有必要弄清楚多少雪茄烟的价值和一条哈巴狗的价值相当。最为简单的办法就是像现在一样，每个人都有自己的收入，让相对价值可以随需要的变化而得到调节。但是，如果发放硬币的话，有的人就会把它们贮存起，有朝一日会变成资本家。为阻止这类事情的发生，最好使用一种只能在一定期限内（譬如一年）有效的票券。这让人们可以为每年一度的休假积蓄资金，而不可长期积蓄下去。

无政府主义者提出的，对所有生活必需品以及可以无限量生产的物品，实行随要随给办法的计划是有很多依据的。依我看，该不该采纳这一计划只是一个纯技术性的问题：实行这种方案会不会造成浪费，会不会使本可以用在更有益的工作上的劳动力都转移到日用品生产上来呢？我无法回答这个问题，但我想，随着生产方法的不断改进，无政府主义者的这一计划迟早会变成可实行的：这一天一到来，我应当毫不犹豫地采纳它。

从事家务劳动的妇女，无论结婚与否，都应当像在工厂做工一样，发给工资。这将确保妻子们得到完全的经济独立，而用任何别的办法都难以做到，因为不应该要求年幼孩童的妈妈们离开家到外面去工作。

子女的抚养费也不能像现在一样由父母承担。他们将像成人一样，得到生活必需品，他们的教育也是免费的。较聪明的孩子间为争取奖学金而展开的竞争到那时也不会再有了：他们不会从小就被灌输争强好胜的精神，也不会被迫用脑过度，从而导致精力衰退、健康不佳。教育将比今天更加多样化：尽力适应不同类型的年轻人的需要。天资聪慧的年轻人将得到更多的鼓励，而不是向他们灌输符合国家意志的、主要是考虑到有助于维持现状的一套信仰和思想习惯。对大多数儿童来说，多进行些室外教育会更有益处。对于那些兴趣不在科学和艺术上的少男少女，贯穿着自由精神的技术教育，会比那种除了应付考试之外一无所用的书本教育，更能促进他们的心智发展。真正有用的教育是迎合儿童天性的教育，这种教育可以提供给他们有益的知识，而不是违背他们的自发爱好硬塞给他们枯燥乏味、烦琐零乱的信息材料。

在我们的未来社会里，仍将保留政府和法律，但它们的权力将降低到最低限度。仍然会有一些行为是禁止的，如杀人。不过，刑法中关于保护私人财产的那一部分很可能整个变得一无所用了，导致谋杀的许许多多动机也将不复再有了。那些仍然会犯罪的人，将不被治罪；我们把他们当做不幸的人，送到精神医院里救治，直到他们不再会对社会构成危险时，就让他们出院。通过教育、自由和废除私人财产，犯罪率肯定会大大降低。借助于个别治疗方法，一般会确保犯法者以后不会再犯，除非是疯子和思想不健全者。对于这些人当然需要更长时间的救治，对他们的态度要像对待正常人一样地仁慈。

可以把政府看作是由两部分构成的：一个部分是社会或权力机关制订的决议；另一个部分是强迫反对者执行这些决议。无政府主义者并不反对第一部分。第二部分在一般文明国家里可以完全藏在幕后：那些在对新法律进行讨论时持反对意见的人一般在该法律通过以后就服从了，因为在一个稳定有序的社会里进行反抗是没有用的。但是，政府使用武力的可能性还是有的，正因此少数派也就服从了，这反过来又使武力解决成为不必要的了。即使像无政府主义者所要求的，政府不使用武力了，但多数派还会联合起来以武力压制少数派。唯一的区别就是他们的军队或警察是临时招集的，而不是常设的和职业化的。结果每个人平时都得参加军事训练，以防训练有素的少数派夺取政府建立一个老式的寡头政治国家。这样看来，无政府主义者的目标似乎很难借助于他们所倡导的方法来达到。

如果我们没有弄错的话，要想阻止国内或国际事务中的暴力统治，就必需建立这样一个权威**机构**，它能够宣布除了它本身以外一切武力都是非法的，并且拥有足够强大的力量使得一切使用武力的企图都要流产（为公共舆论所支持的旨在维护自由和反抗暴政者除外）。在一个国家内存在着这样一个权威机构，那就是国家政权。处理国际事务的权威机构还有待建立。建立这样一个机构其难度可想而知，但是如果想让这个世界免受一次比一次破坏性更大的战争的危害，再大的困难也要想办法去克服。这次战争结束以后，是否可以建成一个国际联盟，甚至建成后能否履行这项任务，这都还很难说。无论如何，在我们的乌托邦得以实现之前，必需寻找到阻止战争的办法来。当有朝一日人们都相信这个世界不会发生战争了，所有的问题便迎刃而解了，到那时要解散所有国家的陆海军代之以对付野蛮种族的小规模国际部队，就不会再有多大的阻力了。到了这一步，就算真正有保障了。

事实上，无政府主义者矛头所指的政府由多数派把持这种做法确实有许多弊病。尤其是在关系到国计民生的大事（如战争与和平）上更是如此。但是这些弊病都不能一下子根除掉。然而，还是有两种办法可以减轻由它们造成的危害：（1）可以通过权力转移的方式把由多数派把持的政府变得不那么专断，就是把那些只影响到一部分人的问题交由代表这一部分人的团体去解决，而不是事事都由中央政府出面。这样，人们就不再会被迫接受由大都对有关事务一无所知也不感兴趣的人所做出的决定了。这种自治权不仅应当交给各个地区，而且还应当交给所有组织，如产业部门和教会等，因为它们都拥有不为其他团体所分享的重要的共同利益。（2）现代国家所以被赋予巨大权力，主要是因为常常需要做出快速决断，特别是在外交事务上。战争的威胁一旦解除，就有可能采纳比较烦琐但不那么专断的办法，许多被行政机构所篡夺的权力也就可以重新交给立法机关了。通过采取这两种办法，政府对自由干涉就可逐步减轻了。有些干涉，甚至某些不正当的、粗暴的干涉的危险，是政府本身固有的，只要政府存在，它们就不会消失。但是，在人们没有变得比现在更不倾向武力之前，暂时还保留政府的一定权力还是较好的一个选择。然而，我们仍可以希望，一旦战争危险解除了，人们使用武力的冲动会逐渐减弱，而这种冲动减弱得越多，就越有可能大大减少个人权力（这种权力目前让统治者专横霸道，为镇压反对者不惜采取任何残暴手段）。要建立一个政府力量成为不再必要的（除了对付疯子），世界需要一个漫长的过程，但它毕竟是完全可能的：一旦实现了这个目标，我们希望看到无政府主义的原则被体现在社会事务的管理上。上述这种经济和政治制度会对性格罪恶发生什么影响呢？我相信这种影响会是极为有益的。

假如代替资本主义制度的不是允许官员拥有极大权力的国家社会主义制度，则资本主义的灭亡将会大大加快人们从思想观念上放弃使用武力的过程。目前，资本家对人们生活的控制达到了极致；他的朋友是当权者；他的经济大权实际就是政治大权。在一个所有男女都享有经济自由的世界里，人们就不会养成命令他人的习惯了，从而也不会有对专利的爱好了；一种比现在流行的性格更温和的性格将逐渐形成。人是由其所在的环境造就出来的，而不是天生如此。现存经济制度对人们性格造成的坏影响，以及公有制可能对人们性格造成的极好影响，是我们倡导社会变革的两个重要原因。

在我们所设想的世界里，经济上的恐惧和大多数经济上的希望都一并要被我们从生活中清除掉。没有人会因为担心贫穷而愁眉不展，也没有人因为追求财富而变得无情无义。目前在我们的生活中显得很重要的社会阶层的区别也将不复存在。境况不佳的专职人员也不用担心自己的孩子地位会下降；积极上进的工人也不会梦想哪一天轮上自己当老板了。雄心勃勃的年轻人也不再会梦想以竞争对手的破产和劳动者的堕落换取自己的事业有成和发财致富了，他们心中所想的已是完全不同的事情。在这样一个世界里，隐伏心间的梦魇将不复存在；另一方面，人们的雄心壮志将会采取比现在商业社会鼓励的更高贵的形式。所有有益于人类的活动都不仅仅向少数幸运者开放，而且向所有足够雄心和才华的人开放。科学、提高劳动效率的发明、所有的技术进步都肯定比现在创造更多的财富，因为它们是通向荣誉之路，在渴望成功的年轻人中荣誉定会取代金钱的位置。社会主义社会的艺术是否会繁荣这将取决于采取的是什么样的社会主义；假如国家或者无论什么公共权威机构坚持要控制艺术，只给那些它认为是胜任的人颁发执照的话，结果将是一场灾难。但是，如果有真正的自由，人人都可以牺牲自己的舒适生活自愿做一个艺术家，则在这种充满希望的氛围中，又消除了经济刺激，势必会减少人才的浪费，同时生活磨难对于创作欲的摧残也会大大减轻。

人们的基本生活需要得到满足后，大部分人的生活快乐都只取决于两样东西：工作与人际关系。在我们所描绘的世界中，劳动是自由自愿，完全是为了集体事业的迅速发展而做的，甚至最小的劳动单位也有一种从事创造活动的喜悦。在人际关系上也会取得同样大的进展。唯一有价值的人际关系是植根于相互尊重自由上的，在那里没有支配，没有奴役，爱是唯一的纽带。要是相互间没有了爱，则完全没有必要维持表面的事情，因为没有任何经济因素和契约规章要求这样做。商业化带来的一件最可怕的事情就是它对男女关系的毒害方式。卖淫当然是公认的罪恶，但是，经济条件对婚姻的影响更为恶劣。婚姻往往带有购买的性质，娶妻就是给她提供一定标准的物质享受条件。婚姻简直就跟卖淫没有多大不同，只不过婚姻更难摆脱罢了。这些罪恶的整个基础都是经济上的。经济上的原因让婚姻变成一种讨价还价和签订契约的事，感情是次要的，没有了感情甚至不能作为要求离婚的理由。婚姻就当是两性间相互本能的自由而自发的结合，充满幸福，同时又不排除某种类似敬畏的感情：它应当包含双方的相互尊重，绝不允许对相互的自由有丝毫侵犯，而如果一方强迫另一方一起生活则是十分可怕的事情。婚姻并不像办理离婚案的律师所认为的那样，也不像牧师所认为的那样。牧师认为一切合法的婚姻都是“神圣的”，似乎合法丈夫的兽欲或酒后虐待老婆的行为也是神圣的。目前的男男女女并不以自由精神看待婚姻：法律使他们可以借助婚姻尽情发泄干涉他人的欲望，他们牺牲掉自己的一部分自由后就可得到限制对方自由的快乐了。而在崇尚私有财产的氛围中，就更难以有关于婚姻的美好理想的立足之地了。

一旦经济奴役的罪恶遗产不再限制我们的天性，则我们对人际关系的看法就会改变。丈夫和妻子、父母和子女只因为有爱的纽带才连在一起；纽带断了，再试图去维持这种关系已没有什么意义了。因为爱将获得自由，所以男人和女人们将不会把家庭生活作为发泄和培养其统治欲望的场所，而他们的爱中包含的更富创造性的因素将会找到更大的自由发挥的空间。人们还会更为尊重爱人的心灵和人格：目前，许多男人爱他们的妻子就像爱一块羊肉一样，是要把它吞下去、消灭掉。但是，带有尊重的爱会带来一种受到婚姻控制的人所体验不到的快乐，这种快乐不仅满足本能的需要，还满足精神的需要；本能和精神需要同时被满足成为幸福生活的必要条件，实际上也成为给人们带来最好的生活追求的必要条件。

在我们希望看到的世界里，会有比现代人悲剧性的日常生活更多的生活享受。如今，许多人尚未成年就得前思后想，早早失去了轻松愉快的心情，只能在闹钟的催促声中过有规律有节制的生活。“像孩子一样地生活”本是一句很好的劝告，但是在这样一个充满竞争的世界里，要“及时作乐”又谈何容易。经常可以在年龄比较大了的科学家身上找到儿童般的单纯：由于完全沉浸于抽象思维中，他们得以超然物外，而人们对于其工作的尊重又让他们得以在完全不顾世教人情的情况下生于世间。其实，这些人为所有的人树立了生活的典范；但是，许多人由于必需为经济挣扎而不可能像他们那样过活。

最后，我们所设计的未来世界对物质罪恶会产生什么影响呢？那时的疾病会减少吗？生产效率会提高吗？会不会像马尔萨斯反驳葛德文时所说的，生活资料不能满足不断增长的人口的需要？

我想，对这些问题的回答最终要取决于，在一个废除了竞争的社会里人们的智力水平会达到什么程度。在这样一个世界中，人们会变得懒惰而麻木吗？他们会停止思考吗？那些仍没停止思考的人会发现他们遇到了比现在所遇到的更加顽固不化的保守主义吗？这些都不是很重要的问题；因为人们在对付物质罪恶时最终还得求助于科学。

假如我们所设定的其他条件都能实现的话，则几乎可以肯定地说那时的疾病会比现在少。人们将不再拥挤地住在一块儿；儿童们将呼吸到更多的新鲜空气并获得更大的玩耍空间；劳动时间的长短依是否有益于健康而定，不像现在这样地过度劳累。

至于科学进步，则主要取决于新社会里思想自由的程度。

假如所有科学研究都由国家来组织和监管，那么科学将很快会变得僵死无力。科学上的重大进展将是不可能的，因为在取得这些进展之前，似乎很难保证国家会斥资进行这方面的研究，权威将握在老人、特别是那些在科学上做出成就的人手中；这些人将对那些不赞成他们理论的年轻人怀有敌意。在一个官僚作风十足的国家社会主义制度下，科学恐怕很快就要停滞并污染上中世纪崇拜权威的风气。

但是，在一个较为自由的社会制度下，各种团体得以随意雇用一些科学家，那些希望从事一种尚未得到公认的研究项目的人也可以得到“懒人津贴”，这样的话，就不愁科学不会取得空前的繁荣。若能做到这一步的话，我相信实现我们的社会的物质富裕将不会遇到任何障碍。

工时的长短问题一部分是技术方面的，一部分是组织管理方面的。我们可以假定，在未来社会中，不再会有大量非生产性的劳动花费在制造军火、国家防务、广告、富翁昂贵奢侈品上了，就是说与当今竞争性的制度密切相关的一切无用功都不需要做了。假如每一行业基尔特都可以在几年优先利用它所引进的新发明和新工艺的话，势必会大大推进技术进步。做出什么发现或发明的人的生活本身就是可人意的：那些干这行的人很少是出于经济动因的，而只是出于对这项工作的兴趣以及对荣誉的追求；以后这类动机的影响范围将越来越广泛，因为由于生活难以为继而转行的人将会越来越少。毫无疑问，在一个人们的本能不再受到很多压制、生活更多快乐、从而人们的生命力比目前更加旺盛的世界里，人们的理智将更加敏锐，也更富有创造力。

现在，就剩下一个人口问题了。从马尔萨斯的时代以来，这简直成了那些对未来持悲观态度的人的最后一个理由。但是，人口问题在今天跟在一百年前大不相同了。无论采纳什么样的经济制度，所有文明国家的人口出生率的降低（这种趋势肯定还会持续下去）表明，特别是考虑到这次战争可能造成的影响，西欧国家的人口增长不大会超过目前的水平，美国的人口只可能因为移民而增加。热带地区的黑人可能还会继续增加，但这还是不大可能对生活于温带的白人构成威胁。当然，还存在黄种人的威胁；但是一旦到了人口问题严重的时候，亚洲各国的人口出生率也会开始下降的。假如不会下降，则总还会有其他解决问题的办法；无论如何，这种带有过多猜测性质的推想不会对我们的希望构成多么严重的障碍。我的结论是，尽管无法做出确切的预见，却没有任何确凿的理由可以断言人口的可能增加会对社会主义构成严重的阻碍。

我们所做的这些探讨让我们相信，实现消灭现存世界的种种罪恶和建立一个所有人性的人都向往的社会的一个必要步骤，就是实行作为社会主义和共产主义代表学说的土地和资本公有制。但是，尽管实现社会主义是一个必要的步骤，仅此还是远远不够的。社会主义形式多种多样：以国家作为雇主、所有人都从它那儿领工资的这种社会主义，包含着专制和阻碍进步的危险，这些危险很可能导致比现行制度更坏的后果。另一方面，无政府主义虽然避免了国家社会主义的那些危险，却有自己的危险和困难，这些危险和困难会使得相当一段时期内这一制度即使建立起来了，也不会维持很久。尽管如此，我们还是应该希望尽可能完全实现它。工团主义有许多和无政府主义一样的缺点，同时也像它一样地不稳定，因为一旦实现了这种制度立刻就感觉到需要一个中央政府。

我们所提倡的是基尔特社会主义的一种形式，它不同于正统基尔特社会主义的地方在于它更偏向于无政府主义。正是在政治家们通常忽略掉了的事情上——科学和艺术、人际关系、生活的快乐——无政府主义表现出了最大的关注，而主要就是为了这些事情的缘故，我们提出了像“懒人津贴”这类或多或少有些无政府主义味道的建议。要判定一种社会制度的好坏，除了依据它所产生的经济和政治效果外，还至少得同样地依据它在经济和政治之外产生的效果。假若有一天社会主义真的实现了，它也只有重视并有意识地追求非经济方面的善才能被表明是有益的。

我们必需寻求的是这样一个世界，在那里创造精神充满活力，在那里，生活就是一次充满了欢乐与希望的历险，它不再受到保护自己财产并抢占他人所有的欲望的驱使，而由一种进行建设的冲动主导着。这是一个感情不受约束的世界；爱不再带有任何统治欲望，残忍与嫉妒将被幸福和一切本能的自由发展所清除。人的所有本能建立起了生活并使生活充满精神的愉悦。这样的世界可以实现；只等人们满怀希望地去创造它。

我们生存的世界却怀着与此不同的目的，但是，这个世界会走向灭亡，并在自己的欲火中化为灰烬；从这堆灰烬中将诞生一个崭新而年轻的世界，它满怀着新的希望，迎向胜利的曙光。

3. 政治欲望

我将以这个题目开始讨论政治理论。因为我认为当前绝大多数关于政治学和政治理论的讨论并没有充分考虑心理因素。经济事实、人口统计、法定组织等等都详细地提出来了。朝鲜战争爆发时，人们可以毫不费力地弄清楚有多少北朝鲜人和多少南朝鲜人。如果你浏览一些有关的书籍，你还能弄清他们的人均收入和各自的军队规模。但是如果你想知道整个朝鲜人是南朝鲜人还是北朝鲜人，北朝鲜人和南朝鲜人是否有明显的差异；如果你希望了解他们各自的生活需要，他们的不满之处，他们的希望和他们的担忧，简言之，也就是正如他们所说的“使他们不断活动”的一切东西，你查阅参考书是徒劳的。所以你不能知道南朝鲜人是否对联合国组织有热情，是否愿意和他们的北方同胞相统一；你也不可能猜出他们是否愿意为了选举一些他们从未听说过的政客的权利而放弃土地改革。那些一贯呆在遥远首都的杰出人物忽略了诸如此类的问题，这样便频繁地导致了人们的失望。如果政治学变得科学，如果我们不再惊异于这类事情，我们的政治思维必需更进一步地渗透到人类活动的动机中去。饥饿对口号有什么影响？它们的作用如何随着你食物中的热量数的变化而波动？如果一个人给予你民主，而另一个人给你一袋麦子，在何种饥饿程度下，你将选择麦子而不是民主。对这类问题人们考虑得实在太少了。暂时就让我们抛开朝鲜人而思考人类吧。

人类的一切活动都是由欲望或冲动推动的。一些认真的道德家们提出了一个完全错误的理论，其大意是为了责任和道德准则，抑制人们的欲望或需要是可能的。我说这是错误的，并非因为没有人按照义务感行事，而是因为义务并没有主宰地支配他一切，除非他要求恪尽职守。如果你希望了解人们将做什么，那么你必需得着重了解他们的物质环境，而且了解他们欲望的全部系统及相关的力量。

有一些欲望，尽管非常强烈，通常却没有多大政治意义。大多数人在他们生命的一定时期要求结婚，但他们一般能满足这种需要，而无须采取任何政治行动。当然，也有例外，强奸萨拜因妇女便是一个恰当的例子。北澳大利亚的发展受到了严重的阻碍，原因是有工作的健壮男青年不满意全部剥夺他们与女性交往的权利。但这种情形并不多见。通常，男女之间的相互吸引对政治没有什么影响。

①基本欲望

政治上的重要欲望可以分为基本的和第二位的欲望类型。生活必需品，如食物、住房和衣物便属于这种基本的需要类型。当这些生活必需品稀缺时，人们会不择手段地去获取这些东西。据一些从事早期历史研究和学者所说，四个不同时期，阿拉伯半岛的干旱使那个国家的人口大量地迁到邻近地区，带来了巨大的政治、文化、宗教影响，最后一个时期是伊斯兰教兴盛时期。日耳曼部落从南俄罗斯到英国，随后到圣弗朗西斯科的逐渐扩张有着类似的动机。无疑，对食物要求过去是，现在仍是许多政治事件的主要原因。

②无穷的欲望

但是，人类与其他动物相区别的一个非常重要的方面便是人类有一些欲望，一些无穷的欲望，这些欲望绝不可能全部得到满足，人类即使在天堂也不会满足。蟒蛇一旦有了丰盛的一餐后便开始睡眠，除非到需要另外一餐之时，否则它绝不会醒来。就人类的绝大多数而言并非这样。当习惯于过节俭生活的阿拉伯人获得了东罗马帝国的大笔财富，住进了几乎令人难以置信的豪华宫殿后，他们并没有因此而变得慵懒。温饱问题不再是动机，因为只要他们一点头，希腊奴隶就为他们提供精美的食物。但是其他欲望使他们生机勃勃。特别是四个欲望，我们可称之为贪婪、竞争、虚荣和权力欲。

（1）贪婪——即希望拥有尽可能多的财富或财富的所有权，是一个动机。这种贪婪是由对生活必需品的需要和担忧引起的。我曾经帮助两个来自爱沙尼亚的小女孩，她们由于饥荒而饿得九死一生。她们住在我家里，当然有足够的东西给她们吃。但她们整个闲暇时间都是到附近的农场去偷土豆，并把土豆贮藏起来。洛克菲勒小时候极其贫困，成名后还是按照小时候的生活方式生活。同样，坐在柔软的拜占庭式沙发上的阿拉伯酋长们不可能忘记沙漠，因而去贮藏一切超出实际需要的财富。但是无论对贪婪的心理分析的情况如何，没有人能否认贪婪是巨大的动机之一，特别在那些更有影响的人中间尤其如此。因为，正如我在前面所说的，它是许多动机之一。无论你获得多少财富，你总希望得到更多；满足是一个老是躲着你的美丽梦想，你是不会满足的。

（2）尽管对财富的渴望是资本主义制度的主要动机，但它绝非在解决温饱问题过程中的最主要动机。竞争是一个比它更重要的动机。在伊斯兰教历史上，一个又一个的朝代相继灭亡了。因为由不同母亲所生的苏丹（伊斯兰教国家最高统治者的称号）的儿子们不能和睦相处，结果内战毁灭了一切。现代欧洲发生了同样的事情。当英国政府非常不明智地允许神圣罗马帝国皇帝出席在斯皮特黑德举行的海军检阅仪式时，皇帝的想法与我们预期的可不一样，他的想法是："我必需得有一支英国那样的强大海军。"我们随后的许多麻烦就是由这种想法造成的。

如果贪婪比竞争更为强烈的话，世界将会是一个比现在更幸福的地方。但实际上，许多人宁愿因毁掉一切而过贫困的生活。正因为如此才导致了目前的征税标准。

（3）虚荣是一种有巨大潜力的动机。任何经常和孩子们打交道的人都知道他们不断地表演一些滑稽动作，并说"看我的"。"看我的"是人们内心深处一种最重要的欲望，它有无数种形式，从做小丑到追求身后的名声。文艺复兴时期有一位意大利的小诸侯，在临终时，神父问他是否有需要忏悔的事。他说："有，有一件事我得忏悔，有一次，国王和教皇来拜访我。我带他们到我家的塔顶观赏风景，然而我却忽略了把他们从塔顶上推下去的机会，要知道，这个机会能给我留下不朽的名声。"历史是不会讲述神父是否给他赦罪文的。虚荣带来的问题之一便是它自身不断地膨胀。你越被人谈论，你就越希望被人谈论。被定了罪的人获得允许看有关审判他的报道。如果他发现报纸没有充分的报道，他就会感到不满。如果在其他报上看到很多有关审判他的报道，他就会对很少报道他的报纸越感到不满。政客和文人们同样如此。他们越有名，报刊等新闻机构就发现越来越难以令他们满意。对所有人而言，从三岁的小孩到眉头一皱、世界颤抖的君主，在人、类生活的一切领域，夸大虚荣的影响几乎是不可能的。人类甚至犯了不敬的错误，因为人类认为上帝也有类似于己的欲望，他们认为上帝也渴望得到表扬。

（4）尽管我们仔细考虑的上述动机的影响巨大，但是有另外一种动机比它们更重要。我所指的是权力欲。权力欲是一种近似于虚荣的动机，但与虚荣绝不是一码事。满足虚荣心的是荣誉，而拥有荣誉却不拥有权力是一件容易的事情。在美国，享有最大荣誉的是那些电影明星，但是不享有任何荣誉的“非美活动调查员会”（美国众议院设立的）却能使他们循规蹈矩，服服帖帖。在英国，国王有比首相更多的荣誉，但是首相却有比国王更大的权力。许多人爱荣誉而不爱权力，但是总的看来，这些人对历史事件的影响比那些爱权力而非荣誉的人的影响要小。普鲁克，普鲁士的元帅，一八一四年在看了拿破仑的宫殿之后说：“拥有了这一切，他还要攻打莫斯科，难道他不愚蠢吗？”拿破仑当然也爱慕虚荣，但是一旦虚荣与权力二者不可兼得，他则选择权力。对普鲁克来说，这种选择是愚蠢的。权力和虚荣一样是贪得无厌而无法满足的。简直可以说只有无限或绝对的权力才能完全满足它。特别因为权力欲是那些野心勃勃的人物的缺点，所以他的权力与他的权力欲是不相称的，即他永远不会满足于他的既得权力。权力欲确实是那些重要人物强有力的动机。

对权力的体验增强了这种权力欲动机，这不仅适用于那些细小的权力，而且适用于君主权力。在一九一四年以前的幸福日子里，那些富有的夫人们拥有许多仆人，她们从对仆人的颐指气使中获得的快乐随年龄的增长而不断增加。同样在任何专制统治地区，权力的拥有者由于权力提供的快乐体验而变得越来越残暴，因为权力支配人们的表现是迫使他们做他们不想做的事。在权力欲这一动机驱使下的人更热衷于施加痛苦而非使人快乐。如果你在一些正当的时候，向你的老板请假离开办公室，那么其权力欲使他从拒绝而不是同意你的请假中得到更大的满足。如果你申请建筑许可证，那些有关的低级官员明显地能从说“不行”而非“可以”中获得更多的快乐，正是这种事情使得权力欲成为一种危险的动机。

但是权力欲有吸引人的其他方面。我认为，对知识的追求主要是由权力欲推动的。科技上的所有进步同样是由权力欲推动的，政治上的改革者也许和专制君主一样有强烈的权力欲。总之，诋毁权力欲这一动机将是错误的。在这种动机下，你是做好事还是干坏事，决定于社会制度，决定于你的能力。如果你的能力体现在理论上或技术上，那么你将会在知识或技术方面作出贡献，通常，你的活动是有益的。如果你是一个政治家，你也许被权力欲所驱使，但一般这种动机是和观察一些已发生的事态的欲望紧密相连的，因为某种原因你更喜欢现状。一员大将，像蒙施比艾兹将军，对为谁而战是漠不关心的。但是大多数将军更愿为他们自己的国家而战，因此除了权力欲之外还有其他的动机。政客频繁地改变其立场以便能取悦大多数人，但许多政治家喜欢为一个政党而不愿为其他政党服务，并使其权力欲从属于这种偏爱。纯粹的权力欲可以在不同类型的人身上看出来，一种类型是幸运的军事家，在这种类型中拿破仑是最典型的例子。我认为，拿破仑在思想上对法兰西的热爱不会超过对科西嘉岛的热爱。但如果他是科西嘉皇帝，而不自称为一个法国人，他绝不会成为如此伟大的人物。但是，另一些人并非非常典型的例子，因为他们也从虚荣心中得到了巨大的满足感。最纯粹的例子便是格瑞士红衣主教那种人——其权力在君权背后而绝不在公众中显现，并在私下里沾沾自喜："这些傀儡还不知道谁在幕后操纵。"巴伦·霍斯顿，曾在一八九〇年至一九〇六年期间主宰德意志帝国的外交政策，便是这种类型的极好例证。他住在一个贫民窟里，他绝不在社交界里露面；他避免会见皇帝，除非是某种个别情况即皇帝强行要求会见而不能违抗；他拒绝所有宫廷聚会的邀请，因为他不是朝廷官员；他有法子能敲诈首相或皇帝的许多亲信，他利用这种敲诈权，不是为谋取财富、名望或任何其他而易见的好处，而仅仅是强制推行他所喜爱的外交政策。在东方，同样的人物在太监中间也不少见。

③其他的动机

现在，我得谈谈其他动机，虽然在某种意义上，这些动机没有我们一直谈起的那些动机重要，但仍是相当重要的动机。这些动机中首要的便是喜爱刺激，但是人类比畜生有更强的承受厌烦的能力。虽然，在察看动物园中的类人猿后，有时我想它们也许有这种厌烦情感的萌芽。无论如何，经验表明，避免产生厌烦的情绪是几乎所有人的真正强有力的欲望之一。白人首先决心与未受外界侵害的野蛮人种接触时，经常给他们各种好处，从福音的光辉到南瓜饼。尽管我们可能非常懊悔送给他们东西，但他们大多数人却只是冷淡地接受这些东西。他们认为在我们所送给他们的这些礼物当中，真正有价值的是醉人的酒，酒能使他们在其生命中首次有了幻觉，即在短时间里，活着比死好。红皮肤的印第安人，在他们还没有被白人影响之前，还是用他们的烟管吸烟，但是不如我们头脑冷静，而是如醉如痴的吸，以致他们变得虚弱不堪。一旦尼古丁不再使人兴奋，一个爱国的演说家将会鼓动他们进攻邻近的部落，这将使他们所有的人感到快乐。这种快乐，按照我们的性格，我们可以从赛马或普选中获得。赌博的快乐几乎完全在于刺激。蒙苏尔·胡克描述了在长城的中国商人冬天赌博的事情。他们赌到输光所有的现金，然后继续赌到输光所有的货物，最后连衣服也输光了，以至在室外赤条条地冻死了。我认为，文明人和原始的红皮肤的印第安人一样非常喜欢刺激。战争爆发时，刺激能使得平民大众鼓掌欢呼叫好；这种情感恰恰就是足球比赛场上的情感，但是后果有时是非常严重的。

总之，不容易确定喜爱刺激的根源。我倒认为我们的智力构造适应人们以狩猎为生的时期。当一个人整天用极其原始的武器步行追踪一只鹿，希望饱餐一顿鹿肉时，他的心情就是这样。当这天结束时，他得意地从他所设的陷阱里拖出鹿来，他已精疲力竭了，但他还是非常满意。他的妻子料理了猎物，用鹿肉做了一顿美餐。他却昏昏欲睡，他的骨头酸痛，但香味沁人心脾。最后，吃完饭以后他便美美地睡了一觉。这样的生活既没时间也没精力厌烦。但是，一旦他开始从事农业，并使他妻子在地里干一切粗活时，他便有了时间来考虑人生的荣华富贵，编织美丽的神话，创设哲学体系以及憧憬美好的未来。我们的智力构造很适应那种繁重体力劳动的生活。年轻时，我习惯于用步行的方式度假，一天我能走二十五英里，夜幕降临时，我没有任何避免厌烦的需要，因为好好地坐一阵子便足够了。但现代生活按照这些紧张的原则却行不通。大量的工作需要久坐不动。大多数的手工操作仅仅只锻炼了一些特殊的肌肉。当人们聚集在特拉法加广场群情激昂地回应政府，你如要他们走二十五英里，他们绝不干，否则让政府处死他们好了。无论如何，治疗人们的好斗性是行不通的。人类如果要生存，一件也许不太称心的事便是必需找到其他办法，以便确保安全的释放闲着时容易产生喜爱刺激的精力。这件事情道德家和社会改革家们很少考虑。社会改革家认为他们有重要的事情需要考虑。但是，道德家们对所有导致喜爱刺激的发泄所具有的严重性有着极为深刻的印象；然而，他们头脑中的严重性是犯罪的严重性。如果我们信得过我们的耳朵的话，舞厅、电影院以及整个爵士乐，全都是地狱之门。我们应坐在家里好好地反省我们的罪恶和社会里的犯罪现象。我发现我的观点与那些提出同样警告的严肃的人们的观点不完全一致。罪恶有许多种形式，有的是为欺骗年轻人而设计的，有的是为欺骗年老的人而设计的。如果一种罪恶是引诱年轻人享乐的，它也许就同样是说服老年人谴责年轻人享乐的罪恶吗？也许，谴责难道不是适合于老年人的唯一一种刺激形式吗？它难道不就是一种像鸦片一样的毒品，必需持久且大剂量的吸食才能达到满意的效果吗？我们难道不害怕，从谴责电影院的邪恶开始，我们会逐步引导谴责反对党，谴责西班牙人、意大利人以及亚洲人，简而言之，就是谴责除了我们自己俱乐部成员以外的每一个人吗？正是由于这种谴责，一旦扩展开来，便爆发了战争。我还从未听说过哪场战争是在舞厅里爆发的。’刺激的严重问题便是它的许多形式具有破坏性。刺激对那些酗酒和滥赌的人而言是极其有害的。一旦刺激采取群氓暴动的形式，它便具有了破坏性。最重要的是，一旦刺激导致了战争的爆发，它便更具破坏性了。人们需要刺激，除非人们掌握了安全的发泄途径，否则他们便会寻求这种有危害性的发泄途径。目前，在体育运动中有一些无害而安全的发泄途径；在政治活动中，只要这种刺激保持在宪法范围内，那么它也是安全的发泄。但这些还不充分，特别是因为这种最令人兴奋的政治同时也是一种危害最大的刺激。总之，文明生活变得非常平淡，如果这种生活想保持稳定的话，那它必需得为我们的冲动提供安全的发泄途径。我们的祖先在狩猎活动中，安全地发泄了这种冲动。在澳大利亚，那儿人少兔多，我注意到所有的人非常满意于用原始的方式大肆屠杀野兔。但如果在伦敦或纽约人多兔少，人们必需得寻求其他方式满足其原始的冲动。我认为每个大城市都应该限制那种人们可以坐着小艇顺流而下的人工瀑布，也应该限制满是用机械制的鲨鱼的浴池。任何希望进行一场先发制人的战争的人都应该遭到人们一天两小时的谴责，因为他们怀有这种荒唐想法。更重要的是，人们应该尽力为爱好刺激的人提供建设性的发泄方法。世界上没有什么比突然的发现或发明更使人感到兴奋的了，有许多人能够体验到这种时刻。

与许多其他政治动机交织在一起的是人们不幸怀有的两种紧密相关的感情，我指的是恐惧和憎恨。很正常，我们憎恨我们害怕的东西，并且，我们也经常害怕我们所憎恨的东西。我认为在原始人中，这可以算做一条规则，他们对其不熟悉的任何事情既怕又恨，他们有自己的部落，开始是很小的一群，在他们这一群人中间，所有人都是朋友，除非有某种特殊的原因才会导致敌对，而其他人群则是他们潜在的或实际的敌人；他们中间偶然走散了的单个的成员将被人杀死。总之，他们根据情况，决定是避开还是与外来人群发生战斗。原始人的这种机制仍然控制着我们对外来民族的本能所应，没有远行的人把所有外国人看作野蛮人，就如同原始人看待其他人群的人一样。但是远行的或研究国际政治的人将发现，如果他们要繁荣昌盛，在某种程度上，必需得和其他民族接触交流。如果你是一个英国人，而有人对你说："法国人是你们的兄弟。"你的第一本能感觉将是："胡说！他们总是耸肩膀，讲法语，并且有人告诉我，他们还食用青蛙。"如果他向你解释我们必需得和俄国人作战，在莱茵河设置防线便很理想。如要保卫莱茵河防线，就必需得帮助法国人，这样就会开始明白他说"法国人是我们的兄弟"这句话的意思了。但如果一些同伴继续说俄国人同样也是你的兄弟，除非他证明我们正遭受到来自火星人的威胁，否则他便不能说服你相信他的话。我们喜欢那些恨我们敌人的人。如果我们没有敌人，那么我们便不会喜欢什么了。

然而只要我们认真考虑对其他人的态度，所有这些才是真的。你可能将土地视做你的敌人，因为它只是勉强地生产了一些少得可怜的粮食；你可能将全部大自然视做你的敌人，并将人生视作一种从大自然获取美好事物的斗争。如果人类这样看待人生，那么，实现全人类的合作是一件轻而易举的事情。如果学校、报刊、政治家都致力于这一目标，那么培养人们这样看待人生会变得很容易。但是学校一心要教导爱国主义，新闻界一心要激起人们的兴奋，政治家一心想获得连任。因此，这三种人都不可能为从互相残杀之中拯救人类而发挥任何作用。

有两种对付恐惧的方法：一种是减少外部危险，另一种是培植淡泊的忍耐心。除了那些必需立即采取行动的地方，后者可通过避免产生恐惧的原因而得到加强。克服恐惧是一件非常重要的事情，恐惧在本质上是退化，很难摆脱这种恐惧感，它使我们憎恨那些使我们感到恐惧的东西，并且它容易导致极度的残忍。没有任何东西像安全感一样对人们有如此好的作用。如果能建立一种消除战争恐惧感的国际制度，那么普通人的智力水平就会极大地、非常迅速地得到提高。在目前，恐惧笼罩着整个世界。原子弹和细菌炸弹，有可能被那些邪恶的主义或邪恶的人根据具体情况使用，这使得华盛顿和克里姆林宫甚为担忧，也会使得人类越来越走向深渊。如果情况得以改观，第一位和最重要的步骤便是寻找减少恐惧的办法。目前，相互冲突的敌对的意识形态困扰着世界，冲突的一个明显原因便是希望我们的意识形态获得胜利和其他的意识形态遭到失败。在这里我并不认为基本的主要的动机与意识形态有很多联系。我认为意识形态只不过是一种凝聚人们的方法，我也认为这些情感仅仅是那些产生于互相竞争的人们之间的情感。当然，憎恨法西斯的人有各种原因。首先，我们觉得他们希望夺走我们的财富，窃贼也同样如此，虽然我们对窃贼不满，但我们对他们的态度确实不同于我们对法西斯的态度——主要是因为窃贼并没有引起我们对法西斯那种程度的恐惧。其次，我们之所以恨法西斯是因为他们敌视宗教信仰，但是中国人自从十一世纪以来便一直敌视宗教信仰。第三，我们憎恨法西斯是因为他们不相信民主，但我们认为没有理由憎恨法国。第四，我们憎恨他们是因为他们不允许自由，我们强烈地感受到这一点，以至于我们决定模仿他们。显然，以上四点没有涉及到憎恨他们的真正理由，我们憎恨他们是因为我们害怕他们和害怕他们对我们有威胁。如果俄国人仍然坚持信仰东正教，如果他们建立议会制政府，如果他们有完全的新闻自由每天咒骂我们，假如他们仍然有他们现在这样强大的武装部队，如果他们使得我们认为他们对我们充满敌意，我们还是会憎恨他们。当然，存在厌恶神灵的现象，这可能是敌对的原因，但我认为这是原始人群感情的一个分支；有不同神学的人感到奇怪，无论奇怪什么都必定是危险。事实上，意识形态是群众创造的方法之一，无论百姓是如何生育出来的，他们的心理是非常相同的。

你们可能感到我仅仅考虑坏的或好的动机，其实，上述动机都是中性的。与那些利他的动机相比，它们通常是更强有力的动机，但我并不否认有利他的动机存在，也不否认在某些时候，这些利他的动机有很大的效果。在十九世纪的英国，鼓动反对奴隶制度不容置疑地是利他主义的，并且是非常有效的。这种利他主义从一八三三年英国纳税人为补偿牙买加地主解放其奴隶而付给他们数以百万计的金钱这一事实中得到了证明，这是过去的例子。但是现在，美国提供了同样非凡的例子。然而，我并不想探究这些例子，因为我不想卷入到当前的争论中去。

我认为同情毋庸置疑地是一个真正的动机。在有些时候，一些人由于其他人遭受痛苦而感到有点不好受。最近一百年来，正是同情促进了许多人道主义的进步。一旦我们听到遭到疯狂虐待的事情时，我们会感到很震惊。有很多收容所，那儿的人们并没有遭到虐待，西方国家里的囚犯也不该受折磨。如果他们受到虐待，一旦这类事情被发现，马上会遭到强烈抗议。我们也不满意像对待《雾都孤儿》中的孤儿一样对待孤儿，新教国家也不允许虐待。在所有那些方法中，同情也会带来政治效果。如果消除了人们的战争恐惧感，那么同情的效果会更大。也许对未来人类的最好的希望便是希望他们找到一种扩展同情范围和增加同情强度的办法。

概括我们的讨论便是：政治学考虑的是民众而非个人，因此，政治上的主要欲望便是那些在一个既定的民众团体中，大多数成员都能感觉到的欲望。政治上层建筑赖以建立的主要的机制便是在民众之间的一种合作和善待其他国家或地区的民众，在民众之间的合作绝不是完美无缺的。有许多成员彼此之间并不一致，在词源学意义上，他们是异乎寻常的人，也就是说，他们与大多数人不同，这些人便是那些不及大多数人的人或比大多数人强的人，他们是：白痴、罪犯、预言家和发明者。一个聪明的民族将学会忍受那些卓越人物的怪癖和学会对那些低能者稍微凶一点。

至于与其他民族的关系，现代技术导致自私自利和本性之间产生了冲突。在过去，当两部落发生战争时，其中的一个部落消灭另一个部落，吞并对方领土。从胜利者的观点看，全部代价还是值得的，死者的代价一点也不昂贵，刺激是令人愉快的。在这种情况下，持续不断地发生战争不足为怪的，不幸的是，我们仍然有类似于这种原始战争的情感，然而战争的实际代价完全地发生了变化。在现代战争中，消灭一个敌人需要非常昂贵的代价。如果你思考一下有多少德国人在不久前的战争中被打死，并思考一下胜利者付出了多少税收，你就能大体上地知道打死一个德国人所付出的代价，并且你将发现这件事值得我们深思。的确，在东方，德国的敌人通过驱赶他们的残兵败将，占领他们的土地而从他们手中获得了好处。但是，西方的胜利者并没有获得这种好处。非常明显，从经济的角度看，现代战争并非一件好事。虽然我们打赢了两次世界大战，但如果这两次世界大战不发生的话，我们一定会生活得更加富裕。如果人类受自私自利的支配（除了就一些圣徒来说，他们并非受自私自利的支配），全人类将开展合作，将不再有战争，不再有军队，不再有将军，不再有原子弹，也无须雇佣宣传员去毒化A国的思想以反对B国，和毒化B国的思想以反对A国，也无须许多官员在边界去阻止外国书籍和外来思想进入本国，无论它本身多么优秀。这样将不会有关税壁垒以确保小企业的生存，在那儿，有一个大企业将更经济些。如果人类能像希望他们的邻居过悲惨的生活一样强烈希望自己过幸福生活的话，所有这一切会迅速地发生。但是你能告诉我，那些乌托邦式的梦想的用处何在？道德家们将来一定能使我们不完全自私自利。然而，直到我们进入至福一千年时期以前，我们不自私自利是不可能的。

我并不希望以愤世嫉俗的口气结束这一讨论。我不否认有比自私自利更好的东西，我也不否认一些人获得了这些东西。但是，一方面，我坚信大多数人，正如政治学所涉及的，很少有机会能超越自私自利。而另一方面，在许多情况下大多数人将堕落到自私自利之下，如果自私自利被解释成进步的自私自利。

人们相信他们在按照理想主义的动机来行事的大部分时候，都是他们堕落到自私自利之下的那些时候。许多被当做理想主义的东西都是伪装的憎恨或权力欲。当你看到大多数人在那些似乎是崇高的动机面前而发生动摇的时候，同样要透过表面现象看到这些动机的本质，并自问是什么使得这些动机极其有效，部分原因是人们很容易被表面上似乎崇高的动机所蒙蔽。因此，很有必要开展心理咨询，这是我一直努力的方向。最后，我想说，如果我前面说的是正确的，使得世界充满幸福所必需的主要条件便是智力。这毕竟是一个乐观的结论，因为智力能通过了解教育的方式而得到提高。

4. 思想自由

今天，为纪念蒙处利·康维（Moncure Conway），我们在此集会；他的一生，是追求思想自由和个性自由的一生。自他以来，这两方面既有所得，又有所失。新的危险威胁着这两种自由，尽管这种危险已多少改变了形态，要捍卫自由，就得唤起强大而警惕的舆论。在本文中我想着重谈谈这些新的危险，并就如何正视它们发表一点看法。

①什么是思想自由

首先，我们得弄清什么是“思想自由”。这一表述有两层含义。从狭义上讲，它指那种不受传统宗教教条束缚的思想。这就是说，如果一个人既不是基督徒，也不是穆斯林，既不是佛教徒和神道教徒，也不是某个继承了正统观念的组织的成员，他就可以成为思想自由者。基督教国家的人如果不笃信上帝，那就可以称之为思想自由者，尽管这在佛教国家还算不上什么思想自由。

我并非想要贬低此种意义上的思想自由的重要性。我自己就是一个所有叫得出名字的宗教的叛逆者，而且希望它们统统灭绝。因而，我不相信宗教信仰是一种永恒的力量。尽管我也承认在某时某地，它也可能产生一些好的影响。但我认为那只是在人类理性的初始阶段，一个随着我们的发展正在日渐失去的阶段。

还有一种广义上的“思想自由”。我认为它比狭义的思想自由更为重要。实际上，传统宗教的危害追本溯源是由于它们在广义上阻滞了思想自由。广义的思想自由不像狭义的那样好下定义，花点时间去揭示其实质似乎是必要的。

当我们说某样东西“自由”时，我们的意思并不明确，除非我们说出到底摆脱了何种束缚。自由的东西或自由的人是不受外部强制束缚的，如果精确一点，还要指出这种强制是什么。因此，当思想不受时常出现的外部束缚的制约时，它才是自由的。一旦思想自由，束缚就断然不会存在，在这些束缚中，有些昭然若揭，有些则微妙而令人捉摸不定。

我们先来谈谈最明显的那类束缚，当我们对某种观点表示赞成或不赞成时，或者当我们对某些事情表示信任或不信任时，如果由此招致了法律制裁，那思想就是不自由的。世界上有这种基本自由的国家甚至也寥寥无几。在英国，按照亵渎法的规定，宣布不信仰基督教是非法的，尽管这项法律对富人并不适用。散布耶稣有关不抵抗的说教也是非法的。因此，如果一个人不想当囚犯，就必需表明自己遵从耶稣的教诲，同时绝口不提这种教诲究竟是什么。就美国来说，如果一个人想踏上它的国土，就必需事先庄重声明他是反对无政府主义和多婚制的，而一旦身在该国，还必需放弃共产主义信仰。在日本，向天皇的神权提出挑战是违法的。这样看来，做环球航行实在是危险之举，如果一个穆斯林或一个托尔斯泰主义者、一个布尔什维克或基督徒要从事这件事情，就要在某种程度上变成一个罪犯，或者对自认为真理的东西保持沉默。当然，只适应于那些出身卑微的三等舱乘客，对于那些权势炽天的乘客来说，随他们信仰什么吧。只要他们不惹是生非、不令人反感就行。

显然，要做到思想自由，最基本的条件是不因观点的表达而遭受法律制裁。还没有一个伟大的国家做到这一点。尽管大多数国家就认为它们已经做到了这一点。大多数人认为，遭到戕害的那些观点令人恐怖而又不含道德规范，信仰自由的一般原则还不能用于它们。但这恰恰与那些导致宗教审判中严刑拷问的观点如出一辙。新教曾经像现在的布尔什维主义那样令人厌恶，但请不要因此说我要么是一个新教徒，要么是一个布尔什维克。

然而，在现代社会中，法律惩罚还是最小障碍。它的两个大障碍是：经济惩罚和证据歪曲。显然，如果由于表白了某种信仰而使人难以为生，思想就不能说是自由的了。如果论战一方不断提出能引起共鸣的证据，而另一方只有靠辛勤探索才能找到证据，那思想同样是不自由的。除中国这个自由最后的避难所外，在我所知道的每一个大国都存在这两种障碍。我关心的正是这些障碍——它们现在具有的巨大影响及其扩大和缩小的可能。

可以说，当各种信仰可以自由竞争时，即当各种信仰能够各执己见、且不受法律或金钱影响时，思想就是自由的。由于各种原因，这只能成为一个永远不能完全实现的理想，但要想向这一理想大大迈进一步，还是可能的。

我在现在的英国所经历的三件事情表明了信仰基督有多么重要。之所以提起它们，是由于许多人根本没有认识到公开宣扬不可知论会使人多么尴尬。

第一件事发生在幼年时期。我父亲是一位思想自由者，他在我只有三岁时去世了。他希望我在成长过程中不会受到什么迷信的影响，于是给我指定了两位思想自由的人做监护人。但法庭违背了他的遗愿，让我接受了基督教的信条。尽管结果令人失望，但这并非法律的过失。如果当初父亲要求把我教育成一个耶稣再生论者，法庭就不会反对了。家长有让自己的孩子在其身后接受任何迷信的权力，但却没有不让孩子受迷信影响的权力。

第二件事发生在一九一〇年，那时，我想作为一名自由党党员进入议会，该党的议员领袖将我举荐给一个选区，我给自由党联盟写了信，他们的答复冠冕堂皇，看来当选是十拿九稳了。但是，当一个内部的干部会议向我提问时，我声称自己是个不可知论者。他们问是否存在事实，我说可能吧。他们问我是否愿意偶尔光顾一下教堂，我回答说“不会。”结果，他们选举了另一位代表，这位代表适时当选，而且自那以后一直做议员，并成为现政府（一九二二年）的成员。

紧接着发生了第三件事情。我应剑桥大学三一学院的邀请，在那里做了一名讲师，但不是特别会员。是否特别会员的区别不在于钱物多少，而在于特别会员在学院当局享有发言权，而且只要没有严重的伤风败俗的行为，在会员期内是不会被辞退的。我之所以不被接纳为特别会员，是因为教士派成员不想增加反教士派成员的选票。结果是，当他们在一九一六年厌弃了我的战争观时，就毫不犹豫地把我辞掉了①，如果依靠讲师职位谋生的话，我恐怕早就饿死了。

这三件事表明，即使在现代英国，公开宣称思想自由也会带来诸多不便。任何一个公开的思想自由者，都可以从自己的亲身经历中找到几个相似的例子。这样，穷人对自己的宗教信仰就只能讳莫如深了。

当然，不仅仅是在宗教方面，或者主要不是在这方面缺乏自由。信仰共产主义或主张自由恋爱带来的伤害远胜于不可知论。持有这些观点会给人带来不便，而且要求公众支持你的观点也难上加难。另一方面，俄国的情况恰恰相反：无神论者、共产主义者和持自由恋爱观的人享有权力且生活安逸，而且根本不可能有人散布反对这些观点的言论。结果是，俄国一批狂热信徒对某些值得怀疑的主张深信不疑，而世界其他地方的另外一批狂热信徒却将与此截然相反的信条奉为至理名言。在这种情况下，双方都不可避免地产生了战争、苦难和迫害。

过去，威廉·詹姆斯常常宣扬“愿意相信”。在我看来，应该宣扬的是“愿意怀疑”。没有什么信条是绝对正确的，一切信仰都程度不同地笼罩在不明确和错误的阴影中。提高信仰真实度的方法尽人皆知。这其中包括听取各

---

① 我得补充一句，当战争热情开始冷却时，他们又重新起用了我。——原注

方意见，尽心尽力地证实相关证据，以及为避免所持观点的偏颇，与持有相反意见的人进行辩论，并且培养随时抛却理由不足的假设的习惯。这些方法在科学中得到实践，同时也建立起科学知识体系。只要一个科学工作者持有真正科学的世界观，他就会承认，随着新发现的出现，现在作为科学知识的东西迟早会得到修正；尽管还不是为所有目的服务。科学界是唯一能够发现近似真知的东西的领域，在这里，人们的态度是犹豫不决的。

相反，在宗教界和政界，还没有什么科学的东西，尽管如此，人们还是认为，持有正统观点，以饥饿、监禁和战争相威胁，并谨慎地避开与任何不同观点的争论，乃是天经地义的。如果人们能对这些问题提出疑问，做一番不可知论式的思考，就可以根除现代世界上十之八九的罪恶。如果战争双方认识到彼此的错误，就不会爆发战争了，迫害也就不会有了。教育将有利于开发智力，而不是使智力萎缩，让一个人做某项工作是因为他适宜于做这项工作，而不是因为他趋从了当权者的荒谬教条。这样，如果可能的话，光是合理的怀疑就足以创造一个太平盛世了。

近年来，相对论和世人对它的承认为我们提供了一个科学思维倾向的绝妙例子。爱因斯坦，一位德国犹太和平主义者，战争初期被德国政府授予了一个研究教授的职位；一九一九年，一只英国探险队观察到一次日食，从而证实了爱因斯坦的预言。他的理论打破了传统物理的理论框架，其对传统力学的巨大变革不亚于达尔文对生物学的变革。各地的物理学家表示，只要能拿出证据，他们就会毫不犹豫地接受他的理论，但没有一个人会说爱因斯坦发现了终极真理，起码他自己不会这样说。他并没建立起一座永世不变的教条的丰碑。他也有无法解决的困难，正像爱因斯坦修正了牛顿的教义一样，爱因斯坦自己的教义也必然逐次得到修正。这种严肃的、不为教条所左右的对某种观点的接受，正是对待科学的正确态度。

如果爱因斯坦在宗教或政治领域也进行了同样的创新，结果会怎样呢？英国人会发现他的理论中包含有大普鲁士主义的因素；反犹太主义者会认为它是犹太复国主义者的阴谋；各国的民族主义者会发现它带有怯懦的绥靖主义的毒素，并把它当成一种逃避兵役的遁词。所有的老学究们都会建议伦敦警察厅禁止引进他的著作，支持他的教师会遭到开除。同时，他会引起某个落后国家的注目，在那里，只有教授他的教义才合法，而这种教义已变成一种无人能解的神秘教条。最后，他的教义是正确的还是错误就只能在战场上决定了。此外，要想收集新的证据去论证或反驳它，也是不可能的。这是威廉·詹姆斯愿意相信的理所当然的结果。

我们需要的不是要相信什么的愿望，恰恰相反，是有所发现的愿望。

②三大障碍

如果说我们需要合乎情理的怀疑，那为什么世界上还有那么多不合理的专断。这其中的相当一部分产生于一般人天性中深藏着的不合理因素和对事物的轻信，但其他因素也在培育着这种思维原罪的种子，其中有三种因素起了主要作用，即教育、宣传和经济压力。让我对这三方面依次作一说明。

（1）教育——所有先进国家的小学教育都控制在政府手里。在所教授的东西中，有些错误是制定课程的官员知道的，另外相当一部分则是每一个没有偏见的人都能看到的。以历史课为例。在历史教科书中，每个国家都想标榜自己。当一个人写自传时，人们希望他谦虚一点，但当一个国家描述自己的历史时，随便怎么吹嘘或粉饰都不为过。在我小的时候，教科书教导我们说法国人心地险恶而德国人富有美德；但现在情况恰恰相反。这两种情况都丝毫没有考虑到真理的存在。德国教科书在讲到滑铁卢战役时，认为威灵顿简直是个失败者，而布鲁彻却挽救了危局；英国的课本则认为布鲁彻的作用微乎其微。德国和英国教科书的作者都清楚自己没有讲真话。过去，美国的教科书一直极尽诋毁英国之能事，战后却又过来支持英国，在这两种情况中，美国都忽视了事实真相[①]。无论战前还是战后，将良莠不齐的移民的孩子统统教育成“优秀的美国人”始终是美国的一个主要教育目的。显然，没有一个人意识到“优秀美国人”正像“优秀的德国人”或“优秀的日本人”一样，到目前为止无一例外的属于恶人之列。“优秀的美国人”就是满脑子这样的观念的人：美国是世界上最优秀的国家，它的任何观点都应得到热烈响应。这些观点可能是正确的。果真如此的话，一个理智的人就不会为之争吵

① 见《自由人》1922年2月15日第523页。——原注

了。而且，如果这些观点确实正确，它们就应为世人所知，而不仅仅限于美国。这些观点只是在其为之服务的那个特定国家内才为人信服，这种情况令人迷惑。同时，为了使孩子们为某种邪恶的私利做出牺牲，并且使他们认为这是为真理和正义而战，各国的全部国家机器都醉心于促使这些毫无辨别能力的孩子信奉那些可笑的观点，这仅是无数教育意图中的一个，不是要传授真知，而是使人明白主子们的意愿。小学中如果没有一种巧妙的骗人制度，就不能保存那面民主的幌子。

在结束教育这一话题前，我想再举一个美国的例子[①]——不是因为美国不如其他国家，而是因为它是最现代化的国家，它让我们看到了那些发展着的危险，而不是正在消逝的危险。在纽约，如果没有政府颁发的许可证，就不能成立学校，即使这所学校的资金完全由私人承担。最近的一项法律[②]规定，如果一所学校"向学生宣扬用强力、暴行或非法途径推翻政府体系这样的信条"，就不能给它颁发执照。正如《新共和国》中指出的，任何政府体系都不受外物束缚。因而在战争期间，法律应规定宣传暴力推翻恺撒政府是非法的；那么，此后的高尔察克和邓尼金支持反苏的活动也就是非法的了。当然，人们并不希望得出这样的结论，而且这种结论只能源于缺乏深思熟虑。同时通过的另一项法律中包含了人们期望的东西，这项法律是专为州立学校的老师制定的。该法律规定，只有

① 见《新共和国》1922 年 2 月 1 日，259 页。——原注

② 上述文章完成后，该法律做了修改。——原注

那些能“愉快地”服从州政府和联邦政府命令的人，才能取得在这些学校教书的资格，而对于那些意欲改变州政府和联邦政府政体的人，是无论如何也不能授予他们任职证书的。用《新共和国》转引的该法律的制定委员会的话来说，“反对现存社会制度的老师，……必需放弃他的职位。”而且，“如果一个人不热衷于与变革社会的理论作斗争，就不能赋予他这样的任务：将青年人和老年人训练成合法的公民”。因而，根据纽约州法律，耶稣和乔治·华盛顿道德颓废，不宜以他们为榜样教育年轻人，如果耶稣来到纽约说：“允许孩子们到我这里来吧，”纽约学校董事会的主席会说：“先生，我看不出你有与变革社会的理论作斗争的热情，事实上，据说你在倡导所谓的天国，而这个国家——谢天谢地——是共和国。显然，你的天国政府与纽约州有着本质的不同，因而孩子们是不会被允许到你那里去的。”如果他不这样回答，作为执行法律的官员，他就失职了。

这些法律的作用很大。为了辨明是非，姑且承认纽约州政府及其社会制度是这个星球上最好的；即使到了那时，在这两方面大概仍能做些改进。按照法律，任何人如果承认了这一明显事实，就不可能在州立学校任教。这样，法律规定，所有老师要么成为伪君子，要么做个傻瓜。

纽约的法律反映了一种正在发展的危险，这种危险来自于某一组织的权力独裁，要么是州政府，要么是托拉斯或托拉斯联盟。就教育来说，其权力掌握在州政府手里，这样就可以避免年轻人听到什么它不喜欢的说教。我相信，仍有一部分人认为民主政府难以与人民划清界限。然而，这是一种错觉。州政府是由动机各异的官员组成的，只要能维持现状，他们就能获得可观的收入。他们也可能要求变革现状，但这种变革是要求官僚主义的发展和官僚权力的加强。因而，他们利用诸如战争狂热的机会取得审问雇员的权力，包括让那些敢于反抗的下属忍饥挨饿，就是合情合理的了。就思想领域来说，比如教育，这种情况是致命的。由于这种情况，什么进步的可能、自由的可能或者积极思维的可能，都流于空谈。同时，这也是使小学教育完全受某个组织摆布的自然结果。

在某种程度上，我们已实现了宗教信仰自由，因为人们已不再像以前那样看重宗教了。政治、经济取代了先前为宗教占据的位置，在这些方面，正在滋长一种迫害的势头，这绝非一党所独有的现象。俄国的观念迫害较之任何资本主义国家都更胜一筹。我曾在彼得格勒遇到一位俄国诗人，名叫亚历山大·布洛克，他因贫困而丧命。布尔什维克允许他讲授美学，并坚持让他从“马克思主义观点出发”讲授，他对此颇为不满。要找出韵律学与马克思主义间的联系，他颇感费神，但为了生存，还是尽力做了。当然，在俄国布尔什维克掌权后的岁月里，要印发任何谴责其政权借以建立的理论的刊物，都是不可能的。

从美国和俄国的例子中，我们自然而然地得出这样的结论，即只要人们还在迷信政治的重要性，政治事件中就不可能有思想自由，而且自由的缺乏极有可能扩展到其他领域，就像在俄国看到的那样。只有一定的政治怀疑主义才能使我们免遭这一不幸。

千万不要认为主管教育的官员会要求年轻人博学多才。相反，他们的问题在于只传授信息而没有发展智力。教育应该有两个目的：首先，传授明确的知识、读和写、语言和数学等等。其次，培养能使人获得知识并独立做出正确判断的思维习惯。第一种我们可称之为信息，第二种可称之为智力。无论是实践上还是理论上，信息的效用都得到了认可；没有有文化的人民，就不会有现代国家。但是，智力的作用只在理论上而不是实践上得到了承认；普通人并不需要做独立思考，因为人们认为独立思考的人难以管理，用柏拉图的话说，只有管理者才进行思考，其他人只能服从，或像羊群一样趋从领导者。这种观点往往比政治民主更深入人心，而且极大地损害了国民教育制度。

在只传授信息而不去发展智力方面，做得最成功的国家是日本，它是新近才进入现代文明的。据说，如果从教导的角度看，日本的小学教育是值得羡慕的。但除此之外，它还有一个目的，那就是灌输对天皇的崇拜，这是一种比日本现代化更为强烈的信念。[1]这样，学校就成了传授知识和散布迷信的工具。因为不受天皇崇拜的迷惑，因而我们能够清楚地看到日本教育中惹人发笑之处。由于我们觉得本国的迷信自然而合乎情理，所以就不能像对日本的迷信那样正确认识它们了。如果一个有见识的日本人说我们的学校所散布的迷信恰像信仰天皇的神德那样有害于智力

① 见《一种新宗教的发明》，东京坎穆布莱思教授著，理性主义者新闻协会出版。——原注

发展，我想他说到了点子上。

目前我还没有找到救治之方，只是关心其症状罢了。我们正面对着这样一个事实：教育成了智慧发展和思想自由的一个主要障碍。其原因主要是由于政府垄断了教育；但这绝不是唯一的原因。

（2）宣传——我们的教育制度使走出学校的年轻人能读会写，但就大多数人来说，他们还缺乏分析证据或独立思考的能力。然后，在一生当中的其余日子里，他们就会受到促使他们接受荒谬观点的言论的骚扰，比如说布莱克的药丸包治百病、斯皮尔波格温暖而富饶、德国人啖尸。正像在现代的政治家身上或政府那里看到的，宣传的艺术来自于广告艺术。广告人对心理学发展功不可没。以前，大多数心理学家可能会这样认为：单凭强调自己的产品有多好，是不会使人相信产品是出类拔萃的。但实践证明他们错了。如果有一天我在大庭广众之下站起来说我是活着的人中最谦恭的一个，肯定会招来一片嘲笑声；但如果我攒了足够的钱，然后到所有的公共汽车上说同样的话，并将它们写到主要铁路沿线的广告牌上，人们会即刻承认：我不爱抛头露面。如果我走到一个小店面前说："看看那边你的竞争对手，他在抢你的生意。在他开枪以前，难道你不认为放下生意、站到路当中先将他打死是一个不错的计划吗？"——如果我这样混的话，任何一个小店主都会认为我疯了。但如果政府对此加以强调，并让一支管乐队大肆宣扬的话，小店主们就会变得热情澎湃，而当以后生意受到损失时，就会感到大为惊讶。广告人屡试不爽的宣传方法为现今所有先进国家政府所认可，尤其被认为是一种创造民主观念的方法。

目前所运用的宣传方法有两个截然不同的弊端。一方面，它的魅力在于导致了盲从，而不是严肃的辩论；另一方面，它给那些最有可能出人头地的人提供了便利之机，有的是靠财富，有的则靠权力。在我看来，人们对这样一个事实过于大惊小怪了，即宣传靠的是情感，而非理智。情感和理智的界线并不像有人想象得那样明确。而且，只要某种观点有被人接受的可能，一个聪明人就能设想一种足够合理的论据证实它。真正进行辩论的双方总会找到合适的证据。公然歪曲事实会理所当然地遭到反驳，但这样做毫无必要。单纯的“梨”“肥皂”这些词并没有承诺什么，但却使人购买这种物品。如果一出现这些词语，就用“工党”这个词去替它们，那么成千上万的人就会投工党的票，尽管广告并没有说这样做会得到什么好处。但是，如果法律规定辩论双方只能讲著名逻辑学家认为切题而有效的话，宣传的主要弊端，正像目前看到的那样，就会暴露出来。想象一下，在这样一项法律下，有两个口碑同样不错的政党，如果一个党在宣传上花了一百万英镑，而另一个党只花了十万。显然，支持富党的理由比支持穷党的理由更易为人所知，这样，富党就会获胜。当然，如果一个党掌握政权的话，那情况会更甚。在俄国，政府几乎完全垄断了宣传机构，但那并非必要。一般说来，它与反对派相比所具有的优势已足以使它稳操胜券了，除非情况出人意料地糟糕。

之所以反对宣传，不仅仅是因为它使用了非理性的手段，更主要的是它给富人和有权有势的人提供了不公正的有利之机。要实现真正的思想自由，最根本的是使一种观点获得均等的机会，而只有制定出详细的相关法律，才能实现各种观点的机会均等。但是还看不出这样的法律会付诸实施。要纠正弊端，主要不是靠这种法律，而是到更好的教育和持怀疑态度的公众舆论中寻找答案。但现在我不想谈论根治方法。

（3）经济压力——就思想自由的这一障碍，我已做了些论述，现在，我想就某些基本原则谈点看法。除非采取明确的措施加以阻止，经济压力这种危险肯定会增长。经济压力阻碍思想自由的最好例子是苏俄，在贸易协定签订前的俄国，对那些持政府不喜欢的观点的人，政府可以而且确实使他们饱受饥馑，例如克鲁泡特金。但在这一方面，苏俄只是比其他国家先行了一步。在法国的德莱菲斯事件中，如果有哪个教师在开始时支持了德莱菲斯或者在结束时反对他，就会丢掉教师这份工作。在现在的美国，如果一名大学教授——不管他多么知名——谴责了标准石油公司，他是否还能得到聘用，就值得怀疑了，因为所有的大学校长已经或正在希望从洛克菲勒先生那里得到捐赠。在整个美国，社会主义者受到敌视，他们发现，除非有卓越的才华，找工作是异常困难的。在工业主义得到很好发展的地方，出现了托拉斯和垄断组织控制一切工业的趋势，这导致了雇员人数的减少，从而使制造秘密黑名单越来越容易，制造黑名单正是大公司用来使那些不屈从于它的人忍饥挨饿的手段。在美国，正像在俄国一样。垄断的发展产生了许多与国家社会主义有关的弊病。就自由而言，一个人受雇于国家还是托拉斯并无什么区别。

在美国这个工业最发达的国家，以及在条件与美国相似的国家，一般公民要想谋生，就必需避免引起某些大人物的反感。这些大人物持有一种世界观——宗教的、道德的和政治的——而且要求自己的雇员也持这种观点，起码是表面上。如果一个人公开背叛基督教，主张放宽婚姻法，或者对大公司的权力提出挑战，他就会发现生活在美国很不自在。除非他碰巧是位知名作家。在那些实际上已为经济组织垄断的国家，思想自由受到的束缚与此毫无二致。因此，在这个正在发展着的世界上，保护自由比十九世纪时困难多了，那时，自由竞争尚属事实。任何关心思想自由的人都必需直面这种情况，要认识到那些在工业主义初期完全适合的方法现在已经过时了。

有两项简单原则，一旦被采用，就会解决几乎所有的社会问题。第一，作为教育的一个目标，教育要教会人们，只有能拿出理由证实某些观点时，才能相信这些观点。第二，让某人做某项的工作只是因为他适宜做这项工作。

我们先来谈第二点，在将一个职位指定给某人之前，或者在让他干某项工作之前，先去考虑他的宗教观、道德观和政治观，这种习惯是一种现代的迫害，并且可能像以前的宗教审判那样卓有成效。旧的自由信条可以以法律的形式保留下来，但却毫无用处，实际上，如果某些观点致使一个人忍饥挨饿，即使他知道他的观点不会受到法律制裁，那对他来说也算不上什么安慰，因为不加入英国教会或者政治观带有一点非正统色彩就让人挨饿，公众对此持有某种抵触情绪。但是，如果要取缔无神论者或摩门教徒、极端主义者或者提倡自由恋爱的人，公众就几乎不再有什么不满情绪了。在他们看来，这些人道德败坏，不雇佣他们也天经地义。人们还没有意识到，在一个高度发达的现代工业国家，这种拒绝已成了一种屡试不爽的迫害。

如果充分认识到这种危险，就可能唤醒民众，并且在把某个职位指定给某人时，不去考虑他的信仰。保护少数人至关重要；即使是我们当中最正统的人，有一天也可能会发现自己成了少数派，这样，我们就都该起来制止多数派的专横跋扈了。只有公众舆论可以解决这个问题。社会主义会使这一问题更加尖锐，因为它使得现在由个别雇主提供的机会不复存在。工业企业规模的扩大使之更加糟糕，因为这使得独立经营的雇主人数减少了。必需进行一场战斗，正像争取宗教信仰自由的战斗一样。在这件事中，正像在宗教信仰自由中一样，信仰的懈怠可能会证实那种决定性的因素，当人们相信基督教和新教是绝对真理时，他们会自愿为这两种宗教迫害他人。而当人们对现代教条深信不疑时，他们就会为自己的私利迫害他人。要实践信仰自由，就必需具备某种怀疑成分，尽管这不是就理论来讲的。这样，就引出了我的另一个观点，它与教育目的相关。

如果世界上有信仰自由的话，学校就必需培养学生检验证据的习惯，而且要教导他们说，如果没有根据，就不要全盘接受某种观点。例如，要教他们读报的技巧。教师要选择某种发生在几年前的、而且当时曾激起政治热情的事件。然后，他就应该给孩子们读报，让他们知道一方持什么观点，另一方持什么观点，反应事实真相的公正评述又是什么。他要告诉学生，一个成熟的读者如何从双方带有偏见的表述中，判断出真实情况，并使他们明白，报纸上的任何东西都或多或少地脱离了实际。这种教育产生了怀疑主义，它使孩子们在今后的生活中不致受理想主义的诱惑。理想主义，正是使正派人成为流氓无赖帮凶的诱因。

历史应该用同样的方法去教授。例如，在讲授一八一三年和一八一四年拿破仑的战争时，可以逐渐把话题引到当拿破仑连连击败联军的进攻后来到巴黎城下时巴黎人的惊讶之状。在高级班里，要鼓励学生数出托洛茨基谋杀列宁的次数，以便让他们理解什么是视死如归。最后，应该给学生们讲一下官方批准的历史课，并让他们推断一下法国的历史教科书对英法战争会如何评价。在培养公民素质上，所有这些都远胜于那些陈腐的道德箴言；有人认为，靠这些箴言，就可以不断向公民灌输义务的概念。

我认为我们必需承认，世界上的邪恶既是由于智慧的欠缺，也是由于道德方面的贫乏。直到现在，人类还没有找到一种消除道德贫乏的方法，说教和规劝只会使以往的邪恶之举更显虚伪。相反，通过每一个合格的教育者都知道的方法，就可以使智慧轻而易举地发展起来。因此，在没有找到传授美德的方法之前，要依靠智力的提高，而不是道德的完善去求得发展。智力的一个主要障碍是轻信，教育学生认清谎言的一般形式，可以大大消除轻信。与以往相比，轻信这种弊端在现时更是变本加厉，这是因为，由于教育的发展，散布虚妄之言比过去容易多了，而且由于民主，掌权者觉得散布虚妄的言论较之以前更为重要了。这样，报纸发行量就增加了。

如果有人问我该怎样引导世人接受这两条箴言，即（1）把某项工作交给适合于干这项工作的人，（2）教育的一个目的应该是纠正人们轻信毫无根据的结论的习惯。只能说，要做到这一点，就必需激发有真知灼见的舆论，而只有通过那些要求有这种舆论的人的努力，才会导致这明智的舆论的产生。我认为，社会主义者倡导的经济变革不会对消除我们所论及的这些弊端有所助益。而且，不论发生什么样的政治事件，经济发展的势头都会使自由的维护越来越困难，除非舆论坚决要求：除工作外，雇主不能干涉雇员生活的其他方面。如果需要，只要将国家的作用限定在监督和支付款项上，而且只限于监督教育，就能轻而易举地实现教育中的自由。但是。正如我们看到的那样，那样做会使教育为教会所控制，因为不幸的是，与散布怀疑论的自由思想者相比，教会更急于宣扬自己的信仰。然而，它还会提供一块自由的空间，而且如果确实需要，就可能实现自由教育。法律也只能提供这些东西。

在整篇文章中，我所追求的一直是科学倾向的发展，它与科学结论截然不同。科学倾向能够改变人类，并且为一切困难提供一种解决的方法。以机械形式出现的科学结论、毒气和黄色报刊，会使文明彻底衰朽。这是一个奇特的反命题，对此，火星人可能会以可笑的超然态度陷入沉思。但对我们来说，它是一个生死攸关的问题，其结果如何，决定着我们的子孙是生活得更美好，还是会运用科学方法自相残杀，把人类未来的命运丢给黑人和巴布亚人。

5. 社会中的自由

对于人类社会来说，实现自由的可能性有多大？人们对自由的期望有多高？这些，是我想讨论的主要问题。

①自由的定义

我们最好是先给“自由”下一个定义。“自由”这一术语具有多种含义，在展开我们有益的讨论之前，我们必需确定选取其中的一种。“社会”这一概念相对来说比较明确，但就目前来看，在给它下定义的尝试中，完全没有毛病的并不多。

我认为使用一些极为抽象的、模糊的词意来解释事物是毫无意义的。例如，汉格尔和他的追随者们认为“真正”的自由就在于对警察——他们被看作是“道德律”的化身——的服从。当然警察们又必需服从于他们职权上的上司。但是，这个定义并没告诉我们政府自身在其中扮演了什么角色。事实上，按照这个定义的逻辑，政府的形象是近乎于完美的。我认为这种观念对于实行民主政体和政党组阁的国家来说是极不适合的，因为在这样的国家中，几乎有一半的人是不认同政府的行为的。因此，我们不能满足于用这所谓的“真正”的自由来充任自由的概念。

按其最抽象的意义来定义，“自由”就是不对人们实现欲望的过程设置任何外部的障碍。照此理解，通过提高人们追求目标的能力，或者降低其期望水平，都可以达到增加自由的目的。按照这个定义，那些存活了不多日，便随着寒日的到来而死去的昆虫，可能算是领受了最充分的自由了。因为不断降低的气温不断调整着它的欲望，使它不会产生那种无法实现的愿望。对于人类来说，也可以通过类似的途径来实现自由。一位已经转变为共产主义者，并成为一名红军政委的年轻的俄罗斯贵族曾经向我解释说，英国人不像俄国人，用不着穿上一件真正的“拘束衣”，因为实际上他们在心理上已经有了这么一件，他们一个个总是循规蹈矩，不敢越雷池一步，好像灵魂已经为一件无形的“拘束衣”套住了一样。也许这种说法是有一定道理的。

陀斯妥耶夫斯基笔下的人物当然不能等同于真正的俄国人，但是无论如何，只有俄国人才能创造出这样的形象。书中的人都怀有各种各样奇怪的、暴力倾向的欲望，而这些欲望一般的英国人是没有的——至少在清醒的状态下是如此。如果一个社群中的人个个怀着谋杀的欲望，那么其中的自由，肯定不如那些成员的欲望都比较平和的社群。因此，调整人的欲望对于自由的增益作用，丝毫不亚于增强人们的行动能力的方式。

以上这些考虑说明尚存在着一种通过政治思考还不能圆满解释的必要因素。我说的这种必要因素可以称之为“心理动力学”。人们还远远未达成一种共识，即把人性作为一个参数考虑，放到政治中去。外部环境为适应人性会进行调整，当然，事实上外部环境也改变着人性，通过两者的相互作用，最后形成一种和谐。一个人突然闯入一个全新的环境，可能觉得一点自由都没有，新环境只为那些能够适应它的人提供自由。因此，在我们探讨自由问题的时候，绝不能忽视存在的一种可能性，即变化的环境会引起变化的欲望，这在某些情况下可能会使获得自由变得更加困难。因为一种新的环境，在满足了人们旧的欲望的同时，可能又使人们产生了它所无法满足的新的欲望。工业进步给人们带来的心理影响就很能说明这个问题，它不断地使人们产生新的需求：刚开始一个人可能因为买不起一部汽车而感到不满意，可是要不了多久，他可能又在为没有自己的私人飞机而耿耿于怀了。人们感到不满很可能是因为一些尚未意识到的需求，没有得到满足。例如，美国人现在最需要的是获得休息，而他们却并未认识到这一点，我相信，这是目前席卷美国的犯罪浪潮的一个重要原因。

尽管人们的需求各有不同，但是某些基本的需求可能是人类所共有的，这主要包括对食物、饮料、衣物、住宅、性以及父母的关怀的需求。（衣物和住宅在炎热气候下并非绝对必需。但是除了一些热带地区外，应当把它们包括其中。）不管自由具体还包括哪些其他东西，只要以上名次中有一项得不到满足，人们就不可能获得自由。这些东西，已经是构成自由最起码的要素了。

②社会的定义

这就带出了另一个概念——“社会”。我认为要使上文所述的那种最低限度的自由得到保障，在一个社会里做到这一点肯定会比在鲁宾逊呆的那个荒岛上容易得多。实际上，性和父母的关怀在本质上就是社会性的需求。人们可以把社会定义为“为着共同的目标进行合作的一群人。”对于人类来说，最原始的社会单元就是家庭。经济社会群体起源得较早，在战争中进行合作的群体显然没有这么古老。在现代世界，经济和战争是社会之所以凝聚起来的主要动机。要不是有超出家庭和部落的较大的社会单元的存在，几乎我们所有的人都不可能像现在这样完满地使自身的生理需求得到满足。在这个意义上，社会有助于增加人们的自由。有人还认为，一个有秩序的国家的存在，可以保护我们较少地遭受敌人伤害，但我认为这种主张值得怀疑。

如果我们不再考虑心理动力的因素，就可以把欲望作为一个恒定的参数。这样的话，很显然对实现自由的阻挠来自两个方面：物质的和社会的。打一个不太恰当的比方：一个人若是吃不饱肚子，一方面可能是因为没有生产出足够多的粮食，另一方面还可能是别人阻挠他获得必需的粮食。社会的存在减少了实现自由的物质障碍，但同时又生产出了社会的障碍。按照这种思路，我们极可能犯的错误就是忽视社会对人的欲望的影响。有人可能会举出蚂蚁或蜜蜂的例子，这些小动物尽管是生活在井然有序的社会当中，但看起来好像完全是出于自发地按照自己的社会分工干着活。在其他一些较高级的群居动物中，也存在着这种情况。而且据里弗斯的考察来看，在美拉尼西亚人当中也有这种现象。这似乎是一种强大的暗示力量在起作用，是一种或多或少与催眠术类似的因素在他们中间造成一种默契。十分令人惊异的是，尽管那些文明人有着比那些野蛮人复杂严整得多的社会体系，然而在他们的本性中所体现出来的社会性似乎还不如那些未开化的人，因为他们更多的是通过外部压力来接受社会影响的，而那些未开化的人却是本能地参与社会合作。这可能就是那些文明人总是对自由问题讨论不休的原因吧。

当然，即使在最文明的社会中，我也不否认社会合作存在着一种天然本性的基础。人们都希望能够喜欢上他们的邻居，也希望自己能为邻居所喜欢，他们相互模仿，通过种种暗示捕捉着社会发展的潮流。但是即便如此，人们本性中存在的这种因素的强度，似乎也正随着文明的进步而被不断地削弱着。它在少儿身上要比在成人身上体现得强，而且从整体来看，在那些智力最为低下的人身上，它的力量反而最强。社会合作的进行，越来越依赖于人们对它所带来的好处的理性认识，而不是依赖于那种可以被粗略称为“群众本性”的内在动力。在未开化的人当中不存在个人解放的问题，因为他们根本未感觉到有此需求，而在文明人当中，这个问题随着文明的进步变得越来越紧迫。随着人们越来越发现政府可以帮助他们从追求自由的物质羁縻中解脱出来，政府在人们生活中所起的作用也越来越大。因此，社会中的自由问题将会变得越来越紧迫，除非人类文明停止进步。

当然，靠单纯地压缩政府的作用是不能增大自由的，人们之间的欲望多数情况下是不相容的，因此，无政府主义对于强者来说意味着奴役。如果没有政府的控制，现在的全球人口可能是目前数字的十倍，尽管人口增长受到饥荒和婴儿高死亡率的限制。这种无政府状态给人们造成的物质奴役，可能比正常情况下形成的最严重的社会奴役还要可怕得多。因此我们现在要考虑的不是在无政府的情况下该怎样做，而是思考在保证政府的优点的情况下，如何将它对自由的干预限制在最小范围内。这就是要在物质和社会自由之间谋求一种平衡。说得明白一点，就是为了获得更多的食物和更好的健康状况，我们究竟能够承受多大的政府压力。

要想回答这个问题，我们就必需时时考虑这样一个简单的事实：我们需要的究竟是食品和健康，还是其他什么东西。处于困境中的人们——比如在一九一九年英国——看起来愿意承受任何强度的政府强制力，因为很显然这对每一个人都有好处。但是如果一些人愿意接受政府的强制力，而另一些人只需要获得食品，问题变得十分复杂了，这涉及到资本主义与社会主义之间的争论。资本主义的拥护者极力鼓吹神圣的自由原则，其实这一原则的实质在一句格言中得到生动的体现：幸运儿就应该对那些倒霉蛋毫不留情！

主张自由竞争的自由主义的实质，正是基于这一格言表达的含意。不过它与无政府主义不同，它还要求助于法律来防止那些“倒霉蛋”行凶或举行武装起义。如果可能得话，它其实还极力反对行业工会主义。除了这些以外，它主张尽量减少政府的干预行为，让经济规律来解决剩下的其他问题。如果雇主对着雇员叫嚷：“饿死你活该！”自由主义者认为这是无可非议的，但是如果雇员立刻回敬雇主：“你才应该先吃枪子儿！”这就是大逆不道了。很显然，只有傻瓜才会发现这两者有什么区别。这两种胁迫同样地违背最起码的自由，不存在谁比谁更严重的问题。不仅仅在经济领域存在着这种不平等，这个关于自由的“神圣原则”同样还在为丈夫欺压妻子、父亲虐待孩子辩护着。必需指出的是，对于前者，自由主义也倾向于消除这种现象。至于父亲虐待孩子，例如强迫儿童到工厂里做工的现象，不管那些自由主义者是否愿意，也正在逐渐地减少。

不过这些都是老生常谈的话题了，我不想再多说。现在我们切入一个更具普遍性的问题：社会将会在多大程度上对个人进行干预？而这种干预并非是因为其他个人的缘故，仅仅是因为社会本身的缘故。另外，它将会针对什么进行干涉？

③社会对个人的干预

首先我要说的是，那些实现最起码的自由的最低要求——饮食、健康、住宅、衣物、性和父母关怀——应当是高于其他一切要求的。

这些最低要求对于人们的生存、种族的延续是必需的。

我把以上列举的这些东西定义为必需品，把除此以外根据具体情况的叫做安慰品或奢侈品。现在我要说的是，我认为我们有理由剥夺一些人的奢侈享受来满足另外一些人对必需品的需求。这不是政治上的权宜之计。这在一定的社会和时间条件下在经济上可能难以实行，但这绝不违背自由的本旨，因为剥夺一个人对必需品的占有，其对于自由的损害远远大于阻止一些人财富的过多积累。

如果真的允许这样的话，我们将获得很大的进步。单就健康方面来说，在市镇议会选举中，争论得十分激烈的一个问题，就是关于应当在诸如公众健康、产妇照管、婴儿福利等事业中投入多少公共资金。统计表明，在这些方面的投入对挽救生命产生了十分显著的效果。但是在伦敦的每一个市镇中，那些有地位的人正互相勾结起来，力图阻止这方面的开支的增长，甚至尽可能地削减这方面的费用。也就是说，这些人单单为了享受一顿丰盛的午餐或者一部豪华轿车，即使把成千上万的人置于死地也在所不惜。由于这些人控制着所有的出版物，因此那些为他们的奢华生活付出沉重代价的人根本无法了解真相。而且，按照那种类似于精神分析家总结的规律来看，就是连他们自己也尽量回避了解真相。他们的这种行为丝毫没有什么可奇怪的，因为这和历史上任何时期的贵族阶级没有任何区别。我只想强调一点，他们的行为肯定是违背自由的原则的。

我不想讨论关于性和父母关怀的权利的问题。我只是想说，在这样一个一种性别的地位远远高于另一种性别的国度里，很难指望现行的制度能够保障这些权利。基督教修道士似的传统，使人们认识这些权利的热情，远远不如对衣食权利的认识。政治家也没有功夫去研究人的天性，特别是对于这些能够打动每一个普通男女的欲望，更是一无所知。任何一个政党如果它的领导人能够稍微懂得一些心理学的知识，肯定能在选举中大获全胜。

我承认那种抽象的社会权利，即为了保障所有社会成员对最基本的必需品的需求，社会有权力对部分成员的财富进行干预和调整。但我不赞成对那些并非以牺牲他人获得的财富进行干涉的权利。我认为，这些财富包括各种观点主张、科学知识、文化艺术。并不能因为大多数人不喜欢某种观点，就有权对支持这种观点的人进行干涉。也不能因为大多数人还想了解某些事实的真相，就有权将那些希望获取真相的人投入监狱。我知道一位女士写了一本很厚的书，描绘了得克萨斯的家庭生活，我认为这对于社会学的研究是很有价值的。但是英国的警察认为人们不必对任何事情都了解得一清二楚，因此，将这本书寄入英国也被视为非法。众所周知，对于那些心理分析家的病人，只要能够唤醒他们对那些被压抑的记忆，就可以使他们痊愈。社会的某些方面，也和这些病人相似，但是我们现在的社会并不是想办法去医治这些社会“痼疾”，却把那些提请人们注意这个社会的缺陷的“医生”们囚禁起来了。这实在是一种令人厌恶的对自由的践踏。类似地还有一个涉及到个人品行的争论：如果一个男子选择拥有两个妻子或一个女子选择拥有两个丈夫，这是纯属他们自己的事，那别人应不应该对此采取行动并发出警告？

对于那些可能是合理的对自由的干涉，应做出怎样的限制？我前文已对这个纯粹抽象性的问题做了阐述。我现在再从心理学的角度做一些论述。

通向自由之路上存在的障碍，正如我们所看到的，来自社会和物质两个方面。如果社会障碍都对自由产生同样直接的损害，那么社会障碍引起的危害可能更大一些，因为它会引起人们内心的愤恨。如果一个男孩想爬上一棵树，你禁止他这样做的话，他可能会满心地不情愿。但是如果让他自己去发现他确实爬不上去，他可能会因为生理上的不可行而心甘气服。要想防止人怒火伤身，就可能会允许他们做一些于自身有害的事情，例如在传染病流行期间去教堂礼拜。为了平息愤怒，政府把不幸归结为天灾，同样，为了煽起怒火，反对党总是将不幸指斥为人祸。如果面包涨价，政府会将之归因为收成不好，而反对党则会断定有人从中牟取暴利。受到工业主义的影响，人们对人类自身的力量越来越自信，他们认为人类在消除天灾方面无所不能。社会主义就持有这样的信念：我们不能把贫穷归咎于上帝，它是某些人的蠢行和残暴带来的结果。这自然也改变了无产阶级对那些“高等人”的态度。有时，这种对人的万能的迷信简直过了头。许多社会主义者，包括最近的内阁成员汉斯都有一种明显的倾向，认为除非地球上已经挤得人们只有站着的份，否则即使人口翻倍，社会主义也会给人们带来充足的粮食。我想这恐怕太夸张了。但有一点是可能的，即当这个社会在什么方面出了问题的时候，这种现代的对人的万能的迷信，会增加人们的不满，因为即便真是某些非人类所能左右的因素造成的不幸，人们也不再将之归罪于上帝或者天爷了。这就使得现代社会比以前更加难以管理，这也说明了现在的统治阶级为什么对于宗教特别虔诚，因为他们希望把那些他们统治的牺牲品们的不幸归结为上帝的意志。这也使为那些对人们最基本的自由进行干涉的行为进行辩护变得更加困难，因为尽管在每天的《泰晤士时报》上还有牧师们试图恢复这种古老的权威的文字，但人们已不再把这看作是神圣不可变的法则了。

对社会自由的干涉除了引起人们的愤怒外，还有两点原因使人们对此感到厌恶。首先是人们并不希望占有别人的福利；其次，他们对别人的利益所在也不太清楚。也许从根本上说这两点可以并为一点，因为如果我们真的想占有别人的财富，通常得先明确他们需要和看重的是什么。无论如何，不管人们是恶意地还是无意地对他人构成伤害，其实际效果都是一样的。因此如把这两者放在一起来考察的话，几乎任何个人或阶级都是可信任的，可以把别人的权益委托给他。于是，这成为赞成民主的一个基本论据。但是在现代国家中，民主的执行必需通过官僚机构，因此，它与个人的距离由于各种阻隔而变得十分遥远。掌握在官僚手中的民主可能十分危险，因为这些官僚们总是坐在办公室里而远离命系于他们的人民。可以把教育作为一个例子：总的来说，教师们由于与孩子们接触得较多，能够理解他们并关心他们，但教师们却受到官僚们的支配，而这些官僚缺乏实际体验，只是把孩子看成是烦人的小不点。

因此，官僚们对教师自由的干涉基本上是有害的。在所有的事情中都是这样：权力掌握在控制资金的人手里，而不是掌握在对资金所投入的事业内行的人手里。因此总的来说，无论有意还是无意，当权者掌握的权力越小，他们行使权力的效果就越好。

最严重的强迫就是迫使人们从精神上接受强迫。如果人们屈从了，他们就不得不放弃那些在他们看来是分内的事。尽管我们认为饮酒的行为更值得怀疑，但还是更容易接受关于禁毒的决定。这方面最典型的例子是关于孩子们的。孩子们必需处于权威的控制之下，尽管他们时不时地喜欢做一些类似叛乱的游戏，但他们自己也确实意识到并且认可这种权威。具有权威的人喜爱受他们管教的人，孩子们可能是唯一的例子。因此，即使孩子们在一些特殊的情况下会有所抵制，但基本上对管教他们的人没有反感。然而作为教师的对立面的教育当局，情况却与此不同。他们实际上是通过“爱国主义”的教育，使孩子们为他们认可的国家利益去卖命。这种所谓的爱国精神，就是指愿意为一些毫无意义的原因去相互厮杀。如果权威掌握在那些对于自己所控制的对象怀有美好愿望的人手里，那么它的危害性还相对小些。但问题是就目前的情况来说还没有什么具体的措施来保证这一点。

如果人们坚决认为被要求做的事是邪恶和有害的，那么进行强迫可能是最糟糕的手段了。即使有可能迫使穆斯林食猪肉或令印度教徒吃牛肉，这种行径也是令人憎恶的。不应该强迫接种痘种疫苗，至于他们初生的孩子是否应该接种疫苗则是另一个问题：这不是一个关于自由的问题。但我的回答是否定的，因为无论怎样做，都没有听取婴儿自己的意见。这是一个介于父母与国家之间的问题，不能一概而论。如果父母对教育持谨慎的反对态度，我们则不能依照他们的意愿把孩子排除在教育之外。但是，如果一概而论的话，这两种情况之间确实没有什么区别。

在这类关于自由的问题中，区别出两类财富是最重要的：一类财富的获得必需以牺牲他人为代价，而另一类财富的取得则并不意味着别人的丧失。如果我攫取了超过公平份额的食物，那么可能会有其他人不得不挨饿。但是如果我掌握了非同凡响的大量的数学知识，则不会对任何人造成伤害，除非是我独占了别人的教育机会。还有一点需要指出的是，像食物、住所这类东西都是生活必需品，对于它们的需求在人与人之间不会有大的区别，也不会引发太多的争论。因此，这比较适合于政府通过民主制度采取措施。在这类事务中，公平将是统领一切的首要原则。在现代民主社会中，公平意味着平等。但是在这样一个等级森严、并且下层社会和上层社会一样都对此表示认可的社会里，是谈不上什么平等的。即使在现代英国，对于绝大多数工薪阶层来说，如果不允许国王拥有比他们更体面的排场，他们还是难以接受。因此，我把“平等”定义为“引起最少嫉妒的安排”。在那种不具迷信色彩的社会里，这意味着平等，但在那种对社会不平等固执成见的社会里，可能不这么认为。

但是在思想主张、科学知识、文化艺术等方面，一个人的占有并不需要以牺牲他人为代价。而且在这些领域中，利益的界线也是模糊的。如果戴夫斯吃着山珍海味而拉扎勒斯却只有啃干面包的份儿，那么戴夫斯再在那里宣传什么清贫的好处，就会被看成是十足的伪君子。但是如果我喜欢数学而另一个人热爱音乐，我们将互不干扰，即使相互赞许对方的追求也仅仅是出于礼貌。在思想主张的问题上，自由竞争是达到真知的唯一途径。在经济学领域喊了多年的关于自由的口号似乎用错了地方，它真正适用的地方应当在精神领域。我们是想在思想上、而非商业中开展自由竞争。困难就在于，由于商业上的自由竞争已经名存实亡，那些胜利者正企图在精神和道德领域运用他们的经济力量，把所谓合乎正道的生活方式和思想作为赚取生活的条件强加于人们头上。这是不幸的，因为“合乎正道的生活”就是伪善，“合乎正道的思想”就是愚昧！现在我们面临的一个十分严重的危险，就是在精神和道德上每取得一个进步，都会受到来自经济方面的令人难以忍受的侵扰。只要一个人的行为不是直接地、明显地、不容置疑地侵害了他人，那么他的自由就应当得到尊重。否则，人类侵犯性的本性就会导致一个因循守旧的社会，就像十六世纪的西班牙一样。这种危害是实实在在的，并且难以消除。目前在这方面美国首当其冲，但是如果我们不在合理的范围内学会对自由的尊重的话，几乎可以确信英国将紧随其后，我们所要追求的自由不是压制别人的权利，而是在不妨碍他人的前提下按照我们自己选择的方式进行生活和思考的权利。

最后，我还想再谈一下我在本章开头提到的“心理动力”。一种特质占主导地位的社会可能比多种特质居优势的社会拥有更多的自由。在由老虎和人类组成的社会中不会有很大的自由，老虎和人类都肯定会受到奴役。因此，在白种人统治有色人种的社会里根本无自由可言。为了保证最大限度的自由，必需通过教育来塑造人们的性格。这是一个关于在六岁以前性格的形成的问题。麦克米伦小姐正在培养孩子们创造自由社会的能力。如果她的方法推广到所有的孩子，无论是富家子弟还是穷苦孩子，那么只需要一代人的时间就可以解决我们面临的社会问题了。对授课的重视使所有的政党都忘记了教育的重心所在。在岁数较大的时候，人的欲望只能被控制而不能被根本改变。因此，关于“宽以待人”的课程应当在儿童的早期就开设。如果人们不再渴望得到那些只有以别人的不幸为代价才能获得的东西，那么，通往社会自由的道路就平坦了。

6. 个性与公民性

在第一章里我们曾提出过一个问题：在必不可少的、最低限度的社会和谐状态下，我们能实现个性的最充分发展吗？这个问题会促使我们去考虑另一个问题，即政治与经济通过各种不同的方式对教育所产生的影响。而我们发现，大多数的这种影响对我们的教育对象——无论男孩或女孩——都是有害的。是不是政治与经济对个性的影响总是有害的呢？或者说它仅仅是我们这个时代的不幸？并且，就后一种情况来说，我们怎么在不久的将来使个性更和谐？政治对教育的危害主要源于两种情况：第一，就是某些特殊团体将其利益置于全人类的利益之上；第二，无论是群众中还是在官吏中都存在对“同一性”的过分热爱。在这两种危害中，第一种在目前居于主要地位，但如果我们已克服了这种缺点，那么第二种将会处于突出地位。

一直存在一种习惯，就是教育总是偏向于本国、本宗教，偏向于男人和富人。在那些有许多宗教同时并存的国家里，政府不可能在学校里偏重于某一派，但这又导致了不同的学校属于不同的教派现象的产生，或者像在纽约和波士顿一样，由于宗教利益的不同，导致了公立学校对宗教历史的歪曲[①]。现在，在教育方面，男性不再像过去那样受到偏爱。但除了俄国以外的国家里，教育被如此引导以至于仅能提起富人们的兴趣。当然，在所有的地方，学生都被教导要对祖国绝对忠诚。

这些行为的结果便是：教育成了阶级、宗教与国家之间争权夺利的斗争中的一部分。他们不是站在学生自身的立场上考虑问题，而是把学生当做生力军——教育机器并不关心学生的利益，而是出于某种隐秘的政治目的。我们没有理由相信国家将会把孩子们的利益置于国家利益之上。这样，我们就不得不考查一下是否具有这种可能性，即就教育所涉及到的那部分国家利益而言，它与孩子们的利益大致是一致的。

① 例如，在纽约市，教师们不得不把 16 世纪的宗教改革运动称为“新教的叛变”。——原注

很明显，为达到此目的，最重要的一点便是消除大规模的战争。如果通过建立某个国际权力机构实现了这一点的话，那么任何好战的民族主义或者说军国主义教育将无用武之地，并且这种教育会很快退回到无害的状态中去。人们将不再需要任何军官培训中心，也不需要义务兵役制，更不需要讲授错误的历史。道德教育也不再把“杀人”作为有品德的生活的顶点，而渐渐转向其他方面。这样一个国际权力机构的建立——它的权力应足够大到能把解决争端的办法强加于那些不守规矩的国家——本身就是一个重大改革，不仅是教育观念的改革，同时也是任何其他观念的变革。

然而，在这样一个机构的建立问题上，我们还存在难以逾越的障碍——这个障碍比大多数和平主义者所想象的更困难。我们把这个问题放在共产主义和资本主义的关系中进行考虑，便发现使这个问题和平解决几乎没有什么可能性：双方都认为这是关系到生死存亡的问题而不得不为之战斗，并且很难想象能有什么国际机构能强大到足以阻止战争的发生。想象一下（假设）在德国发生了共产主义者与民族主义者之间的内战，那法国和俄国会袖手旁观吗？如果法国和俄国参战了，那么大不列颠会保持中立吗？美国会冒这种让共产主义扩大到整个欧洲的危险吗？中国和印度会放弃这难得的大好机会吗？无论建立何种机构，只要共产主义和资本主义之间的事情不通过这种或那种方式解决，世界和平便无法得到保证。在欧洲，除了共产主义取得胜利外，无论如何，我们都很难明白这种事情怎样才能得到解决。资本主义再也无法令人满意。不久以后，俄国普遍的生活水平将高于其他地方。而这种事情的宣传效应将是不可抗拒的。这样，如果我们说通往世界和平的最简捷的道路在于俄国的宣传效应，这种说法也不是没有可能性。如果是这样的话，那么当俄国在对本国的男孩或女孩进行共产主义教育时采取某些粗暴做法的时候，我们进行反对就是一种短视。我并没有肯定地宣称这些东西，我仅仅只是表明：作为一个假设，它绝不是不可能发生的。

当然，很清楚，如果德国继续因在二战中战败而遭受惩罚，那么和平是不会有保障的。如果法国不停止支配欧洲，那一切都不会改变。而法国是不愿意放弃支配欧洲的，除非通过战争来解决。这儿还存在一个疑问：就是如果不通过一场战争，印度是否能从英国的统治下获得解放，以及中国能否从日本的统治下争取到解放？

在我们对建立一个国际机构来实现和平抱认真希望之前，所有以上这些大问题都必需得到解决。这些问题可能由后二十年内共产主义的胜利得到解决。但对这件事我几乎不抱任何乐观的态度。

紧接着战争的废除，对个性与公民性的和谐最重要的便是迷信的废除了。出于这个目的，凡是以传统或情绪为唯一基础的信仰，我都视为迷信的东西。当人们认为保持这种信仰重要时，他们就会建立一种教育系统，该系统教育人们尊重前人的智慧并且养成以非理性思维判断问题的习惯。每一位掌权者。几乎是不可避免地渴望他们的臣民都是情绪型的而不是理智型的，因为这样使得那些成了不公正社会制度牺牲品的人们很容易满足于自己的份额。这样一来，迷信便成了不公正制度的自然帮凶。仅仅只有在那些政治经济制度比较公正的地方，才可能产生提高人们理智的人生观的政府教育制度。

当然，如果公正的经济制度的建立是长期斗争的产物，那就不一定会有迷信相伴而生。在战争时期，错误的信仰常被用来激发狂热的激情，而某种严格的智力束缚，在避免人们对其原因的重要性产生疑问方面发挥了应有的作用。俄国的共产主义已经有了自己的意识形态理论、英雄传记以及宗教历史的体系。如果经过一个世纪的斗争之后，俄国的教条改变了这个世界的话，它不久就会制造出许多虚构的神话和僵死的教条。在那个时候，谁要是胆敢声称马克思和列宁不是他们那个时代最伟大的人，他很可能会遭到我们可想象到的迫害。这种事情是可能发生的——尽管我认为不可能——即他们的地位在某种程度上可能会变得类似于黑暗中世纪里教会的地位。也有可能在共产主义胜利之前，战争就破坏了整个世界的工业成果并导致了所有科技人员和能干的技术人员的灭亡。在这种情况下，那么当人们在《圣经》里发现记载着列宁曾经希望通过“电气化”使人类获得解放时，他们一定会疑惑“电气化”这个词是什么意思，然后会得出结论，这一定跟马克思的话一样代表着某种神秘的东西。这样，不难想象将会出现一个“世界大同”的国家，在这个国度里有一个公正的经济系统但却依然受到迷信的支配。但这样的事几乎不会发生，除非我们假设爆发了一场骇人听闻的、毁灭性的战争。我们也可以进行其他假设，如当共产主义的胜利已消除了人们的战争心理的需要时，可以期望目前与苏联政府相关的迷信成分将逐渐消失。在一个很长的时期后，甚至共产主义的信念也会逐渐变得不再重要，因为在现实的政治领域里已不存在另外的政治系统。

现在我来谈一谈第二种危险，即对同一性的过分热爱。这种情况在群众中或是在官员中都存在，正如我们以前已提到的那样。小孩子对其他孩子的“奇怪”的事总是怀有本能的敌意，特别是在十到十五这个年龄段。当政府意识到不应当保持这种传统时，他们会通过各种方式预防这种事情的发生。正如在前面的章节里已提到的那样，他们会把这些比其他孩子聪明的孩子放到单独学校里去。在最愚蠢的孩子身上，这种不能容忍别人更聪明的情绪表现得最强烈。他们常常把对聪明的孩子的特殊的“感情”演绎成为对他们进行迫害寻找恰当的根据。当政府也和这些孩子们一样愚蠢的时候（的确存在这样的情况），他们往往会站在愚蠢的孩子一边，默许（或至少是心照不宣）对聪明的孩子采取粗暴、野蛮的行为。于是社会将变成这样：它的所有重要的职位都被那些足够愚蠢到使整个群体都感到愉快的人所占据。这样的社会将会产生腐化的政治家、愚昧无知的教师、不会抓罪犯的警察以及对无辜的人判刑的法官。这样的社会，尽管它处于一个富于自然资源的国度，也会由于无能而最终陷于贫穷直到选举贤能之人到重要职位任职为止。这样的社会，尽管大谈特谈自由并树立雕像来纪念它，也是一个充满迫害的社会，它对那些具有先进思想可以使社会免遭灾难的人士进行迫害。所有这些都源于群体过于强大的压力，先是在学校里，然后扩散到整个世界。一旦存在这种极端的压力，那么作为惯例，那些指导教育的人将无法意识到这是一种罪恶。实际上，他们是把它作为一种培养良好行为的力量来看待的。这样一来，考虑一下什么环境会促使教师和教育官员陷入这种罪恶，和是否任何制度都阻止他们陷入这种罪恶是非常重要的。

在教师这个职业中，有两种非常不同的类型。一种类型是，这些教师热爱其所教的科目并且喜欢教学，他们把自己的这种热爱移植到学生中去。另一种是，他们只是欣赏这个具有权力和很容易获得优越感的职位，他们喜欢管理但却没有足够的技巧去管理年轻人。有的制度是侧重于前者，有的则侧重于后者。现代化的效率系统越来越倾向于支持那些管理学生而不是教学生的人。我并不是否认管理的用途：我曾经听说过一位在得克萨斯一所公立学校任教的女教师，她上课必需随身携带一把左轮手枪。但是除了在遥远而人口稀少的地区以外，那些具有不正常的任性性格的男孩或女孩可能是孤独的，于是会导致这样一种结果，即他们会缺乏领导，并愿意服从更加温和的方式。那些被对本学科的爱所鼓舞的教师们，再加上对学生的热爱，通过传授学生知识和文明的方式，在大多数情况下都能比那些热衷于命令但缺乏知识并且憎恨学生的人更好地实现教育目的。不幸的是，在大量的学校里都有大量的管理规则，这些规则被那些最差的老师们发挥到了极致。而当上级官员注重的是管理式的工作而不是教学式的工作时，就形成了一种错误分配赞美的趋向。而且，在任何更大的管理性系统里，其官员会自然而然地把管理看作是最光荣和最困难的工作。其结果便导致那些从事管理工作的人比从事教学工作的人得到了更高的地位和更多的薪水。所有这些都有助于产生一种非常类型的教师。这是一种鼓励同一性的执行类型，而其他类型只注重能力（这本身就是一种怪异之举），并且看在能力的分上愿意忍受其他类型的与众不同。这样，反对“同一性”的危险，并鼓励教师热爱教学而不是热爱管理是非常重要的。

现在我们来谈谈这个问题的另一个方面。这问题随着这个世界的越来越有组织化而越来越严重。对某个占据组织权力位置的人来说，要求他具有某种能力，也就是说，需要执行或管理能力。这就使得那组织所处理的各种事情本身之间几乎没有什么区别，在最高位，处理这种事情所需的技巧都是一样的。一个能成功组织（让我们做个假设）兰开夏棉花贸易的人也能成功地处理伦敦的防空工作、中非探险和从英属哥伦比亚到英国的木材运输。对所有这些工作来说，并不要求他具有有关棉花的知识，有关空战的知识，有关土耳其斯坦已遭埋没的城市的知识，也不需要熟悉森林学和航海术。在有些场合，其下级助手们将需要这些技巧。但是他的技巧，从某种意义上说是抽象的，并不依赖于专门的知识。于是便发生了这样的事，即随着组织的扩大，那些掌权的重要职位将愈来愈经常地被这些人所掌握，他们并不是十分清楚地了解他们所管理的工作的本身的目的。当所有这些都变得不可避免时，危险就可能会发生了。而回到我们的主题上，就是在教育领域里存在危险。

在教育领域，管理者的危险源自于他对分类法和统计数字的热爱。他不可能会没有这种激情，因为他必需快速处理大量事情，而只有分类法才能帮助他做到这样。现在，分类法被十分满意地用于处理某些事情。在标志很明显的自然同类中才会适用于这种方法。在水果蔬菜商店卖豌豆、豆子、菠菜、甘蔗的时候，绝不会有人来问他："这种东西是豌豆还是花椰菜？"在孩子当中这种事情正好相反。一个孩子是不是存在智力缺陷的问题经常是一个界限问题。如果用一种比较科学的眼光来看，对这个问题不可能会有一个精确的答案。但如果用管理的眼光来看，则一定会有一个精确的答案：这个孩子要么被送进一个特殊的学校，要么继续呆在普通学校里。这样，管理者会寻找某种这世上根本不存在的达到精确的方法。这就是他往往热爱智力测验的原因之一。在智力缺陷情况下所用的方法同样地用于其他智力分类方面。以爱心来对待一个小群体里的孩子的人是把他们当做一个个的个体来了解的，并且感到对孩子们的感情难以用语言表达，通常这种感情是教师给予他最喜爱的孩子的特殊感情。但那个仅仅通过一个模糊的官方报告，从远距离观察孩子们的人对这种事是不耐烦的。他希望所有的孩子都一个样，因为这会使他的工作更容易，但他被迫对孩子们按年龄、性别、民族、宗教进行分类，即使是最开明的人也要对孩子按智力测验进行分类。基于这个原因，这儿便存在一个危险，即教育官员将会鼓励社会达到这个世界正趋向于的“同一性”。

这是一个管理问题，其解决的方法就是移交权力。要是存在一个世界政府的话，那么毫无疑问将会促进对所有教育的某种程度的管理：它会禁止讲授任何地方爱国主义，也会禁止教授任何被认为是具有破坏性的教条，但在所有其他方面，它无疑会使教育更地方组织化。要是教育被一种科学精神鼓舞的话，它将会允许进行各种采用新方法的实验。就目前而言，这种实验精神还不适用大多数管理者，但如果教育更科学化的话，它将会变得比以前普遍得多。正是出于对实践精神的增长的希望，我们应该学会忍受这个科学化的国度里的漏洞和例外。没有漏洞和例外，将几乎不会有进步和充分而多样的发展。但我认为，当官员们都经受了健全而科学的教育后（不仅包括物理学和化学，也包括生物学），他们会自然地认识到这些。

在一个人口密集的工业社会里，个人主义需要受到比以前更多的限制，甚至在个性心理方面也是这样，尽管没有忘记个人的正当的要求，我们这些生活在大城市里的人已学会了在群体中的行为方式。这些行为方式不致使我们感到迷惘：靠右行，以合适的速度运动以及在可以过街的地方穿过街道。这些都是细小和表面上的事情，但我们却必需严格遵守同一类的事情。浸信会教徒圣·约翰曾经衣不蔽体地周游列国，并高声呼喊：“忏悔吧，人们！因为天国就在眼前。”如果一个人在伦敦或纽约这样做，他将会使一大群人聚集起来并堵塞交通。然后警察将不得不告诉他，在他下次布道之前，一定得先租用一个大厅。在工业社会里，几乎没有人在工作中是独立的。他们的绝大部分属于组织，并不得不从事集体事业里的一部分。这样，社会合作型的公民感显得比以前更重要。但保证不要使个人判断和个人创造力过于减少仍是非常重要的。

如果一个人的生活是令人满意的话，无论是出自他自己的看法还是根据世界的普遍看法，它都需要两种和谐性：一种是智力、情感和意志的内在和谐性；一种是自己的意志与他人意志的外部和谐。从这两方面来看，我们现行的教育都是有缺陷的。幼儿和青少年时期的宗教和道德教育阻碍了内部的和谐，并且在以后的生活中还将继续控制人们的情感但控制不了智力，同时使意志变得迟疑不决，根据情感或者智力的交替占上风而倾向于这边或者那边。如果教给青年人那些成年人智力能够接受的教义，将可以避免这种斗争。在小规模的私立学校里可达到这个目标，但如果没有国家的合作，它不可能极大规模地产生与我们的实验结果相异的结果。

本身的意志与其他人的意志的外部和谐问题则更困难，不可能会得到完美的解决。竞争和协作都是人类自然的活动，因此要想不使个性遭到破坏而又使竞争得到完全的抑制是很困难的。但对现代世界造成损害的并不是单个的和无组织的竞争。两个男人为了同一个女人进行竞争而不会对任何人造成伤害，假定他们的竞争不导致谋杀的话。现代社会的不和谐性的那种危险的表现形式便是有组织的不和谐性形式，包括国家之间的和阶级之间的。只要这种形式的不和谐性存在的话，这个世界便无法享受科学技术所带来的优势。而目的教育则无形中加剧了国家之间的不和谐性，这可以通过在学校里对国际主义宣传进行介绍得到解决。但如果国际主义不先在政治上取得优势要达到这个目标几乎是不可能的。教育可以巩固政治成就，但只要教育是由各单独国家所控制，就不可能实现国际主义在政治中占据优势。

在很多时候，采用战争形式的竞争是对胜利者有利的。这样的时代已一去不复返了。对每个稍有头脑的人来说，现在情况已很明显，如果所有的武装力量都被解散，国际争端都由国际法院裁决，所有的关税都被取消，所有的人都能从一国自由地迁到另一国，那么每一个国家都会更加欣喜不已。科学已经极大地改变了我们的技术以至于整个世界成了一个经济共同体。但是政治制度和政治信仰都落后于我们的技术发展。每个国家都因为经济孤立而造成了人为的贫困。我们发明了节省劳动力的机器却被失业问题所困扰。当我们卖不出我们的产品的时候我们便削减工资，以为世界上入不敷出的人们越来越多了。所有这些都源于一个事实，这就是，当我们的技术发展越来越要求整个世界作为一个仅仅从事生产和消费的实体而进行合作时，我们的感情和我们的政治信仰却促使我们坚决要求竞争。

我们的世界是一个疯狂的世界。早在一九一四年，这个世界便停止了建设，因为人们不愿意遵循理智的指引进行国际合作，而非要把整个人类分割成几个互相敌对的集团。人们拥有智慧是为了自保，但这智慧运用却遭到集体的失败，其原因主要在于潜伏于人们的无意识中，并在人们的婴幼儿时期、儿童时期和青年时期都没有得到明智解决的那种破坏性的愚蠢的冲动。尽管在生产中技术在不断增长，我们却变得越来越贫困；尽管我们已意识到下一次世界大战的令人恐怖的后果，我们却还在年轻人中培养这种意识，而这种意识的继续发展将使战争变得不可避免；尽管我们拥有科学，我们的反应却背离了理智地考虑问题的习惯；尽管我们驾驭自然的能力日益增强，大多数人却比中世纪的人感到更没有前途和更无能为力。造成所有这些现象的根源不在于外部世界，也不在于我们所认识的那部分自然，因为我们已比以前了解得更多了；它在于我们的感情，在于我们的情绪习惯，在于逐渐灌输到年轻人心中的信念，在于婴儿期形成的病态的恐惧症。对这些问题的解决办法便是使人们更明智，只有使人们明智才能更明智地进行教育。目前，我们正考虑各种不同因素会导致一场社会灾难。宗教促进了愚昧和对现实的非充分认识；性教育经常使人神经错乱，凡是性教育不够公开的地方，就在人们的无意识中植下了不和谐的种子，从而使得成年人的幸福变得不可企及。学校里所灌输的民族主义暗示着青年人最重要的责任就是去杀人；阶级感情促进了人们对不公正的经济制度的默认；而竞争则增加了社会斗争的残忍。你能不对这样的世界感到惊异吗：政府的力量被用来向青年人灌输疯狂、愚蠢、准备杀人的信念、经济不平等以及残忍，你能不感到惊异吗？对这样一个根本就不幸福的世界，我们能因为一个人希望把目前学校道德教育里的这样一些因素改换成聪明、明智、友善和正义感，而宣布他是不道德并且是具有破坏性的吗？这个世界已变得令人如此难受地紧张，背着如此多的仇恨，充满了如此多的不幸和痛苦以至于人们已失去了进行均衡判断的力量，而这种力量正是人们从所挣扎的泥沼中获救所必需的力量。我们的时代是如此令人痛苦以至于许多最伟大的人已陷入深深的绝望。但是凭借我们的理性我们却没有理由绝望：使人类幸福的方式早已存在，只要我们愿意去利用它！

7. 政治的理想

在漫漫的黑夜中，人们渴望一座光明灯塔的指引，这就是明确的信仰、基础稳固的希望以及由此产生的能够超越一切险阻的沉稳的勇气。时间坚定了我们的信念。我们看到，我们曾经以为罪恶的东西，最终证明是罪恶的。旧世界正在因为自身固有的缺陷而迅速地走向毁灭，而一个更美好的新世界将要在它的废墟上升起，如果这一点可以确认的话，那么我们将能够比以往任何时候都更清醒地把握自己的命运。我们到目前人们之间的政治往来根植于一种完全错误的政治蓝图，它使得人间的痛苦、灾难、犯罪不断延续下去。要使人们从中解脱出来，必须确立一种完全不同的政治理想。

政治理想必须根植于个人的生活理想。政治学的目标就是要使个人的生活达到最优。政治家所考虑的应当是各式各样具体的人——男人、妇女、儿童——而不是别的或凌驾于其上的什么东西，因为正是由这些人构成了这个世界。使每一个人都能获得最大的利益——政治学的使命就是按照这个原则来调整人们之间的关系。为此我们首先应当弄明白在个人生活中充当“利益”的究竟是哪些东西？

首先，我并不认为所有的人都应当是一样的。因此那种准备预先设定一个模式或典型，再运用种种手段将各种类型的人统一到这下面来的方法。正是那种急躁的管理者所梦寐以求的。一个蹩脚的老师总是想把自己的观点强加于学生，并且顽固地要求所有的学生对一个问题只能有一个相同而具体的答案，即使这个问题本身就是模棱两可的。据说伯纳德先生曾经认为《脱爱勒斯与克莱西达》是莎士比亚最杰出的一部戏，虽然我不赞成这一观点；但是如果一个小学生能有这样的想法，那就值得称道了，这毕竟显露出了个性发展的苗头。但是大多数的老师难以容忍这种有悖正统的观点。不光是老师，所有平庸而又具有某种权威的人总是希望他的属僚能够步调一致，使得他们的行为易于预测而且不会惹出什么乱子，如果权威的力量能使他们如愿以偿，那么个人的进取心和个性必将遭到摧残，即使凭权威不能做到这一点，他们也会顽固地拒绝承认多样性的存在。

不是所有的人共有一个理想，而是每一个人都有一个人的想象，如果可能的话，我们应当充分地认识到这一点。每一个人目前所怀有的对自己未来的设想，最终可能会发展成为某种卓越的志向，或者是卑劣的追求，无论如何，向两个极端发展的可能性都是存在的，这取决于环境因素。在环境的作用下，个人积极的潜能可能会充分发挥出来，也可遭受打击；而其消极的潜能可能得到加强，抑或受到适当引导而向好的方向转化。

我们不能认为所有的人都是一样地刻苦、一样地富于自我奉献精神，或者一样地爱好音乐——总之，我们不可能找一种放之四海而皆准、哪怕在细节上也无任何出入的性格模式。但是即便如此，我们仍能根据一些更宽泛的原则来确定什么是可能的，什么是想要的。

我们可以区分两种不同的财富，以及相应的两种人类具有的潜能。一种财富是可以为个人完全占有的，而另一种财富则可以由所有的人分享。食品和衣物一旦为一个人所有，就不能同时为另一个人所占有，如果这种物质是稀缺的，那么一个人过多地占有，就意味着其他人的缺乏。这种情况一般是就物质财富而言，并涵盖了目前经济领域的主要方面。与此不同的是，心理和精神上的财富的归属不是排他性的，它可以属于一个人，又可同时属于另一个人。如果一个人对一门科学有所了解，这并不妨碍其他人也涉足这门学科。相反，人们还可以借助他在这门科学中取得成就进一步探索科学的奥秘。如果一个人成为伟大的画家或诗人，这并不意味着其他人就丧失了舞文弄墨的机会，对于有志于此的人来说，他们还可以从这些成功者的成就中汲取营养。如果一个人满怀友善地对他人，这并不意味着其他人的友善之情就会相应地减少。其实，一个人越是待人友善，他从别人那里得到的友善回报就越多。这一类财富没有真正的所有权，因为无法将其量化而为人分享。对于这种财富来说，任何局部的增加都会导致全面的增长。

与这两种财富相对应，人性中还具有两种对立潜能。一种是独立的潜能，它的目标是取得或保有不可为人分享的私人财富，这一潜能追求的核心是所有权。另一种创造潜能，或者说是建设性的潜能，它的目标是创造新的财富，或利用这些财富的方法，而这种财富是人类共有的，不为某个人所独占。

我们设想的最美好生活是这样的：让创造潜能得到最充分地发挥，同时将独占潜能的影响限制在最小范围内。这其实并非什么新的发明创造。《新约圣经·四福音书》中早就说过："人若不思，衣食何来？"在考虑一些比较重要的事物时，我们往往会忽略这些衣食琐事，但糟糕的是，考虑这些事时养成的斤斤计较的思维习惯却被保留下来。这种思维习惯将会在人们中间引起竞争、嫉妒、专权、残忍及其他几乎所有横行于世的不道德的行径。尤其可怕的是，它还会导致掠夺性地使用武力。物质资料可使用武力获得，也可通过掠夺占有，而精神财富却无法通过这些方式取得。你可以取走一个艺术家或思想家的性命，却休想因此夺走他的思想。你可以轻易地杀死一个满怀爱心的人，却无法同时获得一颗这样的爱心，也无法体会到那种因为爱而产生的身心的愉悦。武力有时是重要的，但它只对那些物质财富的争夺有效。因此，那些崇尚武力的人，会把他们的精力全部投注于物质财富的世界里。

当独占潜能的势头比较强劲的时候，就会侵蚀到一些看起来应是纯粹的创造性的活动。一个取得了一些有价值的发现的人，可能会对处于竞争地位的其他发现者怀有忌恨。一个攻克了癌症的专家，在听说另一个宣称能够治愈痨病的同行被证明是错误的时候，可能会暗自高兴，而不是为那些遭受了本可避免的痛苦的病人惋惜。在这些例子中，人们渴望知识不是因为想用它来造福于人类，而仅仅是借此沽名钓誉而已。每一种积极潜能总是蒙上了独占性的阴影，即使是那些对崇高道德抱有热望的人，也难免对那些更加成功的圣人产生忌恨。人的大多数情感都带有些微"嫉羡"的气息，这是独占潜能侵入创造领域的结果。最可怕的是，在这种心理的支配下，那些生活处处失意的人，出于一种纯粹的嫉妒，会本能的阻止其他人享有他们未能得到的一切。那些风烛残年的老人在对待生机勃勃的年轻人时，往往会流露出这种心态。

人和动植物一样，都存在着某种促使生长的天然潜能，这种潜能不但是生理上的，同样也是心理上的。生理的生长发育得益于空气、营养和锻炼，也可能受阻于某种人为的摧残，古代中国妇女被迫裹足导致发育受阻，就是一个例子。同样，心理的成熟也受到外部环境的影响。不断受到激励，丰富的精神食粮，适当的心智锻炼，都会促进心理和智力的健康成长。而任何外部强力的干扰都可能阻抑这种趋势，比如那些约束性的纪律、不可抗拒的权威、莫名的恐惧、公众舆论的压制和身不由己地从事不适意的职业等等。最具危害的影响是针对人的最基本的潜能的。这种潜能是一个人道德良知的根源，对它的威迫和压制将会使人的本性受玷，难以恢复。

一些人认识到任何形式地使用武力都会对他造成伤害，并且意识到那些凭借武力夺取的财富是毫无意义的。这些人，将会对他人的自由给予充分的尊重，而不会试图去强迫或束缚他人。他们有足够的耐心等待做出正确的判断，但又决不会拖延一秒钟去援助有难之人。他们会细心地体察人意，小心地处理事端，因为他们懂得，无论自己还是别人，所怀有的善意都是十分敏感和脆弱的。他们不会轻易指责与自己不一致的人。因为他们懂得并且认为：个性纷呈将会带来繁荣，而单调一致意味着死气沉沉。他们希望每个人都应避免机械呆板地生活，应当让生动、活泼成为追求。但是，他们以为可贵的并珍藏于心里的东西，却正是这个残暴无情的世界极力想摧毁的。总之，他们在与人交往过程中体现出来的友爱之情和谦逊之风，完全发自内心深处对别人的尊敬。

至此，那种我们所期望的完美人格的轮廓逐渐清晰了：强健的创造潜能；受到克制并被加以引导的独占本性；对他人发自内心的尊重；以及对人性深处最基本的创造潜能的爱护。同时，自尊和天赋的自豪感也是一个良好人格所必须的。人们大可不必为难以达到全部要求而对自己丧失信心，但他必须有勇气，充满希望，甘愿冲破一切来自外部或内心的阻碍，尽自己的全力争取做到最好。如果只考虑一个人自身拥有的力量，那么只要他具备三个条件就可以使他的生活和人格趋于完美。这三个条件就是创造潜能的力量超过独占潜能、对他人的尊重和对自身最根本潜能的珍惜。

判断政治或社会制度的优劣取决于这些制度是为个人带来好运还是造成伤害。是鼓励创造还是纵容独占，也取决于他们是否体现或促进了人们之间的相互尊敬，是否能够有效地维护个人的自尊。

无论如何，我们目前所处的社会政治制度实际上与那种理想的状态还有十分巨大的差距。

社会制度，特别是其中的经济体制，对人们——无论是男人还是妇女——的性格塑造都具有深刻的影响。它们或者鼓励冒险、激发信心，或使人怯懦、追求安全。它们可以解放人的思维使人们步入宽广天地获得无数机会，也可能蒙蔽人的双眼使人看到的只是危机四伏、困难重重。它们可以使人以为社会创造财富为荣，也可使人为中饱私囊而喜。然而在这些可供选择的趋向中，现代资本主义总是把其中错误的方面加于芸芸众生之上，只有极少数可称为英雄的人和难得的幸运儿能够幸免。

人的潜能是巨大的，这部分取决于人们天生的资质，另外还取决于一个人的机遇与环境，特别是一个人早期所处的环境。直接的布道说教对改变一个人的潜能的作用往往是微乎其微的。尽管它可能会抑制人们以直接的方式发挥其潜能，但这只是将其暂时地隐蔽起来，它依然会以某种扭曲的形式再度浮现出来。在明确了我们所期望的理想的潜能类型之后，我们不能满足于以此去说服和打动别人，或单纯追求外在的表现而忽视了内心的真正认可。我们应当致力制度改革，以某种方式来改变现有的制度，借助于这种方式就可以使人们的潜能按照我们所期望的方向改善。

目前我们的制度是建立在财产和权力的基础上的。这两者在现实生活中对人的幸福是至关重要的；同时也是迄今为止分配最为不公的两样东西。它们都是那种可为人独占的财富，在今天这个世界上，如果没有财富和权力，也就休想获得那些本可以为人共享的心理和精神上的财富。

如果没有财产，你就会失去自由，并且得不到那种保证最低限度生活水平的安全感。如果没有权力，你就没有机会充分展示你的创造力和进取心。如果一个人想充分发挥和利用其创造潜能，就必须从对生活琐事的关注中解脱出来，这就需要某种程度的生活安全保障；还必需获得足够的权力，使她的关于生活的种种设想得以实现。

在这充满血腥的竞争社会里，很少有人能够让创造潜能占据主导地位。因为一个人如果在聚敛财富方面稍有不慎，就会堕入赤贫的深渊，而这种人，已占据着人口的绝对多数。在这个世界上，荣誉、权力和受人尊敬是向财富而非智慧聚集的，法律的作用就是确认和捍卫富人对穷人的不平。在这种环境下，即使那些拥有巨大创造天赋的人，也难免染上毫厘必争的习气。人们聚单为伙，为的是更强有力的参与到物质财富的争夺中去，对各自团体的效忠，形成一个个以贪婪欲望为核心的准理想主义的光环，即使是工会组织和劳动团体——尽管他们十分渴望一个在本质上更加合理的世界——也并不能比其他政党和团体做得更清白。他们总是被攫取大量物质财富的眼前利益引入迷途。

无可否认，这种欲望在一定程度上是在“公平”的掩护下实现的，但是要想实现真正的政治理想，还需要一些更加重要和具有建设性的东西，以免那些刚刚从被压迫中摆脱出来的成功者转眼又加入到被压迫者的行列。改革运动的灵魂应是自由和杰出的理想，并且以创造自由和杰出的思想为归宿，而不是迷醉于那些无关重要的约束和规矩。

在目前的经济体制下创造进取的权力都被抓在少数富人的手中，那些没有巨额资本的人，一旦选择了某一行业或从事了某种职业，就很少再有选择的余地了；他们不是发动社会机器的动力，而只不过是这上面一个随人摆布的零件而已。在资本家和那些为生计奔命的人之间，不仅仅存在着政治权力上的巨大差别，在自我实现的条件上，也存着天壤之别。在多数时候，经济与人们生活的关系比政治更加密切。在当今世界上，没有资本的生产者通常只能靠向一些大公司出卖劳动来维持生计。他们无权参与公司的管理，也不享有任何政治自由，只有靠所加入的工会来挣得一点点权力和自由。但是如果他们所期望的自由恰为工会所忽视，那么就连这点权力也没了；他们只有服从，否则挨饿。

专职人员也遇到了几乎同样的问题。可能绝大多数的撰稿人都不得向那些与自己政治不一致的报纸投稿；只有腰缠万贯的富人才办得起报纸，普通老百姓休想在富人办的报纸上表达他们的观点和兴趣，除非他被卷入一些引人注目的事端中。有相当一部分最优秀的人才供职于政府机关，在那里他们的地位决定了他们只能对各种丑恶现象保持沉默，因为他们没有能力去改变这些状况。一个离经叛道的内阁部长，如果他的观点不能取悦于选民，就会毁掉饭碗；国会议员如果没有足够的灵活性去迎接公众舆论，或者是没有学会适时地装愚守拙以委曲求全的话，他就会落选。在生活中的每一个角落，独立的思想总会遭到失败的惩罚，而且这种趋势随着经济组织的日益臃肿和僵化而不断加强。令人吃惊的是，人们变得越来越驯良，越来越习惯于服从命令，而且心甘情愿地放弃独立思考的权力。可以设想，如果这种情况发展下去的话，人类文明将会陷于拜占庭时期的那种停顿状态。

惧怕贫困虽不足以对人类创造精神的自由发展造成严重障碍，但确实是广大工薪阶层从早忙到晚的主要原因。而另一些人则怀着富甲天下和权倾一朝的欲望而整天奔忙，这就是那些为数不多的富人。这种欲望以及由它带来的后果是十分有害的，它迫使人们放弃了公理正义的精神，回避以诚实态度思考社会问题，尽管在他们的内心深处，仍然不变地意识到他们的幸福是建立在大多数人的痛苦之上的。只有坚决摒弃所有贫困与财富的不均，才能消除大多数人对贫困的恐惧，则少数富人的欲望也将转换为一种更为妥善的形式。

但是安全和自由只是建立良好的政治制度的消极条件。即便这两个条件都得到满足，我们也还要一些积极措施促使新的政治制度的诞生，那就是对人类创造力的激励机制。保证经济安全只能维持一个自足而稳定的社会，他需要创造力的推动和补充，才能够使人们保持敢于冒险、热爱生活的活力，向着更新、更好的环境稳步挺进。人类社会制度的改进没有终极目标，只要能够推动社会的不断进步，那么这个制度就是最好的。没有奋斗和挑战，人们生活就不能持续改善。我们期望的不是一个最终的乌托邦，而是一个充满积极活跃的想象力和希望的世界。

超负荷的劳动压得人们疲惫不堪，以至于许多人觉得所谓的天堂，只要什么也没发生，什么也不需要改变就行了——这真是对他们的遭遇的可悲写照。终日的劳作使人们产生错觉，好像只要能够得到片刻的休息，那就是幸福。但事实是如果一个人休息得过久，油然而生的厌倦会驱使他们重新开始劳动。所以，幸福的生活应当是拥有丰富的活动。但如果要使这种生活同时也是有意义的生活，那就应当尽量从事创造，而非掠夺或守业。但是创造离不开丰富的想象力和创造力，而这两种能力都可能触动当前的权威。目前，那些权柄在握的人最害怕自己的权威受到削弱，因为如果那样的话，他们借此获得的一切不公正的特权将会被剥夺。为了防止这种事情的发生，那些从现有秩序中捞到好处的人，巧妙地利用了人类因循守旧的本性（这种本性普遍存在于人类和其他群居性的动物中），建立了一整套严密的体制，在这种体制下，创造力意味着惩罚，想象力等同于挨饿，总之，一切对权威构成威胁的东西都遭到了遏制，而且这种“遏制”体制从一个人刚入学堂一直伴随他走进坟墓。目前指导教育的总的方针需要改变。我们应当鼓励孩子们独立地思考问题和感知世界，而不能总是被动地接受别人的思想和感情。我们应当明白，开创精神总不是靠悬赏产生的，而是需要一种充溢整个社会的精神和心理氛围。这种社会氛围历史上有过，古希腊和伊丽莎白时期就是两个例子。而在我们这个时代，庞大而僵化的社会机构为少数上层人士所操纵，这些人对为他们所控制的大众毫无怜悯之心，在他们残暴的统治下，个性和自由的精神遭到扼杀，人们被迫遵循一种单一的生活模式。

不过，一个庞大的组织机构也是现代社会的必然产物，如果指望像威廉·莫里斯这样的改革家曾经尝试过的那样将它完全废除，那也是不切实际的。它确实造成了维持个性的困难，但是我们现在需要做的，是如何调整这些机构，使它们能够容纳尽可能多的个人创造力。

为实现这一目标必须采取的一个重要步骤，就是促进各种机构的管理民主化。我们目前的立法制度，或多或少还算得上民主的，当然，这不包括一个重要的事实，即妇女被排除在外的。尽管如此，我们的行政机构仍然是官僚主义的。我们的经济体制也是专治的，寡头垄断的，所有的股份公司都为少数自命的或内部选派的董事所操纵。如果那些真正处理事务的实干者不能行使管理权，那就没有什么自由和民主可言。

为增大自由度我们还可以采取另一个措施，就是加强那些亚群体（subordimate group）的自治，不管这些亚群体是以地理、经济的标准，还是按照某种共同的信仰（比如宗教派别）来划分的。现代的国家机器是如此庞大，而人们对它的构造和运行又了解得如此之少，即使一个人获得了选举权，他也并不觉得自己成为构成国家权力的有效一分子，并且能够对它的决策施加影响。除非在一些事物中他的行为和一些具有特别影响力的团体联系在一起，否则在他看来，政府只是一个遥远的、不具人格意义的环境而已，相对于它，个人显得微不足道，而只是地顺从它，适应它，就像对待天气一样。在古希腊中世纪的意大利，人们是通过分享对下属实体的控制权，来重新获得做一个城邦公民所应有的个人机会和尊严的。

只要一个团体具备了某种强烈的共同意识——这种意识可能是民族的、行业的或者某种宗教实体的——那么为了得到自由，就要求能够完全自主地决定团体的一切事务，哪怕这些事物并不局限在团体内部，而对外部世界也具有重要影响。在更广泛的意义上，这种机理就表现为对国家独立的要求。但国家决不是唯一应当享受内部事务完全自主的实体。作为国家，应当和其他团体一样，在涉及其他国家的事务中，对自己的行为有所约束。自由需要自治为前提，但这并不意味着有权干涉他人。最大程度的自由并不等于无政府状态。自由与政府的统治之间的协调是个难题，但这又是任何一种政治理论所必须面对的问题。

政府统治的本质是依照法律的原则运用武装力量来捍卫当权者的利益。无论个人还是团体；运用武力实行强迫总会同时对自身造成伤害。但是如果没有政府，并不等于人们之间的相互关系就不存在武力因素了，相反，这实际上为那些具有强烈掠夺本性的人提供了更宽阔的操演武力的舞台。这必将导致奴役和持久的武力厮杀，而受害的只能是那些本性较为内敛的人了，这其实正是目前国际关系中所呈现出的状态，因为没有一个世界政府对这一切加以控制。国际关系中无政府状态所导致的后果，足以使我们相信，无政府主义不可能为这个世界上的种种罪恶提供一个解决方案。

只有为了一个目的，也只有为了这一个目的，政府动用武力才可以被看做是合理的，那就是为了减少这个世界上武力的使用。显而易见，法律上对谋杀的禁止，确实减少了世界上暴力行为的发生，也没有人赞同父母可以肆意地虐待自己的孩子。只要还有人想对他人实施暴力，这个世上就不可能有完全的自由，因为必须受到限制，而且肯定会有人成为暴力的牺牲品。所以，个人和社会在处理自身或内部事务时可以享有最大限度的自由，但是，一旦涉及到他人或外部事物时，就不应当完全自由地行事了。给予强者以压迫的完全自由，是不会给这个世界带来充分的自由的。这一点，也正是社会主义者反对那些主张自由竞争的经济学家所鼓吹的自由的根据。

民主是人类发明的一套装置——这算得上人类迄今为止最伟大的一项发明，它最大限度地减少了政府对自由的干预。如果整个国家分裂为誓不两立的两派，那么在理论上民主将可以保证其中人数较多的那一派的意志得以实行。然而实际上，如果不辅以足够的分权与制衡，单凭民主是做不到这点的。同时，在这种制度下，人们对一致性的苛求本性，或者仅仅是以阻挠他人为乐的心理，以及对于现实中存在的不同兴趣和气质所采取的无视态度，都可能导致即使在一些根本与己无关的事情上，多数派也要对那些少数派横加干涉，这显然是不合理的。我想如果真有那么一个“世界议会”存在的话，我们中的任何一个人也都不喜欢让这个机构来处理完全属于我们英国内政的事务。但是事实上确实有那么一些事情，如果让这种机构来处理，会比任何一个现存的政府机构做得更为理想。

在政府背景下合法动用武力以处理民间纠纷的道理是容易理解的。只有当一个人企图用武力侵犯他人，或者在一些特定的事件中——是少数人与多数人的行为对抗，要求必须有一个公认的裁决——公然无视法律的存在，才能对它使用武力。这些都是合法使用武力的理由，并且我认为在国际事务中也将适用——如果存在一个世界政府的话。在没有世界政府存在的前提下，在国际事务中动用武力则是另一个问题，我们目前先暂不考虑这种情况。

尽管政府拥有一定行使武力的权力是必要的，而且它也并非总是滥用这种权力。但改革者们仍然认为，应当把这种权力限制在威慑作用的意义上，以此来减少那种不得不使用武力干涉的事情的发生。事实证明这种威慑作用是有效的。比如大多数人绝不会去偷盗，并不仅仅是畏惧法律的缘故，而是在威慑作用下根本没产生这种欲望。如果一个人越是学会去创造生活而不是占有生活，那么他企图去阻挠他人或以暴力侵犯他人自由的可能性就越小。如果人们的眼光更多地投向那些可为人们共享的财富，而不是死盯着那些私人占有的东西——这些东西常常成为冲突的根源——那么就会发现：绝大多数仅仅由于情趣不同引起的个人和组织间的争执与冲突都是可以避免的。对于那些以创造生活为主旨的人来说，完全用不着凭借武力去冒犯别人。许多现在看来绝对需要共同一致的事，其实都可以留给个人自己去决定。过去认为一个国家的居民只能信仰同一种宗教，现在我们知道这是毫无必要的。同样可以发现，随着人们的本性变得越来越宽容，许多我们现在坚持的一致性将变得越来越没有用处甚至有害了。

良好的政治制度应当可以削弱人们的统治欲和使用武力的欲望。这可以通过两条途径实现：首先，增加实现创造潜能的机会或改革教育体制以使这种潜能得到强化。其实，可以减少人们发挥独立潜能的渠道。在政治和经济领域内分散权力，以取代政府要员和工业寡头对权力的垄断，能够使人养成发号施令的习惯的机会大大减少，而这种习惯往往是暴虐统治的温床。实行地区或组织的自治，就可以减少政府插手的机会。废除资本主义及其工资制度，将会使人们免受恐惧和贪婪的侵蚀——这两种相互联系的情感几乎使所有的生命遭到摧残，濒于窒息。

似乎很少有人认识到我们遭受的许多不幸都是完全不必要的，只要大家共同努力，用不了几年就可以把它们消灭。如果每一个文明国度的大多数人都这样认为，那么可能只需要二十年的时间，我们就可以铲除所有惨不忍睹的贫穷，几乎一半的疾病以及束缚着百分之九十人口的经济上的奴役。我们可以使这个世界更加美丽诱人，充满欢乐，更重要的是可以使普遍的和平在世界长存。可是就是因为人们的冷漠使这一切都无法实现！人们的想象力好像已经枯竭，似乎在任何事物都只能是他现在的模样而不能有丝毫改变！我们只有借助于美好的愿望、慷慨的胸怀和人们的聪明才智来改变这一切了。

五、论权力

1. 权力冲动

人与其他动物之间存在着许多区别，有些是智力上的，有些是情感上的。情感上的主要区别之一，在于人类的某些欲望与动物的不同，是漫无边际的，而且不能获得完全的满足。蟒蛇吃饱了就去睡觉，一直睡到食欲恢复的时候；如果说别的动物不是这样，那是因为它们的食物不够或是因为它们害怕敌人。除了个别的例外，动物的活动是受生存和繁殖的基本需要的驱使，一般不会超出这些需要所必需的范围。

人却不然。的确，大多数人为了获得生活必需品不得不辛勤劳动，以致没有多余的精力去用于其他目的，但是那些生活无忧无虑的人也并不因此而停止活动。赫西斯出征雅典时，他并不缺少衣食和妻妾。牛顿成为三一学院院士之后，物质上的舒适得到保证，但他正是在此之后才写出《原理》一书。圣弗朗西斯和伊格内修斯·罗耀拉并不需要创立教派来摆脱贫困。这些都是杰出人物，但是除少数极其痴呆的人之外，所有的人都会具有此种品性，只是程度不同罢了。甲夫人对她丈夫经营上的成功坚信不疑，而且没有进济贫院之忧，但她希望比乙夫人打扮得好一点，虽然她可以用少得多的资金来避免患肺炎的危险。如果甲先生被封为爵士或当选为国会议员，甲先生和她都会感到高兴。幻想中所想象的胜利是无止境的，而人们一旦把这些胜利视为可能，就会努力使其成为现实。

想象是一种刺激物，它驱使人类在他们的基本需要得到满足之后，继续进行不懈的努力。我们大多数人很少有机会说出这样的话：

> 假如死亡现在就能到来，
> 那真是快事一桩，因为我害怕
> 我那灵魂会得到完全的满足。
> 再没有这样的舒适，
> 继续留在未知的命运里。

在那殊为罕见的绝对快乐的时刻，我们像奥塞罗那样渴望死亡，是很自然的，因为我们知道满足是不会持久的。我们所需要的那种持久的快乐，对于人类是不可能的：唯有上帝能够享受绝对的快乐，因为“王国、权力和荣誉”都是他的。人间的王国受其他王国的制约；人间的权力因死亡而夭折；虽然我们筑起金字塔或“与不配的诗句联姻”，人间的荣誉仍随着岁月的流逝而消失。那些仅有些微权力和荣誉的人，以为再增加一点权力和荣誉就能满足，但他们错了：这类欲望永无休止和满足，只有在上帝的无垠境界里才能得到安息。

动物满足于生存和繁殖，人类则还要扩张，他们在这方面的欲望仅为想象暗示的可能性所制约。假如有可能，每个人都愿意成为上帝；少数人则感到难于承认这种不可能性。这类人是按照米尔顿的撒旦的模式构成的，他们像他那样，把高尚和不敬合为一体。我所说的“不敬”，是指不依赖神学信仰的东西：我的意思是说否认个人权力的局限性。这种高尚和不敬的泰坦式的结合，在大征服者身上体现得最为明显，但是这种结合的某些成分，在所有人身上都能看见。它使社会合作成为困难的事情，因为我们每个人都喜欢把这种合作想象成上帝和他的崇拜者之间的合作，而将自己摆在上帝的位置上。由此产生出竞争、妥协和管理的需要、反抗的冲动，以及动乱和周期性的暴行，并因此而需要道德来约束无政府主义的自我坚持。

在人类无限的欲望中，居首位的是权力欲和荣誉欲。这两种欲望并不是一回事，虽然它们之间有着密切的联系：英国首相的权力多于荣誉，而英国国王的荣誉却多于权力。然而，一般说来，**获得荣誉最简便的方法是获得权力，**这尤其适用于那些从事公共事业的人。因此，总的说来，荣誉欲所引起的行为与权力欲所引起的行为是完全相同的，实际上，这两种动机可以视为同一的东西。

正统的经济学家，以及在这一问题上与他们完全一致的马克思认为经济上的自身利益可以作为社会科学的基本动机，这是错误的。商品欲若与权力和荣誉分开，那将是很有限的，因为一般的能力即可使其完全满足。真正上乘的欲望不会为物质舒适的嗜好所左右。立法机关以贿赂方式攫为已有的商品，或藏有经专家鉴定的古代名家作品的私人画廊，这些追求的是权力和荣誉，而不是为了得到舒适的住处。当舒适的生活得到保障时，个人和团体所追求的将是权力而不是财产：他们也许以追求财产来作为得到权力的手段，也许为获得权力的增加而放弃财产的增加，但是在这两种情形中，他们的基本动机都不是经济的。

传统经济学和马克思主义经济学中的这一论点，不仅在理论上，在实践上也是极端错误的，它使人们对近年来发生的几起重大事件产生误解。只有认识到权力的嗜好是社会事务中重要活动的起因，历史，无论是古代的或现代的，才能得到正确的解释。

在本书中，我所注重的是证明社会科学的基本概念是**权力**，它的涵义与物理学的基本概念是**能量**相同。和能量一样，权力具有多种形式，如财富、军队、行政机关、舆论控制。这些形式中，没有一种可以视为隶属于它种形式，而且无一是源于它种形式的。单独探讨某一种权力形式——比如说财富——的企图，只能取得部分成功，正如单独研究某一种能量形式将会存在某些缺陷，除非同时注意到它种形式才行。财富也许产生于军队或舆论控制，正如这二者也许产生于财富一样。社会动力学的法则只能从权力的角度，而不能从这种或那种权力形式的角度加以阐述。过去，军队被单独分开，结果，胜败似乎完全取决于指挥员的意外才能。现在，经济权力被普遍认为是产生其他各种权力的泉源，我以为这是非常错误的，正像那些因其影响已不合时宜的纯粹军事历史学家所犯的错误一样。

此外，还有一些人把宣传视为权力的基本形式。这并不是一种新的意见，它在诸如“真理至圣，将来总会胜利”、“殉道者的血是教会的种子”这类自古相沿的格言里已有具体体现。这种意见的真伪程度与上述军事观点或经济观点大体相同。宣传如能造成一种近乎一致的舆论，就会产生一种不可抗拒的力量；但是那些能够控制军事或经济的人，只要他们愿意，就会把这用于宣传的目的。我们再以物理学来作比喻：权力和能量一样，必需视为是能够不断地从一种权力形式转化为另一种权力形式，因此探索这些变化的法则，应当成为社会科学的任务。把任何一种权力形式单独分开的企图，在当今时代，尤其是把权力的经济形式单独分开的企图，曾经是、而且现在仍是实践中屡犯重大错误的根源。

不同的社会关于权力有许多不同之处。首先，个人或组织所具有的权力的程度不同，例如：由于组织的增加，国家现在显然要比过去拥有更多的权力。其次，极有势力的组织的种类不同：军事专制集团、神权政治集团和富豪统治集团是截然不同的种类。第三，获得权力的方法不同：世袭王位产生高贵人物，伟大教士所需品性产生另一种人，民主产生第三种人，战争产生第四种人。

在不存在贵族政府或世袭君主政体这样一种社会制度的地方，能够得到权力的人数受到限制，广义地说，最渴望权力的人就是最可能获得权力的人。因此，在权力之门对所有人敞开的社会制度里，能够授予权力的职位，通常为那些好权之心非同凡响的人所占据。权力的嗜好虽然是人类动机中最强烈的一种，可是它分配得很不平均，而且受到其他动机的限制，如舒适的嗜好、娱乐的嗜好，有时还有赞许的嗜好。权力的嗜好在怯懦者身上伪装成服从领导的冲动，这扩大了胆大者权力冲动的范围。权力冲动并不强烈的人，对于重大事件的进程大概不会产生很大影响。一般说来，引起社会变革的人是那些非常希望这样做的人。因此，权力的嗜好是那些最终成为显赫人物的一个特点。当然，如果我们把它视为人类的唯一动机，那是错误的，但是这种错误并不像人们所想象的那样，会使我们在探求社会科学因果规律时深陷歧途，因为权力的嗜好是产生社会科学所需研究的变革的主要动机。

社会动力学的法则——我是这样主张的——只有以各种形式的权力为依据才能得以阐明。要发现这些法则，首先必需将权力的形式进行分类，然后再对组织和个人支配人类生活的方法的各个重要历史先例加以回顾。

我始终抱有两个目的，一方面提出我自信比经济学家们所提供的要恰当的关于社会变化的一般分析方法，另一方面使现在和不远的将来变得比那些其想象力受十八和十九世纪支配的人所能理解的要容易理解。这两个世纪在许多方面都是特殊的，我们目前在某些方面似乎正在恢复早期所流行的生活和思维方式。要了解我们这个时代及其需要，古代史和中世纪史都是不可或缺的，因为只有这样，我们才能得到不受十九世纪公理过分支配的可能的进步形式。

2. 领袖与追随者

权力冲动有两种形式：在领袖身上是明显的，在其追随者身上是隐含的。人们愿意追随领袖，以便使他所领导的团体获得权力，他们觉得他的胜利就是他们自己的胜利。大多数人都会感到自己不具备领导他们的团体赢得胜利的能力，因此总要找出一个似乎具有获取最高权力所需勇气和远见的首领。甚至在宗教方面，这种冲动也有表现。尼采指责基督教反复灌输奴隶道德，但最后的胜利总是目的。"温顺之人是有福的，因为他们将继承这块土地。"下面这首众所周知的圣歌表述得更为明确：

上帝的儿子奔赴沙场
夺取王冠。
他那火红的战旗在远处飘扬，
谁是他的士兵
谁能畅饮悲哀之酒，
战胜痛苦，
谁能忍受十字架的折磨，
他是他的士兵。

如果这是一种奴隶道德，那么每个能够忍受战斗之苦的士兵和每个努力竞选的普通政客都应视之为奴隶。但是事实上，在一切真诚合作的事业中，追随者在心理上和领袖一样，完全不是奴隶。

这使得人们能够忍受组织所造成的不可避免的权力不均，并且这种现象会随着社会越发有机化而不断加剧。

权力分配不均的现象在人类社会中始终存在，源于我们的知识所能追溯的远古。这一部分是因为外界的需要，一部分是由于人性内在的因素。大多数集体企业都非得有一个董事会来领导不可。要建造一幢房子，必需有人设计好方案；要在铁路上行驶列车，时刻表绝不能由司机随意决定；要建筑一条新路，必需有人规划它的路线。即使是民主选举的政府，也毕竟是政府，因此，根据与心理学毫无关系的理由，如果要使集体企事业获得成功，既要有发号施令的人，也要有服从命令的人。但是这所以成为可能，特别是权力实际上的不平等超过技术因素所要求的这一事实，只能从特殊心理学和生理学的角度加以解释。有些人的品性使得他们总是命令他人，有些人则总是服从他人。在这两个极端之间是占大部分的普通人，他们在某些情况下喜欢命令他人，其他情况下则愿意服从领袖。

阿德勒在他所著的《人性的理解》一书中对顺从型人和专横型人加以区分。他说：“奴性的人总是按照他人的法规生活，这种人近乎强迫地要找到奴隶地位。”他接着说，另一方面，专横型人则总是问：“我怎样才能居于一切人之上？”在需要领导者的时候，这种人就会被发现，而且在革命时期往往取得最高职位。阿德勒认为这两种人都是不应当有的，至少他们的极端形式是这样，他把这两种人视之为教育的产物。他说：“官方教育最大的害处是，它使儿童产生权力的理想，并向他们展示获得权力所具有的愉快。”我们也许可以补充一句：官方教育在产生专制型人的同时，也会产生奴隶型人，因为它使人感到两个合作者彼此之间唯一可能的关系，只能是一个人指挥，一个人服从的关系。

各种有限形式的权力嗜好几乎是普遍的，但它的绝对形式却是罕见的。一个有权管理家务的女人也许害怕首相所享有的那种政治权力；与此相反，林肯虽然不怕统治美国，但却不能应付家庭内战。假如“贝勒丰”号船失事，拿破仑也许会逃到小艇上，驯服地听从英国军官的命令。人们相信自己有能力处理眼前事务时，他们就会喜欢权力，但是当他们知道自己没有能力时，他们宁愿追随领袖。

顺从的冲动和指挥的冲动一样现实、一样普遍，它来源于恐惧。无法无天的孩子在紧急情况下（例如失火），会绝对服从有能力的成年人的命令；欧战爆发后，潘克赫斯特的信徒们和劳埃德，乔治言归于好。凡有重大危机时，大多数人的冲动是找到一种“权威”并服从它。在这种时候，很少有人幻想革命。当战争爆发时，人民对于政府也有类似的感觉。

组织并不一定是为应付危险而构成的。经济组织在某些情况下（如煤矿）含有危险性，但这些危险是意外的，如果得以排除，那组织将会更兴盛。总的说来，应付危险并不是经济组织的主要目的，而且也不是管理内务的政府组织的主要目的。但是海上救生队和消防队却和陆海军一样，是为应付危险而建立的。在间接的意义上，宗教团体也是如此，它们所以存在，部分是为了减少深埋在我们天性中的形而上学的恐惧。如果有谁对此表示怀疑，请他想一想下面这类圣歌：

> 时代的岩石为我裂开，
> 让我把自己深藏其间。

或者：

> 当汇合之水滚滚而来，
> 当急风暴雨折木飞屋，
> 耶稣，我灵魂的情人，
> 让我朝你的胸前飞去。

服从神的意志会产生一种无与伦比的安全感，这种感觉曾使许多不服从任何尘世之人的君王对宗教表示谦卑。服从源于恐惧，无论我们所服从的领袖是人还是神。

侵略往往也是源于恐惧，这已成为一种普遍的说法。我认为这个理论过于绝对。就某一种侵略而言，这是不错的，例如D·H·劳伦斯的侵略。但是，我很怀疑做了海盗的人是否正充满着他们父辈所曾有过的恐怖。或者拿破仑在奥斯特里齐时是否真的感到他正在报复梅里夫人。我对阿蒂拉的母亲一无所知，但我十分怀疑她将她的小宝贝宠坏了，以至他后来感到世界令人厌恶，只是因为它有时违背他的意念。我认为，怯懦所产生的那种侵略不是那种能够鼓舞伟大领袖的侵略；伟大领袖大凡都具有一种特殊的自信心，它不仅在表面上，而且深入到下意识里。

领袖所需自信心的产生，有多种方式。在历史上，一种最普通的方式就是世袭的统治地位。例如，读了伊丽莎白女王在危急时刻的演说，你会发现君主的权威高于那女人，使她相信，再通过她使全国相信，她知道必需做的事情，而这不是平民百姓所能希望做到的。这样，人民的利益和君主的利益并行不悖；这是她成为“贤明的贝斯女王”的原因。她甚至可以称赞她的父亲，而不会引起人民的不满。毫无疑问，发号施令的习惯使人易于承担责任并迅速做出决断。服从世袭首领的部落也许比通过抽签选举首领的部落要优越。另一方面，类似中世纪教会这种团体总是根据卓著的功绩来选出它的首领。而且通常只有那些已担负重要行政职务的有丰富经验的人才能当选，这种团体平均得到的结果较之同时期的世袭君主国家所得到的结果要好得多。

历史上几个著名的极有才能的领袖是在大变革的形势下崛起的。让我们暂且探讨一下使克伦威尔、拿破仑和列宁获得成功的那些品性。这三个人都是在困难时期支配着他们各自的国家，并赢得本性不喜欢服从的人们的自愿服从的。这三个人都具有无限的勇气和自信，并能做出为他们同事所承认的困难时期的正确判断。然而，在这三个人中，克伦威尔和列宁属于同一种类型，拿破仑则属于另外一种类型。克伦威尔和列宁是具有深刻宗教信仰的人，他们相信自己是非人类意志的指定执行者。因此，他们的权力冲动在他们看来是绝对正当的，他们对于诸如奢侈和舒适一类权力的报酬毫不介意，这些报酬和他们与宇宙的意志合为一体是不能调和的。这尤其适用于列宁，因为克伦威尔在其晚年自知陷入罪恶。然而，在这两种情形中，都是信仰和巨大才能的结合给他们以勇气，并使他们能激励他们的追随者相信他们的领导。

拿破仑与克伦威尔和列宁相反，他是行伍之人的最高典范。法国革命使他时来运转，因为它给他提供了机会，否则他对革命是不会关心的。虽然他满足了法国人的爱国心，而且以此为依靠，但法国也和这次革命一样，对于他不过是一种机会。他在青年时代甚至怀有为科西嘉而反对法国的意念。他的成功与其说是由于性格上的特殊品质，不如说是由于他战术上的高超：在别人会失败的时候，他却是胜利者。在千钧一发之际，如二月十八日政变和马伦哥战役，他的胜利是依靠他人取得的，但是他有奇特的本领，能将他助手的功劳据为己有。那时法国军队充满了野心勃勃的青年；使拿破仑在别人失败的地方获得成功的，是他的智慧而不是他的心理。他对于他之星宿的信仰（这最终导致他的覆灭），是他胜利的结果，而不是他胜利的原因。

说到我们这个时代，从心理学的角度出发，希特勒应当归于克伦威尔和列宁这一类型，墨索里尼则应归于拿破仑这一类型。

行伍之人或海盗首领在历史上要比“科学的”历史学家所想象的更为重要。比如拿破仑，他成功地使自己成为人们的领袖，而这些人所怀抱的目的在某种程度上是非个人的：法国革命军把自己想象成欧洲的解放者，他们在意大利也这样被人看待，联邦德国的许多人也有同样看法，但是拿破仑本人除了有利于他自己的事业外，从未给欧洲带来更多的自由。非个人目的的借口并不是常有的。亚历山大也许可以着手将东方希腊化，但是他的马其顿人对他在这方面的战役是否有兴趣，是很值得怀疑的。在共和时代的最后一百年里，罗马将军们主要是出去捞钱，以及通过分配土地和珠宝取得士兵们的忠诚。塞西尔·罗兹声称对不列颠帝国有一种神秘的信仰，但是这种信仰赢得了一大笔红利，而他招募来征服马塔贝勒兰的骑兵则受到赤裸裸的金钱引诱。略有掩饰或百无禁忌的有组织的贪婪行径，在世界战争中曾扮演极为重要的角色。

我们说过，安分守己的老百姓服从领袖主要是由于恐惧的作用。但是这很难适用于海盗，除非没有更和平的职业供他们选择。领袖的权威一旦建立，他就可以在反叛的个人中引起恐怖，但是在他尚未成为领袖，而且未经大多数人承认以前，他是不能引起恐怖的。要获得领袖的地位，他必需具有产生权威的杰出品质：自信心、迅速决断和采取正确措施的才能。领袖地位是相对的：恺撒能使安东尼服从他，但是别人却不能。大多数人感到政治是困难的，他们最好还是追随某个领袖——他们的这种感觉是本能而无意识的，就像狗跟随它们的主人一样。如果情况不是这样，集体的政治行动几乎是不可能的。

因此，权力的嗜好，作为一种动机，受到怯懦的限制，而怯懦也限制了自我管理的欲望。由于有权比无权更能使我们实现自己的欲望，而且权力还能使我们赢得他人的尊敬，所以撇开怯懦的影响不谈，人们自然希望得到权力。这种怯懦因责任心的习惯而减弱，因此责任心有助于权力欲的增强。残酷无情和冷若冰霜的经历可以在两方面起作用：对于那些胆怯之人，它产生避人耳目的愿望，而胆大之人却被刺激起来寻求他们可以实施暴戾，而不受虐待的地位。

在无政府状态之后，第一个自然步骤是专制，因为支配和服从的本能机制有助于此举的产生；这在家庭、国家和商业都有例证。平等合作比专制要困难得多，与本能更是相去甚远。当人们试图平等合作时，每个人自然会争取全面控制，因为服从的冲动在这里不起作用。一切有关人员几乎必需对他们以外的事情表示共同的忠诚。在中国，由于儒家尽忠家庭的观念，家庭事业往往成功；但是非个人的合股公司每易陷于困境，因为无人会对其他股东具有不能不诚实的动机。凡是实行政治协商的地方，若要获得成功，人们必需尊重法律，或尊重国家利益，或尊重各派都应遵守的某些原则。朋友会必需决定某项疑案时，他们既不投票表决，也不听从大多数人意见，而是一直讨论到“众所公认”，这种“公认”被视为是圣灵的指示。在他们这种情形，与我们有关的是一种非常一致的团体，但是如果没有某种程度的统一性，政治协商是行不通的。

那种足以使政治协商成为可能的一致感，在下列场合容易产生：类似佛格和罗思柴尔德那样的家族、类似公谊会教徒那样的小型宗教团体、野蛮部落、进行战争或面临战争威胁的国家。但是外部压迫几乎是不可或缺的：团体成员因害怕分裂而团结一致。共同的危险是产生统一性最简便的方法。然而，这并不能使世界上的权力问题全部得到解决。我们希望防止目前能够产生内聚力的那些危险，例如战争，但是我们并不希望破坏社会合作。这个问题在政治上和心理上都是很困难的，如果我们用类推法来判断，这个问题也许可以通过某个民族的初期专制来解决。由于各民族已习惯于“自由否决”，民族间的自由合作像被分割前的波兰贵族间的合作一样困难。在这种情况下，消灭也许比常识更可取。人类需要政府，但是在无政府状态占优势的地方，人们首先只会服从于专制。因此，我们必需先求政府的巩固，即使它是专制的，因为只有当政府为人们所习惯之后，我们才能希望成功地使它民主化。“绝对的权力在建立组织时是有用的。要求权力服务于一切有关方面利益的社会压力，虽然发展得比较缓慢，但却同样可靠。这种始终存在于宗教史和政治史中的压力，现已开始在经济领域里出现。”[①]

以上所说的是领导和服从的人，但还存在着第三种人，那就是超脱者。有些人有勇气拒绝服从，但他们并没有那种能引起领导欲望的专横。这种人不易适应社会机构，无论怎样总设法觅得一躲避处，在这里他们多少可以享受到独居的自由。具有这种性格的人有时在历史上占极重要的

① 伯利和米恩斯：《现代公司与私有财产》，第353页。他们指的是实业公司。

地位；早期的基督教徒和美洲的开拓者都属于这种人。躲避有时是精神上的，有时是物质上的；它有时要求躲避处的绝对僻静，有时则要求修道院的共同孤独。精神上的超脱者包括秘密教派的信徒、无害时尚的追随者和深奥而无关紧要的学问的研究者。物质上的超脱者包括文明边远地区的探寻者和诸如贝茨那样的考察者，贝茨是“亚马逊河上的博物学家”，他愉快地生活了十五年，除了印第安人之外，再没有别的伙伴。隐士性格中的某种东西是多种美德的主要成分因为它能使人们抵抗声望的诱惑，不顾一般人的歧视或敌意，始终从事重要工作，并且得出和流行的错误相反的意见。

在这些超脱者当中，有些人并非真的对权力漠不关心，只是不能以平常的方式取得权力罢了。这些人可以成为圣徒或异教首领，修道团体的组织者或文学艺术的新派创始人。他们把那些兼有服从嗜好和反抗冲动的人收做自己的门徒；后者可防止正统观念，前者则习惯于对新原则不加鉴别地采用。托尔斯泰和他的追随者就属于这一类型的人。真正的隐居者是截然不同的。忧郁的雅克是这一类型人的极好例证，他和好公爵共过流放生活，因为这是流放生活，后来他宁可和坏公爵留在森林里，也不愿回到宫廷。许多美洲开拓者长期忍受艰苦和贫困，但当文明又赶上来时，他们卖掉田地，继续向西迁移。对于具有这种性格的人，世界所提供的机会将会越来越少。有些人不知不觉地陷入犯罪行为，有些人则倾向于郁闷的和反社会的哲学。他们和同类人接触过多便产生愤世嫉俗之念，如达不到超脱的目的，自然会转向暴力。

在怯懦者当中，组织的发展不仅是因为对于领袖的服从，而且是因为自己是一群感觉相同的人中间的一员而感到放心。在目标一致的热烈集会上，有一种热情和安全交织的得意感：这种共有的情绪越发强烈，直到排除一切其他情感，只剩下一种因“自我”倍增而产生的权力兴奋感。集体兴奋是一种绝好的麻醉，其间，理智、人道主义、甚至自我保存很容易被遗忘；其间，残忍的屠杀和英勇的殉难同样是可能的。这种麻醉和其他种麻醉一样，它的快感一旦被体验到，是很难抗拒的，但它后来会导致漠然和厌倦，若要再产生以前的热情，那就需要越来越强烈的刺激。

虽然领袖对于这种情绪并不是必不可少的，因为这种情绪也可以通过音乐和群众目睹的兴奋事产生，但是演说家的言辞却是激起这种情绪最简便、最普通的方法。因此，集体兴奋的快感是领袖权力中一个重要的因素。领袖无需分享他所激起的情感；他可以像莎士比亚笔下的安东尼那样对自己说：

> 现在让它去起作用：恶魔，你出发吧，
> 任你选择你愿意走的路程！

但是，除非领袖有能力控制他的追随者，否则他将很难成功。因此，他倾向于选择使他容易成功的那样一种处境，那样一群乌合之众。最理想的处境是：危机严重到使人们尚有勇气战胜它，但又没有可怕到恐怖占有优势——

例如，与人们认为可怕的，但并非不能战胜的敌人进行战争。老练的演说家希望激起好战的情感时，他会使他的听众产生两层信念：在表层，夸大敌人的力量，以证明极大的勇气是必需的，在深层，有必胜的信念。这两层信念在“公理将战胜强权”这一类口号中有所体现。

演说家所希望的是这样一群乌合之众：他们少思考而富于情绪，他们充满恐惧和随之而来的仇恨，他们对于迟缓而渐进的方法感到不耐烦，而且立刻会被激怒，但又满怀希望。演说家如果不是彻底的愤世嫉俗者，他会得到一套可为他的行动辩护的理论，他会认为，情感是比理智更靠得住的向导；我们的见解应当用血而不是用脑形成；人类生活中最美好的成分是集体的，而不是个人的。如果他能控制教育，他会使教育由训练和集体麻醉组成，而将知识和判断留给无人性科学的冷酷信徒。

然而，爱好权力的人并非全属于演说家这一类型。还有一些完全不同类型的人，他们的权力嗜好是由控制机械培养起来的。现以布鲁诺·墨索里尼对阿比西尼亚战役中他的空中业绩的描述为例：

> 我们必需使长有树木的山丘、田野和小村庄燃起烈火……这是极有趣味的事情。……炸弹刚一接触地面，立刻化为白烟和巨大的火团，于是干草开始燃烧。我想到了动物：上帝，它们是怎样地奔跑……炸弹架空了以后，我开始用手投弹……真是太好玩了：一座大房子被围在高树中间，很难投中。我全神贯注地对

> 着稻草铺的屋顶瞄准，一连投了三次才成功。住在里面的可怜虫，看见他们的屋顶着火，一下窜到外边来，像疯子似的跑去了。
>
> “五千名阿比西尼亚人被围在烈火中间，落得个可聆的下场。这真像一座地狱。”

演说家要想获得成功，需要很多直觉心理，而布鲁诺·墨索里尼这种类型的飞行员无需更多的心理，只要知道被烧死不是一件愉快的事情，便能产生快感。演说家是古代型人；权力基于机械的人是现代型人。但也不是完全现代的：例如，书上有过在第一次布匿战争的末期，迦太基人的大象被用来踩死叛变的外国雇佣兵的描写，那些人的心理，虽然并非科学，和布鲁诺·墨索里尼的心理毫无二致。但是相对说来，机械权力在我们这个时代，较之以前任何时代更有特色。

依赖机械权力的寡头统治者的心理尚未在各处完全发展。然而，它是一种迫近的可能，而且从量的方面来说，虽不从质的方面说，它是全新的。目前，一个受过专门训练的寡头政治集团，通过控制飞机、海军、发电站、汽车运输等等，建立起一种几乎无须安抚国民的独裁统治，是完全可能的。拉普塔帝国能维持下去，是它在太阳和一个企图叛变的省份之间干预权力的结果；几乎同样激烈的事情对于科学家的联合是可能的。他们可以使饥困不顺从的地区，在鼓励人们依赖光、热和电力之后，再夺去这些舒适的来源；他们可以使毒气和细菌充斥这样的地区。抵抗是毫无希望的。处于统治地位的人若受过机械方面的训练，他们对待人才就像对待他们自己的机器一样，把他们视为一种受法律制约的没有情感的东西，而这些法律，控制者可以根据自己的利益来利用。这样一种制度所表现的特征，是一种冷酷的残忍，与我们所知道的以往的暴政相比，有过之而无不及。

本书中的论题是治人的权力，而不是治物的权力；但是建立一种以治物之权为根据的工艺的治人之权是可能的。那些惯于管理有力的机械，而且通过这种管理已获得治人之权的人，对他们的臣民具有一种富于想象力的见地，这种见地与那些依靠说服，无论它何等虚伪的人的见地截然不同。我们大部分人都曾毫无理由地扰乱过蚂蚁窝，然后兴致勃勃地观看所引起的混乱场面。从一座高耸入云的建筑的顶部俯瞰纽约市的交通，下面来往的人们失去人的形象，变成一种模糊不清的怪物。假如有人能像佐夫神那样有雷电为武器，他会感到一种诱惑，将他的武器投向人群，其动机和扰乱蚁窝的动机是一样的。这显然也是布鲁诺·墨索里尼从他的飞机上俯瞰下面的阿比西尼亚人时所具有的情感。假设有一个科学的政府因害怕被人刺杀总是住在飞机里，只是偶尔降落在高塔顶端或海面的木排上。试问这样的政府会对其人民的幸福表示深切的关心吗？相反，当一切顺利的时候，这样的政府会以毫无情感的态度对待人民，就像对待它的机器一样，但是一旦有什么事情凑巧暗示他们毕竟不是机器时，它就会像长官的理论受到下属的怀疑那样感到愤怒，并以最简便的方式消灭他们的反抗，事实难道不是这样吗？

读者可能认为这一切不过是毫无根据的梦魇。但愿我能同意这一观点。我相信，机械权力必然产生一种新思想，这使得设法控制政府比以往任何时代都更为重要。由于技术的发展，民主也许会变得更为困难，但它也会变得更为重要。那拥有巨大的机械指挥权的人，如果得不到控制，也许会觉得自己是神——不是基督教的爱神，而是异教的雷神或火神。

意大利诗人雷奥帕第曾这样描述火山活动在维苏威山坡上留下的痕迹：

> 这些地方现在覆盖着
> 不毛的灰烬，镶嵌着
> 凝成石块的熔岩，
> 它在孤寂的游客脚下发出回声；
> 长虫盘卧在阳光下凄息，
> 从那多孔岩石的裂缝里，
> 兔子奔回家中——
> 这里曾是幸福的田园，
> 耕地、金色的麦浪，还有那鸣叫的牛羊；
> 这里也曾有过花园和宫殿：
> 权贵们闲暇隐居的地方；
> 愤怒的山岳，从它血盆般的大嘴里，
> 喷射出滚滚的熔岩，
> 城市和居民荡然无存。

这里的一切

现已在巨大的废墟下长眠。

现在人类也可以造成这类后果。这类后果在革尼加出现过，也许不久还会在伦敦出现。我们对凭借这种破坏行为爬上统治宝座的寡头政治集团，还能有什么美好的期望？被这些新天神的雷电毁灭的即使不是伦敦和巴黎，而是柏林和罗马，在这种行为之后，难道还会有人在毁灭者中幸存吗？那些尚有人类情感的人难道不会先被受到抑制的怜悯逼疯，从而变得比那些无需抑制他们的同情心的人更不如吗？

从前，人们把自己卖给魔鬼以获得魔法。现在，他们已能从科学中得到这些魔法，并觉得自己不得不变成魔鬼。世界是没有希望的，除非权力能被驯服，从此不为这个或那个狂热的暴君集团服务，而为全人类——白种人、黄种人、黑种人、法西斯主义者、共产主义者和民主主义者服务；因为科学已造成这不可避免的事实：人类必需生存，否则必需死亡。

3. 经济的权力

经济的权力与军事的权力不同，它不是原始的，而是派生的。在一国之内，它依赖法律；在国际交往上，它仅就细小问题依赖法律，但是一牵涉到重大问题，它就依靠战争或战争威胁。人们习惯于不加分析地承认经济权力，这导致现代人在解释历史的因果关系时，过分强调与战争和宣传对立的经济。

除劳工的经济权力以外，最后分析起来，所有其他经济权力都能在必要时通过武力来决定谁能获许停留在某块土地上，把东西放进拿出。在某些情况下，这是显而易见的。波斯南部的石油归英波石油公司所有，因为英国政府已规定他人不得在此出入，而且它迄今仍有足够的力量来实现它的意志；但是，假如英国在一次重要的战争中失利，这所有权恐怕就会改变了。罗得西亚[1]的采金地属于某些富豪，因为英国的民主政体认为值得与洛宾古拉进行战争，以使这些人发财。美国的石油归某些公司所有，因为它们对这些石油享有合法的权利，而且美国的军队准备实行这种法律；油区原主印第安人没有合法的权利，因为他们是战争中的失败者。洛林的铁矿究竟属于法国人或德国人，完全取决于最近这场战争中谁是战胜国。

这种分析法也适用于较为模糊的情形。为什么佃农必须交纳耕地的佃租？为什么他能够出售他的粮食？他必须交纳佃租，因为那土地“属于”地主所有。地主拥有土地，因为那土地是他从另一个人那里用钱买或继承来的。如果追溯他的所有权的历史，我们最终将会找到某个凭借暴力获得这块土地的人——或通过为恩赐某位朝臣而行使的国王的专制权力，或通过类似撒克逊人和诺曼人所进行过的大规模的征服。在这些暴行之间的间隙，国家的权力被用来确保所有权的依法转移。而土地的所有权就是决定谁应

[1] 非洲人称为津巴布韦。——译注

获许占有土地的权力。因为这种许可，农民应当交纳佃租，因为这种许可，他可以出售他的粮食。

实业家的权力属于同一类型；最后分析起来，它依赖于封闭工厂，这就是说，它依赖于下列事实：工厂主可以求助国家的力量来防止未经许可的人进厂。在舆论的某种状态下，国家也许不愿意满足工厂主在这方面的要求；其结果是使工人留在厂内罢工成为可能。一旦国家允许罢工，所有权立即不再全部归雇主所有，在某种程度上开始为雇员所分享。

信用比其他种经济权力更为抽象，但并非是本质上的不同；它依靠合法权利将剩余消费品从生产者手里转给那些从事非直接生产工作的人。就私人或借款的公司而言，契约可通过法律发生效力，但是就政府而言，最后的裁决乃是别国政府的军事权力。这种裁决可以失效，如在革命后的俄国；当它失效时，借方就会把贷方的财产据为己有。例如，有权决定谁能进入利那采金地的是苏维埃政府，而不是战前的股东。

因此，私人的经济权力取决于政府在必要时根据一套关于谁应获准进入地段的规则使用它的武力的决定；政府的经济权力则是部分依靠它的武力，部分依靠它国政府对于条约和国际法的尊重。

经济的权力与政府的关系在某种程度上是互惠的；这就是说，一群人联合起来可以获得军事权力，而获得军事权力之后，又可拥有经济权力。事实上，最终获得经济权力可能是他们所以联合的最初动机。我们可以想一想淘金热所引起的那种半无政府状态，如一八四九年加利福尼亚的情形，或几年后维多利亚的情形。一个拥有在他自己产业上合法取得的黄金的人，直到他把黄金存进银行，才能说拥有经济权力。在此之前，他易遭抢劫和谋杀。在包括一场混乱的绝对无政府状态下，黄金是毫无用处的，除非某公极为敏捷，能凭借他的手枪反抗一切攻击者，而自己不受伤害；即使对他来说，黄金也只不过是供鉴赏的悦目之物，因为他能以暗杀的威胁来满足自己的需要，而不必付款。这种状况必然是不安定的，也许那种人烟极为稀少且囤粮满仓的地区除外，农业也将无法进行，除非采取措施制止侵占土地和盗窃粮食。

显而易见，一个由若干文明人（如涌往新金矿的人）组成的无政府团体，很快就会形成一个诸如“治安维持会”那样的管理机构。精力旺盛的人们会联合起来阻止他人抢劫；如果没外部权力的干涉，他们也会抢劫他人，但是他们会适可而止，因为有杀鸡取卵之忧。例如，他们也许索取某人的一部分收入作为他们提供保护的报酬。这被称之为所得税。一旦有了决定给予保护的命令，武力的统治立刻会伪装成法律的统治，于是无政府状态即告停止。但是，法律与经济关系的主要根据，仍是治安维持会的军事权力。

当然，历史的演进不同于这种情况，因为它是渐进的，而且通常不会依赖这样一种人：他们习惯于那种比他们当时所处的制度更为文明的制度。不过，当有外来征服时，与上述情况极为相似的情形仍会出现，尤其当征服者是少数人时；而且土地所有权一般可以追溯到某种类似的征服。在国际经济关系上，我们尚未达到以首次成立治安维持会为体现的阶段：较为强大的民族仍在分别以死的威胁从较为弱小的民族那里榨取金钱。这方面的例证是最近英国和墨西哥在石油问题上的交易，或者更确切地说，如果没有门罗主义[1]便会发生的事情。一个更有说服力的实例是“凡尔赛条约”的赔偿条款。但是在文明国家的内部经济体制中，合法的根据是很复杂的。教会的财产依靠传统；雇佣劳动者通过工会主义和政治行动，已得到相当多的好处；妻子和子女享有以社会道德情感为依据的权利。但是，无论国家所制定的经济规则怎样，幕后的军事权力对于这些规则的实施是必不可少的。

就私人而言，国家所制定的这些规则是法律的有关部分。法律的这一部分，与其他所有部分一样，只有得到舆论的支持，才能发生效力。舆论依照第八戒律[2]，严厉谴责偷盗行为，把“偷盗”定义为以法律所谴责的方式获得财产。因此，私人的经济权力最终依赖于舆论，即依赖于对偷盗行为的道德谴责和那种使偷盗得到法律定义的情感。在这种情感微弱或不存在的地方，财产就面临危险；例如，斯大林开始他的事业时是一个为共产主义施展才能的绿林好汉。我们已经看见教皇如何利用职权来解除人们履行第八戒律的道德义务，结果使他得以在十三世纪操纵意大利

① 一八二三年，由美国总统门罗提出，口号是“美洲是美洲人的美洲”。

② 基督教共有十诫，内容是：不许拜别神；不许制造和敬拜偶像；不许妄称耶和华名；须守安息日为圣日；须孝顺父母；不许杀人；不许奸淫；不许做假见证；不许贪恋他人财物。

的银行家。

一国之内的经济权力，虽然最初导源于法律和舆论，容易获得某种独立性。它能以贿赂影响法律，以宣传影响舆论。它能使政客负有干涉他们自由的义务。它能以制造财政危机进行威胁。但是，它能做到的事情有着非常明确的界限。恺撒在他的债主的帮助下取得政权，因为这些债主发现欠款偿还无望，除非使他赢得胜利；但是在他成功后，他有足够的力量向他们挑战。查理五世从佛格家族借到购买皇位所必需的盗金，但是当他做了皇帝时，他开始蔑视他们，结果他们失去了全部借款[①]。当今时代，伦敦市在帮助德国人复原时，也有类似的经历；提森帮助希特勒上台也是如此。

让我们暂且讨论一下民主国家里面的富豪统治集团的权力。它一直未能将亚洲的劳工引入加利福尼亚或澳大利亚，初期的少数人除外。它不能消灭工会主义。它不能免除富人的重税，尤其是在英国。而且它也不能阻止社会主义的宣传。相反，它能阻止由社会党人组成的政府实行社会主义，如果他们拒不服从，他们能够通过制造危机和宣传来搞垮他们。即使这些手段不能奏效，它也能挑起内战，

① 佛格家族无法抗拒哈布斯勃格的借款人。他们不仅把款借给查理五世，而且还借给他之前的马克西米连一世和他之后的西班牙后裔。《佛格家族新闻信札》的前言中写道："西班牙国王至少从佛格家族借到四百万杜加，而且从未偿还，据估计，在与东西部哈布斯勃格人的商业交易中，他们累计亏损达八百万弗罗林，这一估计决非夸大……若不是因为他们（佛格家族），德国的基督教改革运动可能会毫无阻力地获得成功。这个家族最有能力的成员苦斗了一个世纪，但是除了一大堆昂贵的羊皮纸文稿和作为债务抵押的大量地产，什么也没给他们不计其数的后嗣留下。"

以阻止社会主义的建立。这就是说，在问题简单、舆论明确的地方，富豪统治集团是毫无力量的；但是在舆论不一，或为问题的复杂性所迷惑的地方，富豪统治集团则是可以获得所希望的结果的。

工会的权力是与富人权力相反的东西。工会能够排斥有色人种的劳工，防止自己被消灭，保护沉重的遗产税和所得税，并且保持自己的宣传自由。但是，工会至今不能实行社会主义，或保持它们所喜欢、但为大多数人所怀疑的政府的执政地位。

因此，经济组织在民主国家影响政治决议的权力是受舆论限制的，而舆论在许多重大问题上是不为宣传所左右的，即使是很强有力的宣传。现存民主政治所具有的现实性，比许多资本主义反对者所愿意承认的要多。

虽然经济权力在法律规定范围内最终取决于土地的所有权，但是在现代社会，那享有最多权力的并不是名义上的土地所有者。在封建时代，拥有土地者即拥有权力；他们可以根据“劳工法”来解决工钱问题，并通过大屠杀来处理新生的信用权问题。但是，在工业体系发达的地方，信用已变得比名义上的土地所有权更有力量。土地所有者明智或不明智地借款，这使他们成为银行的附属物。这是司空见惯的事情，因此往往被人看成完全是生产技术改变的结果。然而，事实上，正如我们从印度发生的事情中所看到的，在这块农业技术并不发达的地方，这完全是国家实施法律的权力和决心所造成的结果。在法律不够有力的地方，贷方不时遭到借方的暗杀。而后者又总是同时烧毁能够提供负债证据的所有文件。自从有了自愿的贷款者，每个与土地有关的人，上自王侯下至农民，都醉心于借款；但是，只有在法律受人尊重且加以实行的地方，借款者才会不得不偿付利息，直到他破产为止。在存在这种情形的地方，导源于地产的经济权力从借款者手里转移到贷款者手里。而在当代社会，贷方通常是银行。

在一个现代化的大公司里，所有权和权力决不是非结合不可的。关于这一问题在美国的情况，在伯利和米恩斯合著的一部很重要的著作《现代公司与私有财产》（一九三二年）里，已有权威性的研究。他们断言说，虽然所有权是离心的，但经济的权力却是向心的；经过一番极认真、极彻底的调查研究，他们得出这样一个结论，即美国的一半工业是由两千人控制的。他们把现代的总经理视同昔日的国王和教皇；他们认为，把这些人当作亚历山大大帝来研究，比把他们视为亚当·斯密书中出现的商人继承人，更易于明了他们的动机。这些大型经济组织的权力集中——他们这样论证——很像中世纪教会或民族国家中的情形，这使得公司能以平等的地位与国家抗衡。

这种集中产生的原因，是很容易看出来的。例如，铁路公司的普通股东对于铁路的管理是没有发言权的；从理论上说，他可以享有同国会选举时一般选举人对国家管理一样多的权利。但是实际上，他的权利比这要少得多。铁路的经济权力总是操在极少数人手里；在美国，这一权力往往操在一个人手里。在所有发达国家，大部分经济权力是属于一个小集团的。有时这些人是私人资本家，如在美国、法国和英国；有时他们是政客，如在德国、意大利和苏联。这后一种制度产生于经济权力和政治权力结合的地方。经济权力集中在少数人手里的倾向，是一件很平常的事情，但是这种倾向也适用于一般权力，而不只是经济的权力。经济权力和政治权力结合的制度，处于这两种权力彼此分开的制度之后的发展阶段，正如钢铁托拉斯属于许多相互竞争的小型钢铁厂之后的阶段一样。但是，我现在还不打算讨论极权主义国家。

拥有经济权力可以导致拥有军事的或宣传的权力，但是相反的过程也易发生。在原始条件下，就各国之间的关系来说，军事权力通常是它种权力的根源。亚历山大没有波斯人富，罗马人也没有迦太基人富；但是这些征服者都通过战争中的胜利使他们比他们的敌人更富。伊斯兰教徒在他们的征服事业开始时，比拜占庭人要穷得多，条顿侵略者则比西方帝国穷。在所有这些情况中，军事权力是经济权力的根源。但是在阿拉伯民族内部，穆罕默德及其家族的军事权力和经济权力，却是源于宣传的；西方教会的权力和财富也是如此。

因经济力量而获得军事权力的国家也有不少先例。在古代，希腊各沿海城市和迦太基是最明显的例子；在中世纪，是意大利的诸共和国；在现代，先是荷兰，后是英国。在所有这些例子中，除了工业革命后的英国的部分例外，经济权力均建立在商业之上，而不是建立在原材料的所有权上。某些城市或国家通过技术和地理优势的结合，取得了部分商业专利（仅有后者是不够的，这一点从十七世纪期间西班牙的衰落中可以看出)。由商业获得的财富部分用于雇用外国雇佣兵，因此而成为获得军事权力的手段。然而，这种方法有一个弊病，就是它含有时常发生兵变或大规模背叛活动的危险；因此，马基维利反对这一作法，建议使用由老百姓组成的军队。这一建议对于因经商而致富的大国是适用的，但是对于一个希腊城邦或意大利小共和国却毫无用处。建立在商业上面的经济权力，只有当它属于一个大规模的团体或比邻居远为文明的团体时，才能稳定。

然而，商业已失去它的重要性。由于交通工具的改进，地理条件已不像以前那么重要；由于帝国主义的缘故，大国对外贸易的需要也不及过去那么迫切。在国际关系上，经济权力的重要形式现在是原料和粮食的占有；而最重要的原料是战争所需要的原料。因此，军事的权力和经济的权力已很难辨别。现以石油为例：一个国家没有石油便不能作战，而不能作战便不能占有油田。这两个条件都有可能缺少：波斯的石油对于波斯人毫无用处，因为他们没有足够的军队，而德国的军队对于德国人也将毫无用处，除非他们能获得石油。粮食也有类似的情形：一部强有力的战争机器需要通过粮食来转变为强大的国家能力，因此它依赖于对广大沃土的军事控制。

经济权力和军事权力过去从未像现在这样有着如此紧密的联系。如无发达的工业体系和原料及粮食的来源，任何民族都不会强大。反之，任何民族都是通过军事的权力来获得这些在其本土所得不到的原料。在欧洲战争中，德国人曾以武力获得罗马尼亚的石油和乌克兰的粮食；从热带地区获得原料的国家则是依靠自己的军事力量或同盟国的军事力量来维持它们的殖民地。

由于教育的普及，宣传在国家权力中所处的地位已得到提高。在现代战争中，除非大多数人愿意受苦，而且许多人情愿献出生命，一个国家才可能获胜。妄想引起这种情感，统治者必须使他们的国民相信，战争是一件至关重要的事情——重要到值得为它捐躯。宣传曾是欧洲战争中协约国胜利的主要原因，而且几乎是一九一八年至一九二〇年苏维埃获胜的唯一原因。显而易见，导致军事权力和经济权力结合的那些原因，也有助于这两种权力和宣传权力的结合。事实上，现在的普遍趋势是：各种形式的权力结合于一个组织，而这个组织必然是国家。除非反对的力量起作用，各种权力之间的区别很快只会具有历史意义了。

讲到这里，我们必须讨论一下马克思主义的著名论点，即资本主义导致阶级斗争，而这种斗争终将支配所有其他形式的冲突。阐明马克思的理论绝非易事，但他似乎认为，在和平时期，一切经济权力属于地主和资本家，他们将最大限度地利用他们的权力，从而激起无产阶级的反抗。占绝大多数的无产者一旦联合起来，就会在斗争中取得胜利，他们将建立一种制度，在这种制度中，那源于土地和资本的经济权力将移交给整个社会。无论这种理论是否属于货真价实的马克思的理论，总的说来，它是当今共产主义者的理论，因而值得研究。

一切经济权力属于地主和资本家的观点虽然大体正

确，虽然我迄今这样假定，但它具有很大的局限性。地主和资本家没有劳动者是毫无能力的，而罢工如有充分的决心和广泛的影响，能使劳工获得一部分经济权力。但是，罢工的可能性问题早已为人熟知，我在此不再赘述。

存在的第二问题是：资本家是否真的将最大限度地利用他们的权力？只要他们谨慎从事，他们就不会这样做，因为他们害怕出现马克思所预见的结果。如果他们给予工人一些恩惠，他们就能防止工人成为革命者；这方面最明显的例子在美国，那里的技术工人基本上都是保守派。

无产者占绝大多数的假设是很值得怀疑的。这在农民所有权占优势的农业国家肯定是不正确的。而在有大量固定资产的国家，许多从经济观点看来属于无产阶级的人，在政治上是站在富人一边的，因为他们的职业有赖于奢侈品的需求。因此，阶级斗争如果发生，胜利的一方并不一定是无产者。

在紧要关头，大多数人终究会对他们的国家比对他们的阶级表现出更多的忠心。情况也许不会永远如此，但是自一九一四年几乎所有名义上的国际主义者都变成爱国者和好战者以来，未见到任何变化的迹象。因此，阶级斗争虽然始终是遥远未来的一种可能，但是只要民族主义战争的危险还像现在这样巨大，这种可能是很难看到的。

人们也许会说，西班牙目前发生的这场内战及其对其他国家的影响，证明阶级斗争现在正支配着民族主义。然而，我认为，这些事件的过程并不能证实此说。德国和意大利支持弗朗哥有民族主义的理由；英国和法国反对他也有民族主义的理由。诚然，迄今为止，英国反对弗朗哥的态度，较之如果英国的利益单独决定英国政府的行动所能具有的反对态度，要和缓得多，因为保守党人自然会对弗朗哥表示同情。但是，一旦牵涉到摩洛哥矿产或海军控制地中海这类问题，英国的利益就将压倒政治上的同情。列强组织不顾俄国革命，又恢复到一九一四年以前的状态。自由党人曾厌恶沙皇，保守党人现在厌恶斯大林；但无论是E· 格雷爵士或目前的英国政府都不能允许这种情感上的好恶来影响英国利益的获得。

现将本章所讲的内容做一概述：一个军事单位（它可以由若干独立的国家组成）的经济权力依赖于（一）它保卫自己领土的能力，（二）它威胁别国领土的能力，（三）它获得原料、粮食和工业技术的能力，（四）它提供其他军事单位所需物资和服务的能力。在这里，军事的因素和经济的因素不可分解地混合在一起；例如，日本以纯军事的手段在中国获得**强大的**军事力量所必需的原料，英国和法国也以同样的方式在近东获得石油，但是这两件事若没有工业事先发展到相当的程度，是不可能的。随着战争变得越发机械化和科学化，战争中经济因素的重要性正在不断增加，但是，说拥有较多经济资源的一方必然胜利，未免言之过早。与经济因素一样，以宣传唤起民族意识的重要性也增加了。

在单一国家的内部经济关系中，法律应对榨取他人财产的行为予以限制。个人或团体必须对他人所渴望的东西拥有完全的或部分的专利权。专利权可通过法律形成；例如，专卖权、版权和土地所有权。它们也可通过联合体产生，如托拉斯和工会中的情形。除了个人或团体可以通过讨价还价获得的东西之外，国家应保留以武力获得它认为必需的物品的权利。而且有势力的私人团体可以引诱国家以一种对它们有利，然而不一定对全民族有利的方式来使用这一权利和作战的权力；它们也能使法律做出有利于它们的规定，例如，允许雇主结社，但不允许雇员联合。因此，个人或团体所拥有的经济权力的实际程度，依赖军事的力量和宣传的影响与依赖经济学中经常考虑的那些因素，是一样多的。经济学作为一门独立的科学是不现实的，若以它指导实践，必将误入歧途。它是一门更广泛的学科——权力的科学——中的一个组成部分，毫无疑问，是非常重要的一部分。

六、幸福之路

1. 你为什么不幸福

动物只要不患病，吃得饱，便是幸福快乐了。人呢，本来也应该这样，但在现代世界上却并非如此，至少有许许多多人是不幸福的。如果你自己不幸福，你或许就会承认，自己在这一方面并不是个例外。如果你是幸福的，那么请自问一下，你的朋友中又有几个是幸福的。

在你对自己的朋友做了回顾以后，你可以教自己学习观察人的情绪的艺术；使自己更善于感受在日常生活中遇到的人们的各种情绪。

布莱克[1]说：

> 我见过的一张张脸上
> 显出斑斑懦弱，点点哀怨

尽管不幸的形式有各种各样，但是你不难发现处处都会遇到它。现在我们假定你在最典型、最摩登的大都市纽约城里。上班时间你站在一条繁忙的大街上，或是周末站在通衢大道上，或是晚上去出席一场舞会；你把自我从心

① 布莱克（W．Blakc，1757 ~ 1827），英国诗人、版画家。

灵里完全排除，让周围陌生人的个性一一进入你的眼底。你会发现，这些不同的群体都有各自的烦恼。在赶着上班的人流里，你会看到焦虑不安，精神过度集中，消化不良，那种除了生存斗争对一切缺乏兴趣的态度，游戏娱乐兴致殆尽，以及对人类同伴的冷漠无情。

在周末的大街上，你会看见男男女女，心情轻松悠闲，有的很有钱，去寻求快活享乐。这种追求完全是以同样的速度进行的，长长的车队蜗牛一般缓缓爬行；坐在汽车里根本看不见道路或是周围的景象，因为稍一旁视便可能引起交通事故；所有这些汽车里的人此刻所关注的便是设法超越前面的车辆，但是道路如此拥挤，他们不可能做到这点；要是他们的心绪由此游离开去，就像那些坐在车中而未握方向盘的人那样，一种难以名状的厌烦就会攫住他们，他们露出微微不满的神情。有时候一辆装满黑人的车上会爆发出真诚的快活来，但是他们的乖戾行为又引起愤懑，到最后因为交通事故而落到警察手中；假日里的快活是非法的。

或者，再来看看那些欢度夜晚的人们。人人都想来此消遣快活一番，这种决心之坚定，犹如一个人去看牙医时保证神经不紧张激动一样不可动摇。一般都认为饮酒和吻抱是通向欢乐之路，于是人们开怀畅饮，尽量不去注意同来的伙伴如何讨厌自己。一阵狂欢滥饮之后，他们开始哭泣流泪，哀叹自己太对不起母亲的养育之恩。

酗酒给他们带来的不过是犯罪感的发泄，而这在人清醒的时候却为理智所压抑。

这种种不幸的根源，部分在于社会制度，部分在于个人的心理——当然，后者在很大程度上就是社会制度的产物。为促进人的幸福而在社会制度方面需要进行的改革，我以前已有著述。在本书中我不打算就战争、经济剥削、棍棒恐吓教育的废除等问题展开讨论。

我们的文明时代极重要的任务之一就是去寻找一种没有战争的制度；但是当人类是如此不幸，以至于互相的残杀比起持久地享受生活的阳光来反倒显得不怎么可怕时，在这种情况下，再好的制度也是难以实现的。如果机器生产是为了增进那些最为需要的人们的利益，防止贫困的永久性是必要的，但是如果连富人们都是痛苦不幸的，那么使所有的人变富又有什么意义呢？棍棒恐吓教育是不好的，但是如果那些人自己就是这类热情的奴隶的话，他们是不可能施予其他形式的教育的。

以上这些思考使我们想到这一与个人有关的问题：一个男人或女人，在此时此地，在这恣阳的社会中，怎么来获得个人幸福呢？

在讨论这一问题时，我将把自己的注意力集中到这样一类人身上，他们没有经受过来自外部的巨大痛苦。我假定，他有足够的收入解决温饱住宿问题，身体健康，能够从事各项普通的活动。我不考虑这样一类巨大的灾难，如儿辈尽亡，或是当众受辱等。这类事件是值得讨论的，而且它们确也很重要，但是同我下面要说的事情比较起来，它们属于另外一种类型。我是想提出一种对文明国家里绝大多数人遭受的日常不幸进行医治的处方，这种不幸由于没有明显的外部原因，看来几乎无法加以回避，因而使人更不堪忍受。

我认为，这种不幸在很大程度上是由对世界的错误看法，错误的伦理观，错误的生活习惯所引起，结果导致了对那些可能获得的事物的天然热情和追求欲望的丧失，而这些事物，正是人和动物的一切幸福、快乐最终有赖于它们的。这些事物的获得本在个人的能力范围之内，我因而提出这样一些转变方法，只要我们有一般的好运道，便能通过这些转变得到幸福。

对我所要提倡的哲学的介绍，或许最好从我的简要自传开始。

我生来并不幸福。我小时候，最喜欢听的圣歌是："对尘世觉得厌倦，我肩头重负罪孽。"我五岁时，曾这么想过，要是我活到七十岁，那我到现在才忍受了我全部生命的十四分之一，我觉得在我面前的漫长的厌烦、无聊生涯简直难以忍受。到了青春期，我痛恨生活，一直在自杀的道路上徘徊，而我之所以终于没有自尽，只是因为想多学些数学。

现在，相反的，我热爱生活；几乎可以这么说，随着岁月一年一年地流逝，我对生活更加热爱了。这一方面是由于我发现了什么是我最想得到的东西，而且逐渐得到了其中的一大部分。一方面是因为我成功地摒弃了某些原先向往的目标——例如关于此事彼物的确切的知识获得——因为实际上不可能得到它们。

但在很大程度上则是由于消除了对自我的过分贯注。

像别的受过清教徒教育的人一样，我也有过这么一种习惯，反省自己的罪过、愚行和缺点。我在自己眼中——无疑自以为是公正的——是一个可怜的怪人。后来，渐渐地，我学会了对自己及自己的不足之处不加关心，我把自己的注意日益集中到外部事物上去：如世界大事，各种学科的知识，我所喜爱的个人等。

的确，对外界事物的种种兴趣，也有可能带来各自的痛苦：这世界可能会投入战争，某些方面的知识可能很难获得，朋友们可能会离我而去。但是这些痛苦不会像那些由于对自我的厌恶产生的痛苦那样，毁灭生活的本质方面。而每一种对外界的兴趣都会激起某种活动，只要这一兴趣依旧存在，这种活动便能完全防止人的厌倦和无聊意识的产生。对自我的兴趣则相反，它不会激起进取性的活动。

这可能会促使一个人去记日记，进行心理分析，或许是去当个僧侣。但是僧侣只有在修道院的生活常规使他忘却了自己的灵魂以后，才会得到幸福。他由宗教而得到的幸福，其实从清道夫这一行业中也可以得到，只要他一直坚守在这一岗位上。对那些自我专注过于严重，用其他方法治疗均无效果的人来说，通向幸福的唯一道路是对客观知识的追求。

自我专注有多种形式。其中最普通的有罪人、自恋者和夸大狂三种。

在我说到“罪人”时，我并不是指犯了罪过的人，根据对这一词语的不同解释，既可认为人人都犯罪，也可说谁都没有犯罪。我指的是这样一种人，其精神贯注在犯罪意识中。他始终在责难着自己，如果他信教的话，就把这解释为是上帝的旨意。他对自己应该成为怎样的人有一定的想法要求，而这与他所了解的实际的自我总是相矛盾的。如果他在有意识思维里早就抛弃了他在母亲膝下时学得的那些道德准则，那么犯罪意识或许埋藏于他的无意识深处，只有在喝醉酒或睡眠中才浮现出来。但是，这已足以使一切事物失去其吸引力了。

实际上他依然接受了在婴儿期学得的所有禁律。

骂人是邪恶的；饮酒是邪恶的；做生意的精明是邪恶的；而首先，性是邪恶的。当然，他并没有禁止自己去享受这些快乐，但是这一切在他思想中都受到了毒化，他感到自己由此而堕落了。他全副身心去追求的一种快乐，是受到母亲的亲切抚爱，他在儿童时代的这一经历至今依然记得。这种快乐如今再也享受不到了，他便觉得一切都无所谓；既然他总是要犯罪的，干脆深陷到罪恶中去吧。

在他谈恋爱时，他在寻求着母性的温柔，但是又不能接受这种温柔，因为母亲形象的存在，使他对任何与自己有性关系的女人不可能产生尊重。于是在失望中，他变得冷酷了，后悔自己的冷酷，又重新开始了一轮想象中的犯罪和真诚的悔恨意识交替的过程。

这就是许多表面上死硬的放荡者的心理。使他们走上歧途的，是对难以企及的目标（母亲或母亲替代者）的忠诚献身以及童年时代受到的可笑的伦理准则的灌输教诲。对这些母性“贞洁”的牺牲者来说，走向幸福的第一步是，摆脱早期信仰和情爱观的统治。

自恋，在某种意义上，正是习惯的犯罪意识的反面；它包括对自我的羡慕和希望被人羡慕的习惯。当然，某种程度的自恋是正常的，也不必为之哀叹；只是在发展过头时，才成了一种邪恶。

有许多女人，尤其是富裕阶层的女人，她们身上爱的感受能力已经完全干涸了，取而代之的是这么一种强烈的愿望，即所有的男人都应该爱她们。当这种女人确信某一个男人爱她时，她便觉得他对自己不再有用了。男人方面也有这种情况，不过为数要少一些；典型的一个例子便是《危险的私通》[①]中的主角。

当虚荣达到这种程度时，就不可能对任何其他人产生真正的兴趣，因此也不可能从爱情中得到真正的满足，而在其他方面的兴趣则会更快地低落下去。例如，一个自恋者为人们对大画家们的崇敬所激励，可能会去当一个美术专业学生。但是，对他来说，绘画不过是达到某一目的的手段，绘画技巧从未使他真正发生兴趣，除了与自己有关的以外，他看不见任何别的主题。其结果是失败和失望，而不是期望中的人们的奉承赞扬。

同样的情况也发生在那些小说家身上，他们的小说总是把自己作为理想的英雄。任何劳动的真正的成功有赖于对这一劳动的对象的真正兴趣。那些成功的政治家们的最终悲剧就在于，他们原先对社区活动和主张措施等的兴趣，逐渐为自恋情绪所替代。

①《危险的私通》，法国作家比埃尔·肖戴洛·德拉克洛（1741 ~ 1803）写的书信体小说，其中的诱奸者名叫凡尔芒，后来被杀死。

一个只对自己感兴趣的人是不值得称赞的，人们不会这样去看待他。因此，如果一个人对这世界唯一所关心的是这个世界应该对他表示敬慕，那他是不大可能达到这一目标的。而且即使他达此目的，他也不可能得到完全的幸福，因为人的本能从来都不完全是以自我为中心的，而对自己加以人为限制的自恋者，恰如一个为犯罪意识所压抑的人一样。原始的人可能会为自己是个优秀猎手而自豪，但是他也喜爱狩猎活动本身。

虚荣心在过了某一极点后，就会因为其本身而毁掉参加任何活动的乐趣，因而必然导致倦怠和厌烦。其根源便是自信心的缺乏，疗法则在于培养自尊。但是这只有通过从事由对客观事物的兴趣激起的活动中取得的成功才能达到。

夸大狂与自恋者的区别在于，前者希望自己有权势威严而不是可爱媚人，企求为人所畏惧而不是为其所爱。许多疯子和历史上的多数伟人均属这一类型。

权欲同虚荣心一样，是正常人性中的一个重要部分，因此是可以被接受的；只有在它极度膨胀，或是与不真实的现实感连在一起时，才变得令人可叹。这时候，它就会使一个人不幸福，或是显得愚笨，甚至两者兼而有之。

自以为头上戴着皇冠的疯子，在某种意义上可能是幸福的，但这种幸福是任何精神健全的人不会去嫉妒的。亚历山大大帝[1]心理上同疯子属同一类型，只是他具有实现

① 亚历山大大帝（Alexander the Great，公元前 356 ~ 323），马其顿国王，死时 33 岁，但已征服当时欧洲人已知世界的绝大部分。

疯子的梦想的才能。但是，他却未能实现自己的梦想，因为这一梦想随着他的战绩的扩大而无限膨胀。当他知道自己成了历史上最伟大的征服者时，他便自命为上帝。

他是个幸福的人吗？他的嗜酒如命，他的狂躁脾气，他对女人的冷漠无情，他的封神称帝，都表明他并不幸福。

为了扶植人性中的某一部分而以牺牲其他部分为代价，或是把整个世界看作是为了个人自我的伟大高贵而创造出来的，那是不可能得到最终的满足的。

一般说来，夸大狂，无论是精神错乱的或者是较为健全的，多为过分的羞辱受屈所致。拿破仑在求学时代曾为自卑感所折磨，他的同学大都是贵族子弟，而他出身贫穷，靠奖学金才得以维持学业。在他后来允许那些流亡者归来时，他看见自己以前的同学向他屈膝低首，于是感到得意满足。真是福乐之极！这又导致他去征服沙皇以得到同样的满足，而这满足却把他送上了圣赫勒拿岛。[①]

既然没有人是全能的，一个完全为权力欲所制约的人迟早总会碰到那些难以逾越的障碍。要拒绝接受这样一种认识，只有在意识层次强行注入某种形式的精神错乱，如果一个人的权力足够大时，他还可以把向他指出这一点的人监禁起来或是处以死刑。因此政治意识和心理分析意识中的压抑是相关联的。当心理分析上的压抑以任何形式出现时，人就不可能有真正的幸福。

在适当范围内掌有一定的权力可能会增进幸福，但是如果把它作为生活的唯一目的，那么，它就会给外部世界

① 圣赫勒拿岛为南大西洋一岛屿，1815 ~ 1821 年拿破仑流放于此。

或是人的内心世界带来巨大的灾难。

很显然，不幸福的心理原因有多种多样。但是它们都有某些共同点。**典型的不幸福的人，由于在青年时期被剥夺了某些正常的满足，于是就把这种满足看得比其他方面的满足更重要，一生只朝着这一方面孜孜追求，他仅仅对成功、而不是对那些与此相关的活动，给予更多的、不恰当的重视。**

今天，另外一种现象发展得很普通——一个人可能觉得自己彻底失败了，于是他不寻求任何形式的满足，只求消遣娱乐、湮没无闻。他便成了“快活”的爱好者。这即是说，他减少自己的活力以使生活容易忍受。例如，酗酒就是一种暂时的自杀，它所带来的快乐只是消极的，不过是不幸的短暂中止而已。

自恋者和夸大狂相信幸福是能够得到的，尽管他们可能采取错误的手段攫取它，但是寻求精神麻醉的人，无论以哪种方式，他已失去了希望，只求湮没无闻。在这种情况下，要说服他的第一点是，幸福是值得去争取的。不幸的人，同失眠的人一样，总是对此表示自豪。或许这种自豪同丢了尾巴的狐狸的态度一样。如果是这样，治疗的方法是向他们指出，怎样去长出一条新的尾巴来。

我想，很少有人在看到了通向幸福的道路后，再去存心选择不幸之路的。我不否认这类人的存在，但是肯定为数不多，不会形成气候。因此我假定，读者诸君是宁愿幸福而不愿不幸福的。我是否能帮助他实现这一愿望，我不能肯定，但至少我的努力是不会有害处的。

2. 拜伦式的情绪

今天，同在世界历史上许多其他时代一样，常常可以看到这样一些贤士，他们看穿了以前时代的轰轰烈烈的场面，认为再没有什么值得为之生活下去了。持这种观点的人确是不幸福的，但是他们对自己的不幸福引以为荣，他们将这归之于宇宙本质，认为这是开明人士唯一可取的理性态度。他们对自己不幸的自豪、夸耀，使得较少世故的人对其真诚表示怀疑，他们以为对痛苦表示欣赏的人实际上并不痛苦。这种看法过于简单了些。无疑，这些受难者在他们的优越感和洞察力方面得到了某些补偿，但是这不足以弥补淳朴快活的丧失。

我个人认为，人不快活是没有什么理性、优越可言的。贤士只要情势允许，是会感到快乐的，如果他发现对宇宙的思考过了某一极限而变得痛苦时，他就会转而考虑别的问题。这就是我在本章中试图证明的。我想奉劝读者诸君，无论出于何种理由，理智绝不会禁止人们去获得幸福；不仅如此，我还相信，那些颇为真诚地把自己的悲哀归于对宇宙的观点的人是本末倒置了。

事实是，他们之所以不幸福，是出于某些他们还没有意识到的原因，而这种不幸福便导致他们去思考自己生活于其中的世界里那些不甚令人愉快的方面。

①悲观厌世

对当代美国人来说，我准备讨论的观点是约瑟夫·伍德·克鲁奇先生[1]在他写的《现代性情》一书中提出来的；对我们的祖父一辈而言，则是拜伦的观点；对所有时代的人说来，则是《传道书》作者提出的观点。克鲁奇先生说："我们的事业是必将失败的事业，在宇宙世界中没有我们的位置，但是尽管如此，我们并不因为成为人而感到遗憾。我们宁愿作为人死去，而不愿像动物那样活着。"

拜伦[2]这么写道：

> 当早日思想的光芒在情感的隐隐腐朽中渐渐衰落
>
> 这世界给予的快乐没有一个能像它带走的一般快活

《传道书》的作者是这么说的：

> 我羡慕那些已经死了的人，他们比活着的人幸福多了
>
> 但是，那未出生，未曾看见过这世上所发生的不公正的事的
>
> 比上述两种人都幸运

① 约瑟夫·伍德·克鲁奇（J. W. Krutch，1893 ~ 1970），美国作家、编辑、教师。

② 拜伦（G. G. Byron，1788 ~ 1824），英国著名诗人。

这三位悲观主义者在回顾了生活的乐趣、快活后，都得出了忧伤抑郁的结论。克鲁奇先生生活在纽约城最高层的知识分子圈里；拜伦畅游过赫勒斯滂[1]，有过许多风流韵事；而《传道书》的作者追求的快乐更是多种多样，他饮酒作乐，欣赏音乐，“凡此等等”，他建造水池，他拥有男仆女佣，甚至仆人都在他家里传宗接代。即使在以上种种情况下，他的智慧依然没有丧失。然而他把这一切，甚至智慧都看作一片空虚。

> 我决心辨明智慧和愚昧，知识和狂妄，但是，我发现这也是捕风
> 智慧越多，烦恼越深；学问越博，忧虑越重

连他的智慧似乎都使他恼怒，他想摆脱它，却未能成功。

> 我自言自语：“来吧！试一试享乐！来享享福！
> 可是这也是空虚

但智慧仍与他同在。

> 我心想：“愚蠢人的遭遇也是我的遭遇，我尽管聪明又有什么益处呢？”

① 赫勒斯滂（Hellespont），达达尼尔海峡的古称。

我的答案是："没有，一切都是空虚！"

因此，人生对我没有意义；太阳底下所做的一切事只是使我烦恼

一切都是空虚，都是捕风

对文人来说幸运的是，人们不再读很久以前写下的那些东西了，因为要是他们读了，便会得出结论，不管关于水池有人曾发过什么议论，新的书籍的撰述必是空虚。如果我们能表明，《传道书》的教义并不仅仅为贤士所独有，我们就不必为以后出现的表达同样情绪的词句而自扰了。在进行这方面的讨论时，我们必需分清楚情绪及其理智的表现方式之间的差别。同情绪是没有必要展开争辩的，它会随着某一幸运的事件，或是我们身体状况的变化而变化，但是它不可能通过争辩而转变。

我自己曾经历过这样的情绪，即感到一切都是空虚，我对这种情绪的摆脱并不是通过任何哲学的手段，而是由某种不得已而为之的行动需要促成的。

如果你的孩子病了，你会觉得不高兴，但是你不会感到一切都是空虚，你会觉得孩子的身体复元是件当然要去关心的事，根本不必去考虑人生有否最终价值这种问题。一个富人可能会、而且常常觉得一切都是空虚的，不过要是他正巧丢了钱，他便会觉得下一顿饭就不是空虚的了。这种情感是由于自然需要的过分容易满足而产生的。

人类同其他动物一样，对一定量的生存斗争较为适应，而在占有巨大的财富，人类不需付出任何努力便可满足他

的一切奇想怪念时，单是生活中这一努力的缺乏就使他失去了幸福的一个基本因素。一个很容易得到自己想要的东西的人，他便会这样认为，欲望的实现并没有带来幸福。如果他具有哲学思辨的气质，他便会得出结论：既然具有了自己所要的一切的人并不幸福，那么人生必是可怜不幸的。他忘记了缺乏我们所需要的某些东西，正是幸福和不可少的一个条件。

关于情绪我们就谈这些。不过，在《传道书》中，也有理性的探讨——

江河流入大海，海却不满不溢
太阳底下一件新事都没有
前人、往事无人追念
太阳底下，由劳碌得来的一切对我也都没有意义
因我不能把一切留给后人

如果我们把上面这些见解用现代哲学家的风格来表述的话，那就很可能是这样——

人永远在辛勤劳作，物质永远在运动之中，然后没有什么会永远驻留不去，尽管后来的新事物同逝去的旧事物没有什么差异。

一个人死去，他的后嗣收获他的劳动果实；河流奔向大海，但是河水却不允许待在海洋里。如此周而复始，在无尽期、无目的的循环中，人类和世间万物生生死死，日复一日，年复一年，没有进步发展，没有永远的成就。如

果河流有智慧就会待在原地止步。所罗门①如果有智慧，就不会去种下果树，让他的儿子来坐享其成了。

但是如果在另一种情绪下，这一切看上去就完全不同了。天底下没有新事物出现？那怎么解释摩天大楼、航行飞机和政治家们的广播演说？所罗门何曾知道这一切？如果他可以通过无线电收听到希巴皇后从他的领地回去时对臣民们的讲话，那对处在毫无价值的树木池塘间的他不啻是一安慰？要是他有一个新闻剪报机构向他报告报纸是如何报道他的建筑的富丽堂皇、后宫的舒适安逸、那些同他争论的圣哲们的困窘狼狈相的，他还会说太阳底下一件新事都没有吗？

当然这些事物可能不会完全治愈他的悲观主义，但是他至少会采用一种新的表达方式。

实际上，克鲁奇先生对我们时代的抱怨之一便是，天底下的新事物太多了。如果新事物的没有或是出现同样令人讨厌的话，那很难说两者都成了使人绝望的真正原因。

我们再来看这样一个事实："所有的江河奔向大海，但是大海却不满不溢，江河来到它们发源的地方，在那里它们又回来了。"以此作为悲观论的根据，于是便假定这种旅行是不愉快的了。人们夏天来到疗养胜地，然后又回到他们原来的地方。这并不证明夏天到疗养胜地是无益处的。如果河水具有感情的话，它们或许就会像雪莱诗中的云一样，欣赏这有冒险性的循环旅行。

① 《传道书》实际上当然不是由所罗门所写，这样做只是为了行文的方便。——原注

至于说到把财物遗给后嗣的痛苦，这个问题可以从两个方面来看：从继承人的角度看，这显然没有什么大的损失、灾难。认为一切事物都带有悲观的原因也不尽然。如果继之而起的是更坏的事物，那倒还是一个原因，但是如果随之而来的是更美好的事物，那就应该是乐观的理由了。

那么，如所罗门认为的，继承的事物同原来的一模一样时，我们又该怎么认识它呢？这不是使整个过程失去意义了吗？当然不是，除非循环的各个阶段本身是令人痛苦的。

只注视着未来，认为今天的全部意义又在于其将产生的结果，这是一种有害的习惯。没有局部的价值，也就无所谓整体的价值。生活不应被视同这样一种情节剧，剧中的男女主人公经历难以想象的痛苦的不幸后，最终以圆满结局作为补偿。我活着，有我的生活，儿子继承了我，他有他的生活，他的儿子又继承了他。这一切又有什么悲剧可言？相反，要是我长生不死，那么生活的欢乐最终必定会失去吸引力。代代相继，生活将永葆青春活力。

> 我在生命之火前烘烤着双手
> 火焰低落熄灭，于是我准备离去

这种态度同对死亡的义愤态度一样是很合理性的。因此，情绪如要由理智决定的话，那么快乐和绝望都是有相当理由的。

《传道书》是悲剧性的，克鲁奇先生的《现代性情》

则带哀怨色彩。

克鲁奇先生之所以悲伤，根本上是因为中世纪的、以及稍后一些时代所肯定的事物准则都崩溃了。他说道："当今这一不幸的时代为冥冥世界鬼魂困扰做祟，他们尚未认识熟悉自己的世界，其面临的困境，犹如一个青少年遇到的困境一样，他们要是脱离了少年时代经历的神话世界，就不知道引导自己走向何方。"

这一情况对一部分知识分子来说是完全适用的，这些人接受过文化教育，但是对现代世界却一无所知，他们在整个青年时代受到的教育是，把信仰建立于情感之上，因而不能摆脱婴儿期的寻求安全保证的欲望，这种欲望是科学世界难以满足的。克鲁奇先生同大多数文人一样，为这种思想所困惑，即科学未实现它的诺言。

当然他没有告诉我们，这些诺言是什么，不过他似乎这么认为，六十年前如达尔文、赫胥黎一辈人所期望于科学的，却至今未贡献出来。

我认为这完全是谬见，是这些不希望自己的专长被人认为无价值的作家、牧师们生造出来的。现在的世界上确有许多悲观主义者。当许多人的收入减少时，总会有许多悲观主义者。克鲁奇先生是美国人，而美国人的收入总的说来由于战争而增加了，但是在整个欧洲大陆，第一次大战给人们带来了不安定感，知识阶级遭受很大苦难。这样一类社会原因对一个时代的情绪的影响，比较其理论对世界本质的影响来，远远要大得多。很少有哪个时代比十三世纪更令人绝望了，尽管克鲁奇先生如此惋悼的信仰在那时几乎为所有的人所坚信，除却皇帝和少数几个意大利大贵族外。

因此罗杰·培根[1]说：

“我们这一时代比起任何一个时代来，更多的罪恶统治着世界，而罪恶是与智慧绝不相容的。我们来看看这世界的种种境况，认真考虑一下吧：我们到处发现腐败堕落，首先是在上的人君。……淫荡纵欲使整个宫廷名誉扫地，饕餮暴食位居其首。……如果这仅仅为在上者所犯，那在下者又如何？看看那些高级教士吧：他们在怎样追逐金钱，对灵魂的拯救则不屑一顾。……我们来想想宗教的戒规：我所说的一切，决无反顾。看看他们堕落得又有多深，一个个都从自己的位子上跌落下来。（修道士的）新戒规从其最初的尊严里已大大受到腐蚀。整个牧师阶层追求的是荣耀、淫荡和贪婪：无论牧师在哪里聚首，比方说在巴黎和牛津，他们之间的争斗、吵闹和其他罪恶等等的丑闻便会传遍世俗社会。……只要能满足自己的欲望，谁都不在乎自己干下的一切，不顾手段如何阴险狡诈。”

在谈到远古时代的异教圣贤时，他写道：

“他们的生活比起我们来，无论是在讲究文明礼仪方面还是对世俗社会的轻视上，不知要胜过多少。他们欢欣明畅，富庶荣耀。这一切我们在亚里士多德[2]，塞内加[3]，

① 罗杰·培根（Roger Bacon，约 1220 ～ 1292），英国方济各会修士、哲学家、科学家和教育改革家。

② 亚里士多德（Aristotle，公元前 384 ～ 322），古希腊哲学家。

③ 塞内加（Seneca，公元前 4 ～公元 65），古罗马雄辩家、悲剧作家、哲学家、政治家。

图里[1]，阿维森纳[2]，阿尔法拉比乌斯[3]，柏拉图[4]，苏格拉底[5]，和其他人的著述中都可读到。正因如此，他们得到了智慧的秘密，找到了所有知识。”

培根说出了和他同时代的文人学士的看法，他们当中无一人对自己所处的时代表示喜欢的。我丝毫不认为这种悲观论有任何形而上学的原因。原因就在于战争、贫困和暴行。

②看穿爱情的人

克鲁奇先生最为感伤的章节之一是谈爱的问题。事情似乎是，维多利亚时代的人对爱情评价很高，而我们具有现代复杂意识的人则已看穿了它。

“对怀疑心理更重的维多利亚时代人来说，爱情起着某些他们已经丧失了的，惟上帝具有的功能。面对爱情，许多人，甚至那些最为顽固的人，一时间也变得神秘莫测了。他们发现自己面对着某种事物，这种事物唤醒了他们头脑中的虔诚意识，这种意识不为其他一切所有，而且他们感到，甚至在他们生命本质深处，应奉献上那不容置疑的忠诚。对他们来说，爱情就像上帝一样，要求做出一切牺牲；另一方面，它又同上帝一样，通过赋予生活以一种

① 图里（Tully，公元前 106 ~前 43），即西塞罗，罗马政治家、律师、古典学者、作家。

② 阿维森纳（Avicenna，980 ~ 1037），穆斯林哲学家、医学家。

③ 阿尔法拉比乌斯（Alfarabius，870 ~ 950），阿拉伯哲学家。

④ 柏拉图（Plato，公元前 427？ ~ 347），古希腊哲学家。

⑤ 苏格拉底（Socrates，公元前 470？ ~ 399），古希腊哲学家。

还未得到解析的意义，来奖赏信仰者。我们已经——比起他们来——更习惯于一个没有上帝的宇宙，但是我们还不习惯一个没有爱情的世界，而只有当我们习惯于此时，我们才会理解无神论究竟意味着什么。”

奇怪的是，我们时代的年轻人对维多利亚时代的看法，同生活于那个时代的人们的看法，差异竟是这么大。

我记得两位我在年轻时就很熟悉的老妇人，她们都是那个时期某些方面的典型。一位是清教徒，另一位是伏尔泰门徒。前者哀叹道，关于爱情的诗歌实在太多了，她认为爱情是个没有意义的主题。后者则这么说：“没人可以说什么来反对我的，我一直说，破第七诫总不如破第六诫那么坏，因为不管怎样，这总要取得对方的同意才行。”[1]这两种观点同克鲁奇先生声称的典型的维多利亚时代人的观点是大不一样的。他的意见显然来自某些作家的作品中，这些作家同他们所处的环境绝不是很合拍的。

我想最明显的例子就是罗伯特，布朗宁[2]了。当然，我不能不承认，在他的爱情观里有些迂腐气味。

感谢上帝，他的卑微的芸芸众生
自夸灵魂有两面，一面对着世界
一面显示给他心爱的女人

这即是说，对待整个世界的唯一态度便是战斗。为什

---

① 基督教十诫中，第六诫为：不可杀人，第七诫为：不可奸淫。

② 罗伯特·布朗宁（R．BrowninS，1812 ~ 1889），英国诗人。

么呢？因为这世界是残酷的，布朗宁会这么回答。我们则会说，因为这世界不会按你对自己的评价来接受你。一对夫妇可能会结成一个如布朗宁夫妻那样的互相爱慕的社会，有一个人在你身旁，无论你的劳动值得称赞与否，她总是给予夸奖，这总是令人高兴的。在布朗宁张口痛责菲茨杰拉德竟没有胆量对《奥罗拉·利》[①]表示称赞时，无疑他认为自己是个真正的男子汉。我不认为双方的批评官能的完全丧失是值得称赞的。这与恐惧心理，以及希望在面对冷酷无情的公正批评时寻找庇护的欲望是紧密相关的。许多老单身汉学会从自家人那里获得同样的满足。

我自己在维多利亚时代生活太久，难以成为符合克鲁奇先生提出的标准的现代人。我绝没有失去对爱情的信仰，但是我所信仰的那种爱并不为维多利亚时代的人所羡慕；这种爱是有冒险性的，睁亮双眼的，在它给予善的知识的同时，并没有把邪恶遗忘，也不去故作神圣贞洁。把这些特征归属于那种为人称羡的爱，这是性禁忌的结果。

维多利亚时代的人深信，绝大多数的性活动是邪恶的，于是不得不把那些夸张形容词贴在他所认可的那种爱上。那时候的性饥饿比现在厉害得多，这就像苦行僧一直做的那样，无疑更使人们去夸大性活动的重要性。

今天我们正在经历一个混乱的时期，许多人抛弃旧的道德准则，却还没有获得新的准则。这就给他们带来了各种苦恼，由于在无意识中，他们一般仍然信奉旧的准则，

① 《奥罗拉·利》为英国女诗人、布朗宁夫人（1806 ~ 1861）所做的长诗。

所以当麻烦、苦恼冒出来时，便产生了绝望、悔恨和愤世嫉俗的心理。我想发生以上情况的人是不会很多的，但是他们属于我们时代最无顾忌的那群人。我想，我们要是把今天以及维多利亚时代富有的年轻人做一比较，就会发现，比起六十年前来，今天的青年在爱情上享有更多的幸福，对爱情价值也有更为真诚的信仰。

使某些人走上愤世嫉俗道路的原因是，旧的理想对无意识的压抑统治，以及理性的伦理道德的缺乏，而今天的人正是据此来调节他们的行为的。解决的办法不在于对过去的哀悼、怀恋，而在于采取更为勇敢的态度接受现代的世界观，有决心从各个阴暗角落里铲除早为人所摒弃的迷信思想。

要简略说明人为什么重视爱情是不容易的，不过我还是愿意尝试一下。爱情之所以受到重视，首先在于——这一点虽然不是其最大的价值，但却为其他一切价值所必需——它本身是快乐的源泉。

呵爱情！他们太错怪你了
说什么你的甜蜜便是痛苦
当你结出丰硕的果实
还有什么比它更为甜蜜

这几句诗的佚名作者并不是在给无神论寻找什么答案，或是在寻求解开宇宙的钥匙，他不过是在自我欣赏。爱情不仅是快乐的源泉，而且爱情的丧失是痛苦的源泉。

其次，爱情之所以有价值，是因为它促进了一切最大的快乐，诸如对音乐、高山日出以及皓月当空的大海的欣赏。一个从未和自己所爱的女子一起欣赏过美好事物的人，便不能充分体会出这些事物所具有的神奇魅力。再者，爱能够打破自我的坚壳，因为它是一种生物上的合作，在实现对方的本能目标时，需要双方的情绪卷入。

在世界历史上的不同时期，有过各种形式的独处哲学，有的极为崇高，有的则较卑下。禁欲主义者和早期基督徒相信，一个人只要通过自己的意志，换言之，不需要人的帮助，便可实现人生的最高理想；还有人把权力认做生活的目标，另有一些人把个人享乐看作生活的目的。所有这些独处哲学都认为，每一个单独的个人自己便可达到善的境界，而不一定需要或大或小的群体社会的努力。

我认为，这些观点不仅在道德理论上，而且在人的本能的积极表现方面，都是错误的。人是有赖于合作而得以生存的，而且大自然赋予了人——虽然尚有些不足处——那种本能器官，人的合作所需要的友谊精神由此才能产生。爱情是导致人的合作情绪的首要的、也是最普遍的形式，任何经历过种种爱情体验的人是不会满足于这种哲学的，即认为毋须所爱的人的合作便可达到最高的理想境界。在这一方面，父母情感甚至更要强烈些，但是父母情感至多不过是父母之间的爱情结晶。

我不认为最高形式的爱是很普遍的，但是我确信，在爱的最高形式中所体现的价值一定还未为人知晓，而其自身的价值还未被怀疑论触及，尽管那些怀疑论者并无此能力，但他们却把这种无能归于怀疑主义。

真正的爱是永恒的火
在心灵里永远燃烧
从不倦怠，从不熄灭，从不冷却
从不对自己感觉厌恶烦恼

3. 生存竞争的压力

如果你随便问一个美国人，或是一个英国商人，对他的生活快乐妨害最大的是什么，他会这么回答："是生存斗争。"他这话是由衷之言，他相信确是这样。

在一定意义上，这种说法是对的；但是从另一层意义、而且是更重要的意义上来看，这是完全不确实的。生存斗争这种情况确实会发生。如果我们遭遇不幸，我们就得去为生存而斗争。

例如，康拉德小说中的主人公福尔克就是如此，在一艘被人遗弃的船上，在水手中只有两个人是有武器的，他就是其中之一，这时除了其他水手以外，已别无他物可充饥了。当这两人吃完了原先一起分享的最后一点食物后，一场真正的生存斗争开始了。福尔克赢了，但此后他成了素食者。这并不是商人说的"生存斗争"的含义。商人运用这一意义不确切的词语，只是为了夸大那些实际上是无甚价值的事件的重要性。

试问一下，处于他这一生活阶层的人当中，又有几个死于饥饿的。再试问一下，在他的朋友破产以后，会发生什么情况。谁都知道一个破了产的商人，在物质享受方面，比起一个从来还没富裕到可能破产的人来，条件要好得多了。因此，人们平常说的生存斗争，实际上是追求成功的斗争。他们在斗争中感到恐惧的，并不是第二天早晨能不能吃到早饭，而是他们将不能胜过自己的邻居。

令人非常奇怪的是，人们似乎很少意识到，他们并未处于一个无法摆脱的机械装置的支配下，而是在一架踏车上，他们之所以依然处于原来的位置，只是因为他们没注意到是踏车未能把他们送到更高一些的方位上去。

当然，我这么说实际是指那些获得成功的大商人，他们已经有了相当可观的收入，只要他们愿意，完全可以赖以生活下去。但是，在他们眼中这样做似乎是可耻的，犹如面对敌人临阵脱逃。假如问起他们的劳动是为了何种公共事业时，他们在那些对狂热紧张生活做的广告式宣传的陈词滥调中寻思苦索一番之后，依然会茫然不知所答。

试想一下这种人的生活吧。我们假定，他有舒适的住房，美丽的妻子，还有可爱的儿女。清早，在妻儿们还在酣睡时，他已早早起身赶到办公室去了。在那里，他的职责是显示一个大经理的风度才干；他下颚紧绷，说话干脆果断，旨在给除公务员以外的每个人留下一幅精明强干、谨慎持重的印象。他口授信函，和各色要人通话联系，研究市场行情，然后和那一位正在或打算与他交易的人共进午餐。同样的事情整个下午又继续进行。然后他筋疲力尽回到家里，赶快换好衣装去赴晚宴。

餐桌上，他和另一些疲劳不堪的男子们还得在女宾面前装作快活高兴的样子，而这些女宾还无从感受此等疲倦呢。难以预计要过几个小时，这个可怜的人才能逃脱此种场面。直到终了，他才进入梦乡，在几个小时里绷紧的神经得以松弛一下。

这种人在劳动生活里，心理犹如百米赛跑。但是他参加的是这样一种赛跑，其唯一的目标就是坟墓。那种对百米赛跑来说很合适的全神贯注，在这里最终就发展过头到了极点。

他对自己的儿女有什么了解呢？平时他每天都在办公室，星期天则是在高尔夫球场度过的。他对自己的妻子了解吗？他早上离开她时，她还在梦乡。整个晚上，他和妻子出席社交活动，这种场合里是不可能进行亲密交谈的。他在男人中或许没有一个真正可靠的朋友，尽管他另有一些所谓朋友，但他对他们的亲热是做出来的。对春天和收获季节，他只有在它们对市场带来影响时才有所感觉。他或许游历过几个国家，可是眼神里却显得满是倦怠。书籍对他来说毫无用处，音乐更是故弄玄虚。

一年又一年，他变得越来越孤独；他的精神越加专注到生意事业上，除此之外的生活就变得更加枯燥无味。

我在欧洲看见过一个这种类型的美国人，年龄已过中年，在和他的妻子女儿一起旅行。显然是她们劝这个可怜的家伙该渡个假期了，该让女儿们有个机会来看看旧世界。母亲和女儿们兴奋地围着他，向他指点每一件使她们感到新奇有趣的事物景象。这位一家之长呢，则是极端疲倦，极端厌烦，此时此刻还在担心办公室里业务进展如何。他的一家子女最后都对他失去了希望，认为男人们全是腓力斯人。她们从未想过，他是她们的贪心的牺牲品；而且真的，在一个欧洲旁观者眼中，他实在同殉夫自焚的寡妇一般上下。或许十有八九，这个寡妇是个自愿的牺牲者，为了贞洁、名誉和教规戒令，准备去自焚献身的。

商人的宗教和荣誉感要求他去挣更多的钱；因此，像印度的寡妇一样，他是愉快地去接受这种痛苦折磨的。如果这个美国商人要想使自己变得幸福些的话，首先他得改变自己的宗教。只要他不仅在追求成功，而且是完全相信一个男人的职责就是追求成功，认为一个不这样去做的人就是一个可怜虫，只要他的生活依然这样紧张集中、令人焦躁不安，那么他就不会得到幸福。

举个简单的例子，比方说投资吧。几乎每个美国人都会选择利润百分之八的风险投资，而不要百分之四的安全投资。结果是，货币的损失常常出现，人则一直为之担忧烦恼不已。

就我来说，我希望从金钱中得到的是，安逸快活的闲暇时光。但是典型的当代人希望得到的则是更多的金钱，以此来炫耀卖弄，并且胜过原来同自己地位一样的人们。

美国的社会等级是不确定的，不断处于上下波动之中。因此，各种势利意识较之社会等级固定不变的地方，更显得波动不已，而且尽管金钱本身还不足以使人声名显赫，但是没有金钱也是很难达到显赫声名的。此外，一个人挣钱多少成了公认的衡量智力水平的尺度。一个发了大财的人一定是个聪明的人，反之，这个人就肯定不聪明。没有人希望被人看作傻瓜。于是，当市场处于不景气局面时，一个人便会像年轻人在考场上一样惶惶不安。

阿诺德·本涅特作品中的克莱汉格，无论他变得怎么富裕，始终在担心害怕死于工厂里。我不怀疑，那些在童年时代受过贫穷痛苦折磨的人常常为这种恐惧所困扰，担心自己的儿女遭受同样的命运，而且会产生这种想法，觉得难以积聚百万钱财来抵挡这一灾难。这种恐惧心理在创业者一代中恐怕是难以避免的，但是对那些从不知晓贫困为何物的人则可能没有什么影响。不管怎样，它们不过是问题中一个较小的、偶然的方面而已。

问题的根子在于，人们过分地把竞争的成果看作幸福的主要源泉。我不否认，成功的意识更容易使人去热爱生活。比方说，一个画家，在整个青年时代都是默默无闻的，那么如果他的才能得到公认之后，他多半会变得快乐幸福起来。我也不否认，在某一点上，金钱是极为有助于增进幸福的；而过了那一点，事情就不一样了。

总之，我坚持认为，成功只能是幸福的一个组成部分，如果不惜以牺牲其他一切来得到它，那么这个代价是太昂贵了。

问题的根源是商界流行的那种生活哲学。

的确，现在不管一个人从事什么职业，成功中总有竞争的因素，但同时我们应该看到，为人们所尊重的不仅仅是成功，还有那优异的表现，不管其形式如何，但成功是仰赖于此的，一个科学工作者可能去从事挣钱的事业，也可能不这么干。如果他去挣钱，也不会因此受到更多的尊敬。

看到一位著名的将军或是舰队司令生活清贫，没有人会觉得惊奇。的确，在这种情况下，从某种意义上说，贫穷还是一种荣誉呢。由于以上这些原因，在欧洲，完全为了金钱的竞争斗争仅限于某些行业圈子内，而且它们多半不是影响最大的，或最受尊敬的。

在美国，情况正相反。军队在国民生活中的作用，根据他们的标准来衡量是太小了，不足以产生什么影响。至于说到那些需要学问的职业呢，外界无人能知晓一个医生究竟懂得多少医学知识，或是一位律师是否确实精通法律，于是判断他们成就大小的简便方法，就是根据他们的生活标准看其收入多少了。说到教授，他们不过是商人雇用的仆人，同那些古老的国家比较，他们受到的尊敬要少多了。

这一切的结果是：在美国，专家跟在商人后面亦步亦趋，而不是像在欧洲那样自成一家。因此，在整个富有阶级中，没有什么东西能够用来削弱完全是为了金钱成功的赤裸裸争斗。

美国的儿童从很小的时候起，便知道这是唯一要紧的事，如果哪一种教育里没有金钱的价值，他们才不愿去为此下工夫呢。教育曾经被广泛认为是一种欣赏和享受能力的训练——我指的是对那些更为精致高雅的事物的欣赏享受，这对完全无教养的人来说是不可能接受的。在十八世纪，作为“绅士”的标志之一是，对文学、绘画和音乐的鉴赏情趣。今天我们可能不同意他们的爱好，但至少这是确实存在的。

今日的富人则往往是另一种类型。他从不读书。如果他要建立一个艺术画廊，那只是为了扩大自己的声望，绘画作品的选择他得依靠专家们去做，他从中得到的快乐并不是对这些作品的欣赏，而是因防止别的富人拥有这些绘画而产生的那样一种快乐。说到音乐，如果他正巧是个犹太人的话，他或许真有点欣赏力，否则，就像在其他艺术方面一样，他也没有任何教养。

这一切的结果是，他根本不懂得如何打发闲暇时光。他变得越来越富，挣钱也越来越容易，到后来，一天里五分钟挣的钱就多得叫他都不知道怎么去花了。于是这可怜的人因为自己的成功而无所事事。只要成功本身被当做生活目的，其结果就必然如此。

除非一个人受过教育，懂得获取成功以后如何对付它，否则，成功的获得必然会使他成为厌烦的牺牲品。

心理的竞争习惯很容易侵入本来不属于竞争的领域。我们举阅读为例。读书有两种动机：其一，是因为你欣赏它；其二，你可以因此炫耀一番。在美国，小姐们每个月读（或似乎在读）几本书成了一种风气；有的把书都看了，有的只读第一章。有的只看评论，但是谁都把这些书搁在桌子上。可是她们却什么名著都不看。

从来没有哪一个月读书俱乐部推荐过《哈姆雷特》或者《李尔王》；从来没有哪一个月似乎有必要让人们知道但丁。因此，人们读的那些书完全是现代人写的平庸之作，从来不是名家名著。这也是竞争的影响之一，虽则并不全是坏事，因为我们提到的那些小姐，如果让她们自己去选择的话，她们读的书比那些文学大师向她们推荐的还要低劣糟糕，更不必提什么阅读名著了。

现代生活中对竞争的过分重视，同文明准则的普遍衰退是相关联的，这种文明的衰退在奥古斯都时代以后的罗马一定出现过。男男女女们已显得没有能力欣赏更为志趣高尚的娱乐了。例如，谈话的艺术在十八世纪的法国沙龙里已发展得臻于完善了，在四十年前尚依然为人们所继承。这是一种极为高雅的艺术，为了某种几乎是瞬息即逝的事物，将人的最高官能发挥至极点。

但是在我们这个时代还有谁关心这等闲情之事？在中国，十年前这门艺术还很繁荣兴盛，不过我看自那时起，国民党人的如传教士般的狂热早已把它扫却一空了。仅在五十年或一百年前，高雅的文学知识在受过教育的人当中很普及，可是今天只有少数几个教授才通晓于此。所有高雅的娱乐都被抛弃了。

在一个春天，有几个美国学生带我到他们校园边上的树林里散步，那里开满了各种绚丽多彩的野花，可是我的向导竟没有一个能叫出哪怕是其中一种花的名称。具备这样的知识有什么用呀？它又不给人增加任何收入。

问题不仅仅是在个人方面，问题在于为人们普遍接受的生活哲学，根据这一哲学，生活是一种争夺，一种竞争，尊敬则给予竞争中的胜利者。这种观点导致了以牺牲各种感觉和才智为代价，对意志的培植的过分强调。或者在这么说时，我们可能是本末倒置了。清教徒道德家们总是强调现代的意志，尽管本来想强调的不过是信仰。或许清教主义时代产生了这样一种人，他们身上的意志力过度发展，而感觉和才智则横遭压抑，因而这种人把竞争哲学看作是最适合自然的哲学。

不管怎样，这些现代恐龙，就像史前的恐龙一样，宁愿要权力而不要智慧，他们的巨大而惊人的成功使得自己到处被人模仿，他们成了世界各地白人的典型，在今后几百年里这种情况可能日益兴盛。不过，那些没有跟随此时尚的人尽可放心，因为远古的恐龙最终并没有赢得胜利，它们互相残杀，而由智慧的旁观者继承了它们的王国。

我们的现代恐龙正在毁灭自己。一般说来，他们每次婚姻生育子女不到两个。在这一点上，他们从清教徒祖先那儿继承的过于狂热的哲学显示了与世界的不相适应。那些对生活的看法使他们如此感受不到幸福的人，没有了生儿育女的欲望，这种人在生物上注定要灭亡的。过不了多久他们将由更为欢乐愉快的一辈所替代。

把竞争看作是生活中的主要事情，这种观点是太冷酷，太顽固了，使人的肌肉绷得太紧，意志过于专注集中，如果将它用做人生基础的话，连一二代人都难以持续。过了这样一段时间后，它一定会引起神经疲劳，各种形式的逃避，对快乐的追求同对工作的追求一样紧张艰难（因为松弛宽懈已经不可能了），最后，因为不育症，引起整个家族消亡。

不仅劳动受到竞争哲学的伤害，悠闲生活也同样深受其害。那样一种闲情安逸、使人神经放松的悠闲生活被看作令人厌烦无趣。接踵而至的必是连续的加速运转，其自然的结局是吸毒和崩溃。

治疗之方在于，应该承认：在平衡的理想生活中，健全的、温文的快乐享受是必要的。

4. 厌烦与兴奋

厌烦作为人类行为原因之一所起的作用，据我看来，远未受到应有的足够重视。我相信，它是在整个历史长河中起推进作用的一个巨大动力，今天更是如此。

厌烦似乎是唯有人类才具有的一种情绪。被捕获的动物确实也会变得烦躁不安，上下踱步，张口打呵欠，但从性质上来说，我认为它们的体验是不可能同人类的厌烦类比的。大部分时间里它们是在警惕敌方、寻找食物，或是两者兼有，有时它们在求偶，有时在设法保持温暖。但是即使在它们不快活的时候，我想它们并没有觉得厌烦。可能类人猿在这方面以及其他不少方面同我们相似，但是我从来没和它们一起生活过，因此没有机会做这一实验。

厌烦的基本要点之一是：把目前的状况同别的更易为人接受的、顽强地突出到想象中来的状况进行对比。厌烦的另一要点是：人的官能不能处于繁忙紧张状态。从企图危害你性命的敌人身边逃跑，我想这是使人难堪的，但这绝不是厌烦。一个人在被处死时是不会感到厌烦的，除非他有那种近乎超人的勇气。同样，没有人在上议院做首次演说时会打呵欠，唯一的例外是已故的德文郡公爵，他却因此而受到贵族的尊敬。

从根本上说来，厌烦是一种受到挫折的欲望，那些期望发生的事件本身并不一定是令人愉快的，它们只要使厌烦的牺牲者知道这一天和别一天有所不同就行。厌烦的反面，一言蔽之，不是愉快，而是兴奋。

追求兴奋的欲望深深扎根于人类的心灵之中、尤其是男性。我想，比起以后的各个时代来，这种欲望在狩猎时代更容易得到满足。追猎是令人兴奋的，战争是令人兴奋的，求爱是令人兴奋的。一个野蛮人会在一个女人身边睡着她的丈夫时设法和她通奸，尽管他知道，只要这个丈夫醒来自己只有死路一条。这种情境，我想是不会令人厌烦的。但是随着农业时代的来临，生活开始变得单调枯燥了，当然贵族例外，他们仍然处在而且一直停留在狩猎时代。

我们听到过很多对机械生产劳动沉闷单调的抱怨，不过我想用旧的耕作方法从事农业劳动是最枯燥乏味的。真的，同大多数慈善家的观点相反，我要说，机器时代大大减少了整个世界的人们所感受到的厌烦的总量。在雇用劳动者方面，工作时间里并不孤独，而夜晚的时光可以在各种娱乐活动中消磨度过，而这在旧式的乡村里是根本不可能的。

再看看中下等阶级生活的变化吧。从前，晚饭过后，当妻子和女儿拾掇停当，于是一家人团团围坐，开始“大团圆”的欢乐时光。这就是说，一家之长去睡觉了，妻子忙着编织，女儿们宁愿自己要么死去，要么神游廷巴克图[1]。她们不许看书，不许离开屋子，因为当时流行的做法是，这个时候应该由父亲与她们说话，而这对一家人来说都应是一种快乐。要是运气好，她们最终也结了婚，于是便折磨自己的孩子，让她们的青年时代同自己所经历的一样沉闷无趣。要是运气不好，她们便做老处女，或最后当个老姐姐的侍女仆佣——这种命运正像野蛮人施加于其牺牲者身上的命运一样可怕。

在我们评判一百年前的世界时，应该记住这一厌烦的重负，历史时代越往前移，厌烦的压力也就越重。

试想一下中世纪农村冬天的单调生活吧。人们不会读书写字，天黑以后只有蜡烛给了他们些许光明，那堆柴火的烟雾散满了唯一的单间屋子，室内依然寒冷透骨。外面的道路实际上根本不能通行，因此他们几乎见不到来自邻村的人。一定是这类厌烦产生了搜捕行巫者这种习俗。这后来成了冬天晚上唯一有点生气的活动。

比起我们的祖先来，我们经历的厌烦要少得多了，但是我们更害怕厌烦。我们开始知道了，或者说是开始相信，厌烦不是人的自然命运的一部分，它可以通过对兴奋的积极强烈的追求而予以避免。

姑娘们现在大多自己谋生，多半缘于此，她们能够在晚上去寻找兴奋刺激，去躲避她们的祖母一辈当年不得不忍受的“大团圆”时光。现在人人都可住到城里去，在美国，那些买不起汽车的人，至少有了一辆摩托车，可以骑着去看电影。而且他们家里都有了收音机。年轻的男女们

① 廷巴克图（Timbuktu），非洲马里一城市，这里喻指梦乡。

相见约会比起以前来方便多了，每一个家庭女佣可以期望一星期至少有一次兴奋的社交聚会，而这足以使珍·奥斯汀[①]的女主人公在整本小说里期待不已了。随着社会地位的提高，对兴奋的追求也越来越强烈。那些有条件的人不停地从一处转向另一处，走到哪里，便把欢乐带到哪里，狂舞乱跳，饮酒作乐，但是出于某种原因，他们总希望到了新的地方会有更多的乐趣。

那些不得不靠挣钱谋生的人，在劳动时间里只好忍受厌烦的折磨，而那些有足够的钱财以免却劳动之苦的人，便把完全摆脱厌烦的生活作为自己的理想。这是一种崇高的理想，而且我决无诋毁之意，不过我担心，像其他理想一样，比起那些理想主义者的假设来，那是更难获得的。与欢乐的前一天晚上比较起来，早晨总是令人厌烦的。人会有中年，甚至晚年。人至二十岁时想道，到了三十岁生命即将完结。我已经五十八了，不可能再持这种观点。

或许把人的生命资本当做货币资本来花是不明智的。或许一定量的厌烦是生命不可缺少的一部分。希望摆脱厌烦的愿望是很自然的。的确，各个民族只要有机会，都会显示这一愿望。当野蛮人第一次从白人手里尝到酒的滋味时，他们至少找到了一种摆脱单调枯燥生活的方法，因此，除非政府加以干预，他们便会喝得烂醉如泥，一死方休。

战争、屠杀，以及迫害等，都是企图摆脱厌烦的一些方式，甚至与邻居吵一架也要比无所事事好一些。因此，

① 珍·奥斯汀（J. Austen，1775 ~ 1817），英国女小说家，著有《傲慢与偏见》、《爱玛》、《理智与感伤》。

厌烦对道德家来说是一个极重要的问题，因为人类所犯的罪恶中，至少有一半是出于对厌烦的恐惧引起的。

不过，我们不应该把厌烦看作完全是邪恶的。

厌烦有两种，一种是产出型的，另一种是愚滞型的。产出型是由于缺乏毒品引起的，愚滞型则由于缺少活动所引起。

我并不是说毒品对人的生活一点用处也没有。例如，有时候，一个明智的医生开的药方里就有鸦片，而且我想这种情况比禁烟主义者假设的要多得多。但是对毒品的迷醉狂热，甚至让不加约束的本能冲动所控制，这是绝不应该的。那种在人习惯了吸毒后才能适应的厌烦，在割除此种习惯后，我认为时间是唯一的疗方。而适用于解决吸毒问题的，在一定限度内，也适用于对付各种兴奋。

一种过于充满兴奋的生活会使人筋疲力尽，在这种生活里，人需要得到连续不断的强烈刺激，才能产生那种被认为是快乐的主要成分的战栗狂喜。一个习惯于过度兴奋的人，就像一个对胡椒有着过分嗜好的人一样，到头来，对足以使任何他人窒息的一定数量的胡椒，他甚至不能品尝出其一丝味道来。要避免过度的兴奋，一定限度的厌烦是不可缺少的，过度的兴奋不仅有害于健康，而且会削弱对各种快乐的欣赏能力，用兴奋代替广泛的机体满足，机灵代替智慧，惊诧代替美感。

我并不完全反对兴奋。一定量的兴奋是有益身心的，但是，同一切事物一样，问题就在数量上。数量太少会引起人强烈的渴望，数量太多则会使人疲惫不堪。因此，要得到生活的幸福，一定程度的厌烦忍受力是必要的，这一点从小就应传授给年轻人。

一切伟大的著作都有令人厌烦的章节，一切伟人的生活都有无聊乏趣的时候。试想一下，一个现代的美国出版商，面对着刚刚摆到他面前的《旧约全书》手稿。不难想象他会发表出什么评论来，比方说《创世纪》吧——

“我的天，先生，”他会这么说，“这一章太不够味儿了，面对那么一长串人名，而且你几乎没做什么介绍，可别指望我们的读者会发生什么兴趣。你的故事嘛，我承认，开头还不错，所以起先我的印象还相当好，不过你真是想把一切统统倒给读者。把要点留下来，水分给我挤掉，篇幅好好削一削，再把手稿带来给我看看。”

现代的出版商是会这么说的，因为他知道当代的读者对厌烦的恐惧。还有孔夫子的《论语》，伊斯兰教的《古兰经》，马克思的《资本论》，以及所有那些被证明是畅销书的圣贤之书，他都会持这么一种看法。不独圣贤之书是这样，所有那些精彩的小说也都有令人乏味的章节。要是一本小说从头至尾每一页都是扣人心弦的话，那它肯定不是一部伟大的作品。那些伟人们的生平，除了某些辉煌的时刻以外，也并不总是那么绚丽夺目的。

苏格拉底可以时而去出席一场宴会，在喝下去的毒芹酒开始发作时，[1]他也一定会从自己的高谈阔论中得到相当的满足，但是他一生中，大半时间还是静悄悄地和黏西

① 苏格拉底被控“腐蚀青年”、“不敬神”，被法庭判处死刑，后即服毒死去。这里指的就是他喝下毒酒后，仍与门徒谈笑自若。

比[①]一起生活，下午出去散散步，或许在路上遇见几个朋友。据说康德在其一生中，从未离开柯尼斯堡十英里远以外。达尔文呢，在周游世界以后，余生就是在他自己家里度过的。马克思则掀动了几次革命，尔后在不列颠博物馆度过了他的一生。

总之，可以发现，伟人们的特征之一就是平静安逸的生活，他们追求的快乐并不是那种在外人看来兴奋激动的快乐。不通过坚持不懈的劳动是不可能取得伟大成就的，这种劳动是如此艰苦，如此使人全神贯注，使人不再有精力去参加那些更劳人身心的娱乐活动，唯一的例外是加入假日里恢复体力消除疲劳的活动，如攀登阿尔卑斯山等。

对或多或少有些单调的生活的忍受能力，应该从儿童期就开始培养，现代的父母在这方面是有相当责任的，他们给孩子提供了过多消极的娱乐活动，诸如电影、戏剧、味美的食物等，他们没有认识到，对孩子来说，除了某些很少的例外，过着日复一日相同生活的重要性。孩子们需要的快乐，主要应该由他们通过自己的努力去创造，从自己生活的环境中去取得。

那种一方面令人兴奋，一方面又不需付出体力代价的快乐活动，诸如看戏等，应该尽量减少为好。这种兴奋究其本质而言犹如毒品，兴奋越多，追求兴奋的欲望也就越强烈，但在兴奋期间身体的消极被动状态则是违反人的本能的。

一个小孩就像一株植物一样，让他不受干扰、在同一

① 黏西比，苏格拉底的妻子，据说为人凶悍泼辣。

块土地上生长时，才发育得最好。太多的旅行，太多的形形色色的感觉印象，对青少年并没有好处，会使得他们长大以后缺乏忍受寂寞生活的能力，而唯有寂寞才能使人有所创造。

我不是说寂寞生活本身有什么长处，我只是说，某些美好的事物只有在伴以一定程度的单调时才有可能获得。以华兹华斯①的诗《序曲》为例。对每一位读者来说，在华兹华斯的思想和感情中那些有价值的东西，老于世故的城市青年是不可能有同样感受的。

一个孩子或青年，在他具有某一严肃的创造性目标时，他就会甘于忍受巨大的厌烦，他发现这是走向成功所必需的。但是如果一个孩子过的是放荡享乐的生活，那他的头脑就不会自然产生这类创造性目标，因为在这种情况下，他的头脑里想的，总是下一个快活享乐，而不是距离尚为遥远的成功。

基于以上理由，一代不能忍受厌烦的人就将是一代小人，这样的一代人适当地与缓慢的自然发展过程分离开来，在他们身上任何一种生命的冲动都渐渐消亡，犹如花瓶中被折断的花儿一样凋谢枯萎。

我并不喜欢用玄乎隐秘的语言，但是这里如果我不用听上去有些诗意的而不是科学的语言，我就不知道怎么来表达我要说的意思。不管我们怎么认为，我们总是大地的造物，我们的生命就是大地的生命的一部分，就像动植物一样，我们也从它身上汲取营养。大地生命的节奏是缓慢

① 华兹华斯（W. Wordsworth，1770 ~ 1850），英国诗人。

的，对它来说，秋天和冬天同春天和夏天一样重要，休憩和运动一样重要。对儿童来说，比成人更为重要的是，同地球生命的潮汐涨落保持某种联系。通过无数世代，人的躯体已经适应了这种节奏，基督教在复活节里也体现出这一状况。

我见过一个两岁的孩子，他一直生活在伦敦，有一回他第一次被带到葱绿的乡间去散步，时间是冬天，一切都是湿漉漉，道路泥泞难行。在成人眼中，并没有什么可引人注目的，但是在孩童的眼里却闪出奇异欣喜的光彩，他在潮湿的土地上跪了下去，把脸埋到青草里，嘴中发出快乐高兴的咿呀叫声。他所体验到的那种欢乐是原始的、质朴的、又是广泛的。那种得到满足的机体需要是如此强烈，那些这种需要得不到满足的人很少是精神完全健全的。

有许多快乐，我们举赌博作为一个例子吧，它本身没有和大地的联系因素。这一类快乐一旦停止下来，就会使人感觉无聊不满，渴望着什么，却又不知道自己究竟要什么。这种快乐带给我们的是不能称为幸福的。另一方面，那些把我们和大地的生命连接起来的快乐里，则有着使人得到极大满足的东西，在它们停止以后，它们带来的幸福依然存在，尽管其强烈程度比起那些更令人兴奋的放荡胡闹来要低些。这中间的区分差别，可以有从最简单的到最文明的长长一串行业。我刚才提到的两岁幼儿便显示了与大地的生命融为一体的最原始的可能形式。但是在高一级的形式上，同样的情况则可能见诸诗歌。

使得莎士比亚的抒情诗如此卓越感人的便是因为诗中

充满了使两岁的幼儿拥抱草地的同样一种欢乐。请读一下“听，听，云雀”① 或是“来到金黄的沙滩上”，你会发现，那两岁的孩子只能以口齿不清的叫喊显示出来的感情，在这些诗里以更为文明的形式表现了出来。

或者，我们再来看看爱情和纯粹的性爱之间的差别。爱情是这样一种体验，它使我们整个身心得到复苏新生，恰像植物久旱之后受雨露滋润一样。但是没有爱情的性交全然不属这种情况。在瞬间的肉体快感过去之后，随之而来的是疲惫，厌恶，以及生命是空虚的这类意识。爱情是大地生命的一部分；没有爱情的性爱却不属于此。

当代的城市人所遭受的那样一种厌烦，是与他们同大地生命的分离密切相关的。这种分离使得生活变得灼热，无聊而又干枯，犹如沙漠之中的朝圣远行。在那些富裕有钱、可以自己选择生活方式的人中，他们所遭受的那种特别难以忍受的厌烦，正像它看上去显得很荒谬一样，是由于他们对厌烦的恐惧而产生的。在逃避产出型的厌烦时，他们成了另一种更为严重的厌烦的牺牲品。

幸福的生活在很大程度上必定是一种宁静安逸的生活，因为只有在宁静的气氛中，真正的快乐幸福才能得以存在。

5. 过度疲劳

疲劳的形式是多种多样的，比较起来，有的疲劳对人

① 英国诗人雪莱（P．B．Shelley）的诗《致云雀》中的第一句。

的幸福的障碍要更大一些。纯粹体力上的疲劳，只要不过度，倒往往会成为幸福的原因之一；这种疲劳使人睡眠酣畅，胃口大开，倍增人们假日里玩乐游戏的劲头。不过，如果疲劳过度，就会给人带来很大危害。除却那些高度先进发达的地区以外，贫穷地区的农民妇女多因过度辛苦劳动，人到三十就已衰老了。在英国工业革命初期，儿童的生长发育受到相当阻碍，甚至常常因劳动过度而夭折。这类情况在工业革命刚刚开始的中国和日本仍时有所见，在某种程度上也见于美国南部各州。

体力劳动过了某一极限便是对人的残酷折磨，而且常常发展到使生活本身变得不堪忍受的程度。然而，在当代世界最先进的那些地区，由于工业生产劳动条件的改善，体力上的疲劳已经大大减轻。在今日的发达地区，问题最严重的是神经疲劳。奇怪的是，这类疲劳最常见于富裕人家，比较起实业家和脑力工作者来，雇佣劳动者身上要少见得多。

要避免现代生活中的神经疲劳是非常困难的。首先，对城市劳动者来说，在整个工作时间，甚至在上下班时间里，不断受到噪音的干扰，尽管他们学会了对大部分噪音不去有意识地注意，但是噪音依然在折磨人，而且由于潜意识中竭力去避开这些噪音的紧张过敏，反而使人更为疲乏。

另一个我们未意识到的产生疲劳的原因是，陌生者的连续不断的在场出现。

同别的动物一样，人的自然本能也习惯于对同类的每一位陌生者进行探究打量，以决定究竟用友好的还是敌视的态度与他相处。这种本能在高峰时间里乘坐地铁的人们身上受到了抑制，其结果是，他们对所有陌生者，对这些非出本愿而被迫与他接触的陌生者产生了一种普遍的、弥散性的愤怒。

另外，急着去赶早班火车的紧张情绪会引起消化不良。因而等赶到办公室，一天的工作刚刚开始，这位职员的神经已经紧张疲乏，对整个人类产生一种讨厌的情绪。他的雇主呢，也带着同样的情绪上班，对雇员身上的这种情绪无意消除打发。雇员出于担心被解雇的恐惧，不得已而显出恭敬驯顺，但是这种不自然的行为只会进一步加剧神经的紧张。要是允许雇员们一个星期有一次机会去捏捏老板的鼻子，或是用其他方式表示对他的真实想法，那么他们紧张的神经就会得到放松。

但是从雇主的角度来说，他也有自己的困扰，这样做并没有解决他的问题。雇员担心的是解雇，雇主担心的则是破产。的确，有的雇主已经足够富裕强盛，不必再为此担忧了，但是在他们取得这样的地位之前，他们一般都得经过多年顽强激烈的奋斗，在这期间，他们得时时警惕关注世界各地的行情变化，不断地设法挫败对手的计谋较量。这一切结果是，当真正的成功到来之时，一个人的神经已经崩溃了，他已经习惯于焦虑忧愁，甚至在这种焦虑过去之后，他仍未能摆脱这一习惯。

是的，富人们也有子孙后辈，但是他们多半也给自己制造出焦虑来，而且这类焦虑同他们如果不是出身富家可能遭受的焦虑几乎一样。他们聚众赌博，因而招致与父辈同样的不快，他们牺牲睡眠，通宵达旦寻欢作乐，弄垮了自己的身体，待他们平静下来，也已同其父辈一样，无力去享受幸福了。无论是出于自愿，还是出于选择或需要，大多数现代人过的是伤神伤筋的生活，长期以来要不是酒精的刺激，他们早已因为过于疲惫而丧失了享受生活乐趣的能力。

对这些愚笨的富人我们不想多加赘述，我们还是来考虑那些为了谋生而付出艰巨劳动的普通人，考虑他们身上的更为常见的疲劳问题吧。在很大程度上，这类疲劳是由忧虑产生的，但忧虑是可以通过一种更为健康的生活哲学，一定的心理修养而加以避免的。

大多数的男男女女对自己的思想缺乏控制能力。

我这么说的意思是，他们在面对那些自己一时未能采取有效措施的问题时，仍然未能阻止去想这些问题。男人们深夜上了床，在他们本该去好好恢复体力以便对付明天的事情时，却依然在为工作上的问题担忧，他们脑子里翻来覆去，冥思苦想，而实际上此刻他们对这些问题又无能为力，他们这般思虑，并不是去找一个明天可行的方案来，而是带有一种精神错乱的状态，而这正是失眠症伴有的思维紊乱的特点。黎明来临，但是半夜里的那种精神疯狂依然紧紧缠着他们，模糊了他们的判断力，使得他们脾气更为急躁，使得每一个困难障碍都令人恼怒。

贤人们只是在有某种明确目标时才去考虑那些困难，在其他时刻考虑别的事情，或者，要是在晚上，干脆什么都不去想。我这并不是说，在碰到大的危机，譬如面临破产时，或是一个男人有理由怀疑妻子不忠心时，尽管没有对付解决的办法，也不去加以考虑。当然，对少数头脑特别清醒的人来说，也能够做到这一点。

但是对于日常生活中碰到的麻烦困难，除了那些必需即刻处理的以外，是可以把它们暂且搁置起来的。在对大脑的思维经过系统训练以后，就既能增进人的幸福，又能提高解决问题的效率，因为我们只在适当的时候才去考虑某一问题，而不是不适当地、无间歇地思考。在要作出一个困难的、使人费神的决策时，一经有关的数据信息收集齐备，即给予最充分的考虑并做出决定，在决定做出以后，除非得到新的事实证据，勿去随便加以修正。

没有什么比犹豫不决更使人筋疲力尽、更无成效的了。

通过对引起忧虑的事物的无价值无意义的认识，大多数的忧虑是能够加以削弱克服的。我一生中曾经做过多次公众演说，最初，每一位听众都使我觉得恐惧，神经紧张使我讲得极不成功，我对这一折磨觉得如此害怕，甚至常常在演讲之前，希望自己的腿跌断了才好呢，在讲演结束后，则因神经的紧张而感到筋疲力尽。后来渐渐地，我教会了自己这么去想，不管我说得成功与否，都没有什么大关系，无论怎样，宇宙依然在运转。后来我发现，我对自己的讲演成功与否担心越少，我说得反倒越不怎么坏，神经的紧张渐渐削弱，以至于无了。许多种神经疲劳可以用这种方法来治疗。

我们的作为并非如我们自己想的那么重要，我们的成功或失败归根结底并无多大关系。巨大的悲伤可以忍受克服，那些似乎使人生幸福永不归来的困难也随着时间的流逝而退却消失，以至到后来使人难以记起这些困难原先显得多么巨大。但是，在这些以自我为中心的考虑之外，更重要的是，个人的自我并不是整个世界的一个大部分。

一个能够把自己的思想和希望超越于自我的人，也就能够在日常生活的困境中找到宁静安逸之地，而这对彻底的利己主义者来说是不可能的。

人们对神经卫生的研究是开展得太少了。确实，工业心理学对疲劳做过详细的调查，通过确凿的统计数据证明，在连续相当长一段时间里专门从事某一活动后，人最终会感到非常疲倦——这一结果其实不需要很多的科学知识也大体可以猜出来。心理学家对疲劳的研究要是关于肌体的疲劳方面，尽管对学校儿童的疲劳也做过部分研究。但是这些研究都没有触及这一重要问题。

对人来说，在现代生活中，情绪上的疲劳一直是主要的形式之一。纯粹脑力的疲劳，同纯粹是肌体的疲劳一样，只需通过睡眠即能得到补偿。一个人进行了大量的、不需要情绪卷入的脑力劳动以后——比如，繁琐复杂的计算等——只要在每天工作后保证睡眠即可把疲劳消除。过度劳动带来的危害远非是在这一点上，而是某种形式的忧虑和焦躁。

情绪疲劳会妨碍人的休息。一个人越疲倦，就越觉得难以止息这种疲倦。这种濒临神经崩溃的症状之一即是，认为自己从事的工作极端重要，似乎要是去度上一天假就会使事情不可收拾。如果我是个医生，我就会给任何一个认为自己工作重要的病人开个休假的处方。那种似乎是由工作引起的神经崩溃，事实上，就我所知的任何一个病例来看，都是由某种情绪障碍引起的，病家只是企图通过工作来摆脱这种障碍。他之所以不愿意放弃工作是因为一旦如此，他将无以驱散解脱萦绕他心头的不幸，无论这种不幸是怎样的。

当然，问题也可能是对破产的恐惧，在这种情况下，他的工作直接与忧虑联在一起，但即使这样，忧虑很可能使他长时间地扑到工作上去，以至于到头来他的判断能力愈加低弱，破产会来得更早一些。

不管怎样，引起神经崩溃的是情绪障碍，而不是工作。

忧虑的心理绝不是很简单的。我前面已经谈到过心理修养，即在适当的时刻思考一定问题的习惯。这一习惯的重要性，首先在于使我们花较少的时间思考而又能完成一天的工作；第二，它提供了一个治疗失眠的方法：第三，它有助于决策效率和水平的提高。但是这类方法并不能触及潜意识或无意识方面，当某一障碍相当严重时，任何方法如不能深入到意识层次之下，便不能产生什么作用。

在无意识对意识的作用方面，心理学家已开展了大量的研究，但是意识对无意识作用的研究就很少了。然而后者在精神卫生方面有极大的重要性，如果要使理性的信念作用于无意识王国，就必需认识了解这一作用。这在解决忧虑问题上尤为重要。嘴上说某个不幸万一发生的话并不怎么可怕，这是很容易的，但是只要它仍停留在意识信念里，这种自慰在夜深人静难以入眠时就会起作用，或是防止噩梦的出现。

我个人认为，一种有意识思维，只要赋予其足够的活力和强度，是可以植入到无意识思维中去的。无意识思维大多是由本来是情绪强烈的有意识思维组成的，现在则隐伏了起来。这种隐伏过程有可能有目的地去加以实现，这样我们就可以利用无意识思维做许多事情。

例如，我发现，如果我要写作某一较为困难的题目，最好的办法是，在几个小时或几天里，集中全力——集我所能付出的全部精力——予以认真深刻的思考，在这段时间过后，即发出指令，比方说，要求这一工作转到地下进行。过了几个月后，我有意识地回到这一题目上，便发现这一任务已经完成了。在我发现这一技巧之前，我常常会在以后的几个月里，因为任务没有进展而忧虑不止，但是我并没有因为忧虑而使问题解决得更快些，而这期间的几个月时间却浪费了，现在呢，我就可以利用这段时间从事其他工作了。在解决焦虑问题上，也可以运用在许多方面与此相同的过程。

当某一不幸袭来时，我们可以严肃、认真地思考一下，可能发生的最坏的结果是什么。在正视这一可能发生的不幸之后，我们就感到有确切的理由认为，它并不是极其可怕的灾难。这类理由总是存在的，因为，说到底，我们个人碰到的任何事情并没有什么普遍的重要意义。当你认真地考虑了这种最坏的可能性后，并怀着确信对自己说：“嗯，毕竟这问题不是那么严重紧要”，这时你就会发现，自己的忧虑减少到了最低的限度。这一过程可能要重复几次，但是到最后，如果你面对最坏的可能性都没有退缩躲避，你就会发现，自己的忧虑完全消失了，取而代之的是一种振奋昂扬的情绪。

这是避免恐惧心理的更为普遍的技巧方面的一部分。忧虑是恐惧的一种形式，任何形式的恐惧都会产生疲劳。一个人学会了消除恐惧心理，就会发现日常生活中的疲劳大大减弱了。当我们不希望出现的某种危险发生时，恐惧便以其最有害的形式产生出来。恐惧的思绪时而进入我们的头脑。

究竟恐惧的是什么，每个人不一样，但是几乎人人都有某种潜在的恐惧。有的人害怕得癌症，有的人担心经济上破产，第三个人担忧不名誉的隐私被人发现，第四个人受着猜忌的怀疑心理的折磨，第五个人则在夜晚想到年幼时听到的地狱之火的故事可能是真的而毛骨悚然。或许以上这些人用的是一种错误的对付恐惧的技巧，无论何时恐惧进入了他们的头脑，他们都试图去想别的东西，他们用娱乐、工作或其他手段来分散自己的想法。

这种不敢正视现实的做法反而加剧了各种形式的恐惧。

转移自己思考目标的做法是由于鬼怪幽灵的恐怖所致，人由此转移了自己注视的目光。

对付任何一种恐惧的正确方法是，理智地沉静地对其进行思考，思想须全神贯注，直到对它完全熟悉了解为止。最后，由于它的熟悉而削弱了它的恐怖可怕，这整个对象就变得令人厌烦，我们的思想由此而转移开去，但不是像以前那样，由意志的作用引起，而纯粹是由于对该事物缺乏兴趣所致。

当你发现自己在对某一事物进行沉思默想时，最好的办法是，用比自己平时更认真的态度进行更多的、更严肃的思考，直至最后它失去了令人可怕的吸引力。

现代道德中最为缺乏的东西之一是对付恐惧的方法态度。是的，人在体魄上的勇敢，尤其是在战场上的勇敢，是社会所期望于男子的，但是社会却并不期望他们具有其他方面的勇气，而对女子来说，人们则不希望她们具备任何勇气。一个勇敢的女子要是希望有男人喜欢她，还不得不把这掩盖起来。一个男子除了在身体上受到攻击时应表示出勇敢外，在其他方面如也有这种表示，便会遭人冷眼。例如，对公众舆论的冷漠态度，便被认为是一种挑衅，公众便会尽其所能对敢于蔑视其权威的人予以惩罚。这一切同应该采取的态度恰相反。

男子或女子身上体现的任一形式的勇气，同士兵所具有的勇气一样，应同样予以颂扬。年轻男子身上普遍具有的体魄方面的勇气就证明了，公众舆论可以激发勇气并加以培养。

勇气越大，忧虑就越少，疲劳也就更为减弱。男男女女身上出现的大多数的神经疲劳，无论是意识层次还是无意识层次的，大多是由恐惧所引起的。

疲劳的极为常见的原因之一是对兴奋的爱好追求。

一个人如果把闲暇时间用于睡眠，他便身体健康，但是他的工作却烦闷单调，他觉得在自由支配的时间里需要寻找快活娱乐。问题在于，最容易获得的、表面看来最吸引人的娱乐活动，多半是容易使人神经疲劳的。追求兴奋的欲望，过了某一极点后，就成了或是扭曲的气质或是某种本能不满的标志。

在从前的幸福婚姻中，大多数男子并没有兴奋的需要，但是在现代世界，婚姻常常得延迟一段时间，到最后经济条件具备时，兴奋变成了一种习惯，它只能在短时间里得到某种抑制。如果舆论允许男子在二十一岁便结婚，而又不需担负如今日的婚姻所要求的沉重经济负担，那么许多人就绝不会去要求同他们的工作一样疲劳的娱乐活动了。然而提倡这么去做是被认为不道德的，这或许从林赛法官的命运便可看出来。他尽管长期从事这一荣誉的职业，却因为他希望青年人不再遭受由于他们兄长的固执褊狭而招致的不幸，他因此而受到了诽谤斥责。不过这一问题现在我不打算再谈下去，因为这属于妒忌这一大题目下，我们将在下一章集中讨论。

就单个个人而言，他不可能改变自己生活于其中的社会法律和制度，因此是很难对付那些专制的道德家们制造和长久维持的局面的。但是，我们有必要认识到，使人兴奋的娱乐并非通向幸福之路，尽管只要使人更满足的快乐是可望而不可即的，一个人会发现，除非通过兴奋的刺激，否则生活是难以忍受的。在这种情况下，一个稳健慎重的人唯一能够做到的是约束自己，不允许自己去寻找那种有损健康、影响工作的过分而又使人疲劳的快乐。

对付年轻人的烦恼的根本疗法是，改变公众的道德观念。同时，年轻人也应该认识到，他最后总要走上结婚这条道路的，如果他的生活方式使得幸福婚姻成为不可能的话，那是不明智的，而神经的紧张和习惯的对更为文雅高尚的娱乐活动的能力缺乏，很容易造成这类生活方式。

神经疲劳的最严重的特征之一是，它在人和外部世界之间设立了一道屏障。它使人得到的印象模糊不清、无声无息。一个人不再去注意周围的人，除非被某些小骗术和怪癖习气所激怒。对他来说，菜肴乏味，日月无光，往往只对少数几件事物表示强烈关注，而对其他一切都漠然置之。这种状况使得人不可能得到休息，疲劳则不断增加，到后来需经医疗才能解除。这一切，说到底，是对我们在前一章讨论过的、与大地失去联系的一种惩罚。

但是在今天城市人口大量聚结集中的情况下，怎样保持与大地的联系，确非一件容易的事情。不过，这里我们又发现自己处于重大的社会问题的边缘上，但这类问题我不准备在本小册子中展开讨论。

6. 妒　忌

除了忧虑之外，使人不幸福的最主要的潜在原因之一，或许就是妒忌了。我觉得，妒忌是人类最普遍、最根深蒂固的感情之一。我们可以明显地看到，儿童还不满一岁就有了这种心理，因此每一个教育工作者必需极为慎重地对待这一问题。

对一个幼儿冷落，而对另一个幼儿表示出些微的偏爱，这即刻就会被前一个幼儿观察到，并引起憎恨。一个家庭里如果有几个孩子，那就必需对每个孩子都绝对公正，不偏不倚，而且始终如一。但是儿童在表露自己的妒忌和猜忌（妒忌的一种特殊形式）情感方面，比成年人稍稍公开一些。这种情绪实际上在成人和儿童中一样普遍。就以我家的女佣为例吧，我记得我们曾有一个女佣，因为结婚怀了孕，我们便让她别去提重物了，这么一来，立刻便有所反应：哪一个女佣都不愿去提重物，结果需要去提重物时，都得我们自己动手。

妒忌是民主的基础。赫拉克利特[①]曾经声称，以弗所[②]的公民们都该被吊死，因为他们说过："我们当中谁都不许出人头地。"可以肯定，希腊城邦国家的民主运动，几乎完全是由这种热情所激起的。现代民主的兴起也是这样。

确有那么一种理想主义理论，认为民主制度是最好的政府形式。我个人也认为这种理论是正确的。但是在实际的政治活动中，理想主义的理论并不足以产生巨大变革，而当巨大变革发生时，那些为之辩护的理论一直是热情的伪装形式。那种给予民主理论推动力的热情，无疑就是妒忌的热情。

试读一下罗兰夫人[③]的回忆录吧，她常常以忠于人民

① 赫拉克利特（Heraclitus，公元前 535？ ~ 475？），希腊哲学家。

② 以弗所，希腊爱奥尼亚城市，位于欧亚大商道西端。

③ 罗兰夫人（Madame Roland，1754 ~ 1793），曾参加法国资产阶级革命，在雅各宾政变期间被捕并被处决。

的高贵妇人的形象出现。你会发现，使她成为强烈的民主分子的，是这么一种切身体验，有次她去访问一座贵族别墅时，却被带到了仆人的屋里。

在一般的体面妇女中，妒忌起着相当大的作用。如果你乘坐地铁，一位穿着人时的女人正巧沿着车厢走过，这时你看看旁边那些女人的神色吧。你会看见，每一个女人，或许除了那几个穿着更为时髦的以外，都会带着恶意的眼光看她，会绞着脑筋去贬损她。对传播流言蜚语的爱好就是这种普遍的恶意的表现：只要是关于别个女人的坏话，即便没有丝毫根据，也会马上被人相信。

一种高尚的伦理道德也起了同样的作用：那些有可能作恶来违反此道德的人受到妒忌，并且对他的罪恶进行惩罚被认为是有道德的，这一特别的美德本身就是一种酬劳奖励。

然而，同样的情况在男人身上也时有所见，不同之处在于，女人把其他一切女人都看作自己的竞争对手，而男子一般只对与自己同行业的人有这种情感。读者们，你有否曾经冒失地在一位艺术家面前称赞另一位艺术家？你有没有在一位政治家面前称赞同一党派的另一位政治家？你有没有向一位埃及学家夸奖另一位埃及学家？如果你这么说过，那么十有八九，你会引起那种猜忌心理的爆发。

在莱布尼兹[1]和惠更斯[2]的通信中，有好几封信对传

---

① 莱布尼兹（G．W．Leibniz，1646 ~ 1716），德国自然科学家、数学家、哲学家。

② 惠更斯（C．Huygens，1629 ~ 1695），荷兰数学家、天文学家、物理学家。

闻的牛顿患精神病一事表示悲叹。他们互相这么写道:“无与伦比的天才牛顿先生竟然因为理智的丧失而变得糊涂起来，岂不有点可悲?”这两位颇有名望的学者，在一封接一封的来往信件中，显然是带着幸灾乐祸的情绪掉下几滴鳄鱼眼泪的。事实上，他们假意悲叹的事情并没有发生，只不过是牛顿的几个古怪的行为引起了这样一些谣言猜测。

在普通的人性特点中，妒忌是最为可叹可悲的。不仅妒忌者希望别人遭受不幸，只要不受惩罚并付之于行动，而且他自己也因为妒忌而受到不幸。他不是从自己拥有的一切里汲取快乐，而是从他人拥有的东西中汲取痛苦。只要他能够，就设法去剥夺他人的优点长处，这在他看来是如此值得去干，犹如自己得到了这些优点长处。如果任凭这种热情肆意泛滥，那么它对任何美德、甚至对最有用的特殊技巧的发挥都是致命伤害。

为什么一个医生该坐着汽车去看病人，而一个工人只能走着去上班?为什么科学研究者可以坐在温暖的房间里度过时光，而别人却要受着大自然的日晒雨淋?为什么一个掌握具有重大价值的非凡才能的人，就可以免去他日常繁杂的家务劳动?对这类问题，妒忌并没有提供答案。

不过，幸好人性中另有一种代偿的热情，即羡慕的情绪。无论谁要增进人的幸福就必需增进羡慕情绪，减少妒忌情绪。

有什么方法可以治好妒忌呢?对圣人来说，可以用无私精神来治疗，尽管即使在圣人身上，对其他圣人表示出妒忌也不是不可能的。我怀疑圣西门·斯提莱特[1]要是知道另有一个圣人在一条更窄的柱头上站立时间更为长久时，他是否会觉得很愉快。不过，我们不去说圣人吧，对于普通的男男女女来说，治疗妒忌的唯一方法即在于幸福，但困难也正在于，妒忌本身就是幸福的一大障碍。

我认为人在童年时代遭遇的不幸大大刺激了妒忌心的形成。一个孩子发现自己的兄姊受到宠爱，便形成了妒忌的习惯，待他走到这世界上，他就去寻找那些把自己作为牺牲对象的不公正现象，只要这类现象一发生，他就立即察觉到，如果没有，他也会想象出它们的存在来。这种人必然是不幸福的，而且为朋友们所讨嫌，因为他们不可能一直记住去避免做出那种被假想的怠慢行为来。他开始时认为没有人喜欢自己，到后来他以自己的行为使自己所相信的东西变成真的了。

儿童时代的另一个不幸是，孩子虽有父母却得不到父母情感，这也会产生同样的结果。

自己家里虽然没有受到过分宠爱的兄姊，但小孩会发现别人家的孩子比自己受到父母更多的爱。这会引起他仇恨别的孩子，仇恨自己的父母，长大以后，他便会认为自己成了以实玛利[2]。

有几种幸福是人人天生应得的权利，要是剥夺了这些幸福，人几乎必然变得乖戾易怒。

① 圣西门·斯提莱特（Simeon Stylites，390 ~ 459），古代基督教隐修士，他创立了一奇特的苦修方式，在特拉尼撒筑一高柱，居其顶端思念上帝，历时约 30 年，后人称为“柱头修寸”（Stylites）。

② 以实玛利（Ishmael），《圣经》中亚伯拉罕的庶子，后被遗弃。

但是妒忌者可能会这么说：“告诉我幸福是治愈妒忌的疗法又有何用？只要我继续有妒忌心，我就不会找到幸福，而你们还告诉我，在我找到幸福之前，我是不会抛弃妒忌意识的。”但是实际生活并不是这样符合逻辑的。只要认识到自己身上妒忌情绪产生的原因，就是在治疗的道路上前进了一大步。

根据比较来思考的习惯是一个致命的缺点。

当任何快乐的事情发生时，都应该尽情去享受，而不要停下来去这么想：同别人可能会遇到的事情比较起来，自己的事儿并不怎么叫人快乐。“是呀，”妒忌者说道，“今天天气很好，春天来到了，鸟儿在歌唱，鲜花在开放，但是我知道，西西里的春天更要美丽一千倍，赫利孔山丛林里的鸟儿唱得更动听，沙伦的玫瑰比我家花园里的玫瑰更鲜艳。”当他这么去想时，太阳失去了光芒，鸟儿的歌唱变成了无意义的鸣叫，鲜花似乎都不值得一看。

他对生活中其他方面的快乐也都采取同样的态度。“是的，”他会对自己说，“我心中的姑娘是可爱的，我爱她，她也爱我，可是希巴女王[①]一定绝艳美丽得多！哎，要是我有所罗门那样的机会该多好啊！”所有这类比较都是毫无意义的、愚蠢的！无论是把希巴女王还是隔壁邻居当做我们不满的原因，两者都是无益的。

对贤人而言，并不因为别人拥有我所没有的，我自己

① 希巴女王，活动于公元前10世纪。据传说，希巴王国位于阿拉伯半岛西南，所罗门王在位期间，希巴女王亲率驼队前来拜见。后来嫁给了所罗门王。

拥有的东西就不值得享受了。实际上，**妒忌既是道德上的又是理智上的一种缺陷，它永远看不见事物本身，只见事物之间的关系。**比方说，我挣的工资已经足够我花了，我本应感到满足，不过我听说另外有两个人，我知道他一点都不比我高明多少，而挣的工资却是我的两倍。如果我是个妒忌心很重的人，刹那间我对自己拥有的东西满足感便消失了，我开始为一种不公正感所左右。

治疗这一切的有效办法是心理修养，培养不去想无益的事情的习惯。说到底，又有什么比幸福更值得妒忌？要是我能治好自己的妒忌心，我就会得到幸福，就会为人所妒忌了，那个工资是我两倍的人，必定会受到这种思想的折磨，想到另外有人挣的工资是他的两倍，如是等等。要是你渴望荣耀，你可能会妒忌拿破仑。但是拿破仑妒忌恺撒，恺撒妒忌亚历山大大帝，而亚历山大，我敢说，则妒忌实际并无其人的海格立斯[①]。

因此，仅仅通过成功并不能摆脱妒忌心，因为在历史上或传说中总会有人比你取得更大的成就。你可以通过享受自己得到的快乐，通过去做自己要完成的事，通过避免和自己想象中的、可能是相当不真实的、所谓比自己更幸运的人去做比较，以此来摆脱和消除妒忌心。

不必要的谦虚和妒忌有大关系。谦虚被认为是一种美德，但是就我看来，我很怀疑，谦虚是更为极端的形式，是否值得这样去看。羞怯的人需要别人的一再安抚保证，而且常常不敢接受他们本来满有能力去完成的任务。羞怯

① 海格立斯（Hercules），希腊神话中的大英雄。

的人认为自己比不上那些自己经常相处交往的人。因此他们尤其容易产生妒忌心，并由妒忌心导致不幸和敌意。就我来说，我认为，抚养一个孩子，让他认识到自己是个好孩子很重要。

我不相信哪一只孔雀会去妒忌另一只孔雀的羽尾，因为每一只孔雀都认为自己的羽尾是世上最美丽的。结果呢，孔雀成了和平温顺的鸟类。试想一下，要是一只孔雀受到这样的教育，认为对自己做高度评价是邪恶的，那它的生活会变得多么不幸啊。每当它看见另一只孔雀开屏时，它就会对自己说：“我可不能去想我的羽尾比它漂亮，这样想是骄傲自满，可是，哎，我多么希望自己更漂亮些！那只丑鸟这么得意，自以为漂亮了不起！我拔下它几根羽毛怎样？这样或许就不必再害怕同它相比了。”

或者它会去设个陷阱，以证明那只孔雀邪恶冥顽，行为不端，犯下了孔雀社会所不容的罪行，于是它在头领会议上告发了那只美丽的孔雀。发展到后来，它们会立下这样一个规定，凡是羽尾特别美丽的孔雀几乎总是邪恶的，孔雀王国中那位贤明统治者便会选出那只仅有几根秃羽的孔雀当头领。在这一规定被接受后，它就会把所有最美丽的孔雀处死，到最后，真正漂亮的羽尾成了只有在对过去模糊的回忆中才会出现的东西。这就是妒忌假充为道德时的所谓胜利。

但是，在每只孔雀认为自己比其他伙伴更美丽时，就没有这种压抑的必要了。每一只孔雀都想在这一竞争中赢得第一名，而且因为每只雄孔雀都尊重自己的雌孔雀，都认为自己取得了这样的成绩。

妒忌当然是与竞争紧紧联在一起的。我们对自己认为不可企及的福运是不会去妒忌的。在社会等级森严的时代，最下等的阶段不会去妒忌上层阶级，因为穷富之间的界限被认为是由上帝规定的。乞丐不会去妒忌百万富翁，尽管他们会妒忌那些运道稍微好些的乞丐。

现代世界中社会地位的不稳定，以及民主和社会主义平等学说等，大大扩展了妒忌的范围。从现在来看，这是一种邪恶，但是为了达到一种更为公平的社会制度，这种邪恶暂且必需忍受。当对不平等进行理性的思考时，除非它们是基于成绩优点之上，否则便被视做不公正。一旦它们被视为不公平，除了把这种不公平消除，对由此而引起的妒忌是没有其他解决办法的。我们的时代因此是一个妒忌心起着奇特的大作用的时代。穷人妒忌富人，穷国妒忌富国，女人妒忌男人，守贞操的女人妒忌虽然不守贞操、却未因此受惩罚的女人。

一方面，妒忌确是导致不同阶级、民族、国家、不同性别之间公正关系的主要推动力；另一方面，同样确实的是，这样一种作为妒忌结果的公正很可能是一种最坏的公正，这种公正与其说是增加了不幸者的快乐，不如说是减少了幸运者的欢乐。在个人生活中起着破坏作用的热情在公共生活中起着同样的作用。因此别以为从妒忌这样的邪恶中会产生出好的结果来。那些出于理想主义的原因，希望我们的社会制度发生巨大变革，社会正义得以伸张的人，应该去寻求其他的力量而不是妒忌心来促进这些变革的发生。

所有的坏事情都是互相关联的，其中任何一个都可能成为另一个的原因，疲劳尤其是常常引起妒忌心的一个原因。当一个人对自己要去做的事感到力不胜任时，他便产生一种普遍的不满情绪，这种情绪便极可能以对那些工作较为轻松的人产生妒忌的形式出现。

因此，减少妒忌心的方法之一是，减少人的疲劳。但最主要的是，要去寻得一个能使自己的本能得到满足的生活。纯粹是职业性的妒忌多有性方面的原因。一个在婚姻或子女抚养方面颇为幸福的人，是不怎么会因为别人更有钱，事业上更成功而去妒忌的，只要他自己有足够的钱，能够以自己认为合适的方式抚养孩子就行了。

人的幸福究其实质而言是很简单的，简单到连那些老于世故者都不能承认自己究竟缺少些什么。我们前面讨论到的，对每一个穿着入时的女人产生妒忌心的女人，可以肯定她们在本能生活中并不幸福。在欧美，尤其在妇女中，本能生活幸福的人是很少的。在这一方面，文明似乎走上了歧途。要减少妒忌心理，必需找出能弥补这种状况的办法来，要是找不到这样的办法，那么我们的文明就会处于由仇恨走向毁灭的危险之中。

从前，人们只妒忌自己的邻居，因为他们对其他的人几乎一无所知。现在通过教育和新闻传播等间接手段，他们对人类社会各等级的人也有了相当了解，尽管其中的个人他们可能一个都不认识。通过电影，他们以为自己了解了富人是怎么生活的，通过报纸，他们知道了别的民族国家的种种弱点，通过宣传，他们了解到与自己肤色不同的种族人们的凶残行为。黄种人仇恨白人，白人憎恨黑人，等等。你或许会说，这一切仇恨都是由宣传煽动起来的，但是这种解释只说到问题的表面。

为什么宣传在激起人们的仇恨时比激发人们的友好感情更易成功？原因很清楚，现代文明造就的人的心灵更趋向于仇恨而不是友谊。它之趋向于仇恨是因为它感到不满，因为它深深地、或许甚至是无意识中感到自己失去了人生的意义，感到或者是别人，而不是我们自己，得到了大自然给予人的愉快欢乐。现代人的生活中享受到的快乐，总起来肯定要比原始社会时多得多，但是对可能得到的快乐的追求意识也就更为强烈。

无论你何时带孩子到动物园去，就会发现类人猿的眼睛里，在它们没有表演体操动作或是嗑坚果时，会显出一种奇特的紧张、悲哀。我们几乎可以想象，它们感到自己本来应该成为人的，但是没能发现如何成为人的秘密。在进化的道路上它们迷失了方向，它们的堂弟妹赶了上去，它们自己却落到了后边。

与这种紧张、烦恼同样的情绪似乎进入了文明人的灵魂。他知道还有比自己更优越的事物，而且几乎就在自己掌握中，但是他不知道到哪里去寻找，或是怎样去发现它。绝望之中，他向自己的同伴发起怒来，但是同伴和他一样感到失落和不幸。我们已经达到进化史上的又一个阶段，但这还不是最后的阶段。我们必需迅速穿越过去，否则，大多数人就会在路上死去，其他人则会在怀疑和恐惧中迷失方向。

因此尽管妒忌是邪恶的，它的作用也是可怕的，但并不完全是个魔鬼。它一方面是英雄式的痛苦的表现，那是在茫茫黑夜中徒步跋涉者的痛苦，他们或许是在走向更好的安憩之处，或许只是走向死亡和毁灭。在这绝望之中要找到一条正确道路，文明人必需像开阔自己的视野一样，开阔自己的心胸。他必需学会超越自我，并且通过这样做来获得宇宙的自由。

7. 犯罪感

说到犯罪感，我们在第一章里已进行了一些讨论，不过现在我们需要做更进一步的充分探讨，因为它是成年人生活不幸的潜在的心理原因里最重要的因素之一。

①良心的刺激

传统的宗教的犯罪心理说，现代心理学家不可能接受的。据说，尤其是从新教徒看来，在每个人受到诱惑去做出罪恶的行为时，良心便会显露出来，而在他犯下这一罪过后，他就可能经历这样两种痛苦的情感，一种叫做后悔，那是没有用处的；另一种叫做忏悔，它可以清除人的罪过。

在信奉新教的国家里，甚至许多失去了信仰的人，在相当一段时间里依然接受那些多少有些变化的正统的犯罪观。今天，部分由于心理分析的发明，情况则正相反，不仅非正统的人拒绝接受旧的犯罪观，甚至许多依然认为自已是正统的人也采取同样态度。良心不再是神秘的了，而过去，正因为它神秘，还可以被认为是上帝的声音。我们知道，在世界各地，良心所禁止的行为是各不相同的，一般说来，它和各地的部落习俗是一致的。

那么，当一个人的良心刺激他时，实际究竟发生什么情况呢？

事实上，“良心”这个词，包含有好几层不同的意思，最简单的就是担心被发现的恐惧。

我相信读者们是过着一种完全无可指责的生活。但是你如果问问别人，这个人有时做的事如果被发现的话就会受到惩罚，那么这个人在马上有可能被人发现时，他就会忏悔自己的罪过。我并不是说这种做法也适用于惯窃犯，惯窃犯把待牢房视做必不可少的职业冒险。但是这对受人尊敬的初犯却是适用的，比如，一位银行经理，在一阵紧张刺激下侵吞了公款，或是一位牧师，在热情的冲动下做出了某一不轨行为。这种人在他们的罪行很少有可能被人发现时，是会把它忘却的，但是这些罪行被发现、或者极有可能被人发现时，他们便会希望自己更守道德，这种想法会使他们清楚地感到自己罪恶的严重性。

与这种想法密切相连的是担心变成害群之马被驱逐出去的恐惧。一个人玩牌时做了手脚，或是未能偿还赌债，在这一切被发现时，他本身已无理由来对大家的裁决表示反对。在这一点上，他不像宗教改革者、无政府主义者、革命家等，他们的坚定信念是，不管他们目前的命运如何，未来是属于他们的，现在他们受折磨，将来一定会得到荣誉、报偿。这些人尽管受到人们的普遍敌视。但是并不觉得自己有罪。

但是一个完全接受社会道德准则的人，在其行为与此相悖，因而失去其社会地位时，会遭受极大的不幸，面对这一灾难的恐惧，或灾难降临时的痛苦感受，会很容易使他认为自己的行为是有罪的。

但是犯罪感的最主要形式埋伏在更深处。其根源在于无意识层次，而且不因为对他人的反对意见的恐惧而显露于有意识层次。在有意识层次，某些行为没有明显的反省原因而被标为罪恶。当一个人做出这些行动时，他感觉不安，却不知道为什么会这样。他希望自己成为这样一种人，能够摆脱自己所相信的那种罪恶。他只对那些他相信心灵上纯洁的人表示道德上的景仰。他或多或少带着悔恨认识到自己不可能成为一个圣人。事实上，他的关于神圣的信念在日常生活中几乎是难以去做到的。

因此，他的生活中总是伴随着一种犯罪感，觉得这世界最美好的一切是与他无缘的，对他来说，最辉煌的时刻不过是去做伤感的忏悔的时候。

实际上这一切事例的根源在于他六岁前从母亲或保姆那里受到的道德教育。在这以前他已经懂得了，骂人是邪恶的，除了使用那种女人腔的语言，不应该讲别的话；只有坏人才喝酒；吸烟和最高尚的美德是不相容的。他知道了一个人应该永远不撒谎。而首先他知道了任何一种对性的兴趣是令人憎恶的。他知道这一切都是他母亲的看法，相信这一切都是造物主的旨意。

对他来说，生活中最大的愉快是受到母亲的抚爱，或者如果她淡漠疏忽的话，那就是保姆的抚爱，而且这只有在他没有做出罪恶去违犯道德准则时才能享受到。因此他学会了把模模糊糊觉得可怕的事情同他母亲或保姆反对的行为连在一起。待他渐渐长大以后，他忘记了这一道德准则是来自哪里，原来对不服从这一准则的惩罚又是什么，但是他并没有抛弃这一道德准则，也没有停止这样的想法，如果他违犯了这一准则，那他就会遇到可怕的事情。

婴儿期的道德伦理教育大多缺乏理性基础，因此就难以运用到普通人的普通行为上去。例如，一个讲所谓“粗话”的人，从理性的观点看，就不比一个不讲粗话的人更坏些。然而实际上，任何一个想象去当圣人的人都会认为禁绝骂人习惯是极重要的。但是从理智的角度看，这是很愚蠢的。

同样的情况还有饮酒和吸烟。谈到饮酒，在南方一些国家并不存在这种观念，因为谁都知道我们的上帝和他的门徒是喝酒的——这种想法还真有点不敬呢。至于说到吸烟，人们更容易采取一种反对的立场，因为大圣人在世时，香烟还不知为何物呢。但是这一点上也不可能去进行理性的争辩。说圣人们都不会去吸烟，是基于这样一种看法，即归根结底，圣人是不会为了快活享乐而去做某件事的。

在一般道德中的这一禁欲主义因素几乎潜入了人的无意识之中，但它以各种方式起作用，使得我们的道德准则缺乏理性。在理性的伦理道德中，只要同时不给自己或别人带来痛苦，给予任何人、即使是给自己带来快乐都是值得称赞的，如果我们摒弃了禁欲主义，那么，理想的有道德的人，应是这样一种人，他会去享受各种美好的事物，只要它们不带来消极的后果。

我们再来看说谎。我不否认世界上人们撒的谎是太多了，如果大家多讲真话，那对我们都会更有好处。但是我确实否认，而且我想每一个有理性的人都会这么认为，说谎在任何情况下都是不正常的这一看法。有一次我在乡间散步时，一只已经筋疲力尽的狐狸依然挣扎着向前奔去。几分钟以后，我见到了猎手，他们问我有没有看见那只狐狸，我说看见过；他们又问我，它朝哪个方向逃走了，我指了另一条路。我想要是我说了实话，我也不会成为一个更好的人。

但是首先是在性方面，早期的道德教育带来了危害。要是一个孩子由严厉的父母亲或保姆施以传统的教育，那么等他到六岁时，就已牢固地树立了犯罪和性器官的联系观念，这一切在他以后一生中是很难完全摆脱的。当然，这一情绪又受到俄狄甫斯情结（恋母情结）的强化，因为儿童期最爱戴的女人是这样一个人，他是不可能与她发生任何自由的性关系的。

其结果是，许多成年男子便认为女人因为性而堕落，他们不能尊重自己的妻子，除非她们对性交表示厌恶。但是一个男人要是他的妻子对性生活态度冷淡，他就会受本能驱使，到别处去寻求本能的满足。然而即使他一时得到了本能的满足，这一满足也会受到犯罪感的腐蚀，因此他不可能从同一个女人的任何关系中（无论是婚姻关系或婚外关系）得到幸福。

在女人方面，如果她同样受过所谓“贞节”的严厉教育，也会发生同样的情况。她在与丈夫的性关系中，本能地采取退缩态度，害怕从这当中得到任何快乐。不过，今天较之五十年前来，女人方面这种情况要少多了。我应指出，目前在受过教育的人中，男人的性生活比起女人来，更多地受到犯罪感的扭曲和毒害。

现在人们对年幼儿童的传统的性教育带来的危害，开始有了较为广泛的认识。正确的方法很简单：在一个孩子未到青春期之前，不要向他或她进行任何性道德教育，而且注意避免灌输这样的思想，即在自然的身体机能方面有什么令人憎恶的地方。随着时间的到来，需要给予这方面的伦理教育时，要注意符合理性，在谈及的每一点上都应有充分明确的理由。不过本书中我不算谈教育问题。

在这本书里我主要想探讨一下对于引起非理性的犯罪感的不明智教育，成年人怎样才能尽可能减少它的消极影响。

②不明智的教育

同前几章我们讨论过的一样，这里的问题是，如何使无意识层次接受统治我们的有意识思维的理性信仰。人不应该让自己随着情绪摆布，此时信此物，彼时信彼物，没有定见。

在人的有意识意志由于疲劳、疾病、饮酒或其他一些原因而受到削弱时，犯罪感变得尤为突出。这时人的感觉

（除非由酗酒引起的以外）可以看作是更高的自我的显示。“魔鬼生了病，也会成为圣人。”但是以为人在这些虚弱的时刻比起在强健的时刻来，有更深刻的洞察力，那是荒谬的。人在虚弱时刻，是很难抵制婴儿时受到的教育暗示的，但是也没有理由表明，在成年人身体的官能得到充分发挥时，这类暗示就一定比那些信仰更占上风。相反，在一个人精力充沛的时候，运用自己的全部理智而获得的那些信仰，应该成为他任何时候都予以接受的准绳。

克服婴儿期无意识层次的那类暗示是可能的，甚至可以通过运用正确的技巧来改变无意识的内容。无论何时，在你开始对某一行为感到后悔，而你的理智又告诉你它并不是邪恶的时候，你就应该检查一下产生后悔感的原因，使自己明白这一切的荒唐所在。让你自己的有意识信仰鲜明突出，让它们在你的无意识里留下深刻的印象，使其足以对付你在孩提时代母亲或保姆留给你的那些印象。

不要为理性时刻与非理性时刻之间的交替感到满足。认真审视非理性意识，绝不拜倒在它的脚下，勿让它左右你自己。无论何时，在它将愚昧的思想或情感注入你的意识层次时，那就把这一切连根拔起，审检并拒绝它。不要让自己一直当个摇摆不定的生物，半由理智，半由婴儿期的愚昧所制约。

不要因为对那些控制着你儿童期发展的那些人的记忆印象采取不敬态度而感到害怕。他们在那时对你来说可能显得强大、聪明，这只是因为你还软弱、愚昧，现在你已经摆脱了这二者，该是你来检查他们表面的力量和智慧，考虑他们是否依然值得你尊敬，而这种尊敬本来是由于习惯的力量你才向他们表示出来的。

你应该严肃地问自己，传统上给予年轻人的那种道德教育，是否会使这世界变得更美好。请思考一下，那些道地的迷信思想有多少进入传统的、有道德的人的性格中，再想一想，所有那些假想的道德危险由那些极为愚昧的禁令所防范时，一个成人面临的真正的道德危险实际上却没有引起注意。

一般人受到引诱的那些真正有害的行为究竟是什么？经商中那些未受到惩罚的诈欺诳骗行为，对雇员的粗暴态度，对妻子儿女的残暴行为，对竞争对手的刻毒用心，以及政治冲突中的残忍行为——这些才是那些颇有声望的公民经常犯下的真正有害的恶行。通过这些罪恶行径，一个人在他周围的生活圈子里播下了痛苦，在毁灭人类文明的路上向前跨了一步。但是这一切并没有使他在患病时，感觉到自己成了一个失去了神庇护的被驱逐的恶人。这一初并没有使他在噩梦中看见自己的母亲那申斥责备的眼光。

为什么他的潜意识中的道德观点和理智相距如此遥远呢？这是因为那些抚育他的童年的人所信仰的伦理观念是愚昧的；因为这不是来自于个人对社会承担的义务责任的研究；因为这是由那些无理性的清规戒律拼凑而成的；还因为其中包含着这样一些病态因素，它们正来自于困扰着垂死的罗马帝国的那些精神疾病。

我们名义上的道德观念是由牧师和精神上受奴役的女人形成的。现在该是让在正常的生活中发挥着正常作用的人们开始学会抵制这一病态的荒谬信念了。

但是这样的反抗要取得成功，要使个人获得幸福，使得一个人一直遵循着一种准则生活，而不是在两者之间摇摆不定，那他就需要更深刻地思考和体会他的理智告诉他的一切。大多数人在他们表面上摆脱了儿童时代的迷信观念后，便以为一切都完事了。他们没有认识到，这些迷信思想依然在地下潜行。

在我们认识到一个理性的信念时，需要对它进行认真思考，观察它的后果，寻找出自己头脑里可能存在的与这一新的信念不一致的任何其他信仰，当犯罪感变得强烈起来时，这是时常会发生的，不要去把它当做一种启示和向更为高级的事物的呼唤，而是看作一种疾病，一个弱点，当然除去一种例外，即它是由理性的伦理观所谴责的行为激起。

我并不是在说人不需要道德观念，我只是在说人不需要迷信的道德观念，这两者是全然不同的。

但是即使在人违反了自己的理性准则时，我也怀疑犯罪感是否就是一种使人走向更美好生活的最佳方法。在犯罪感中有那么一种卑下的、缺乏自我尊重的成分。一个人是不会因为失去自尊而走上正确道路的。理性的人会把自己的不良行为同别人的不良行为一样对待，看作是在一定条件下发生的行为，可以通过两种方法来加以避免，一是充分认识到这一行为的不可取，一是在可能的条件下，避开引起这类行为的环境条件。

事实上，犯罪感远不能导致人走向完美的生活，而是恰恰相反。它使人不幸福，使人自卑。正因为不幸福，他便可能向他人提出过分的要求，这样做又阻碍他去享受人际关系中的那种快乐、幸福。自觉卑下，他便会对那些比自己强的人产生嫉恨。他会发现很难去景仰别人，却很容易产生妒忌心。他会变成一个到处不受欢迎的人，会感到自己越来越孤独。对别人大方豁达的态度不仅给他人带来幸福，而且也是自身幸福的一个主要源泉，因为这样做使自己为人们所接受、欢迎。

但是对一个受犯罪感折磨的人来说，是极少可能去采取这一态度的。它是人的自信和自我依靠的结果，它需要一种人的心理的整合，我这么说是指人的本性的各个层次，如有意识、潜意识和无意识层次等共同起协调作用，而不是相互处于无休止的争斗中。要取得这样一种和谐，在多数情况下可以通过明智的教育来做到，但是在教育本身是不明智的时候，要做到这一点就困难了。这种方法是心理分析学家企图去做的，但是我相信，在大多数情况下，病人自己就可以做到这一点，除非在更严重的情况下，需由专家来协助治疗。

别说这种话："我没有时间去从事这种心理劳动，我的生活已经忙得不可开交，我得让自己的无意识随它去闹吧。"

当一个人的人格是分裂的时候，没有什么比它更加削弱人的幸福和效率了。为使一个人的人格各部分之间产生协调而花费时间，这是值得的。我并不是说，一个人就需要每天抽出一个小时来进行自我检查。我认为这绝不是最佳办法，因为这样做会强化人的自我贯注，而这正是需要治疗的疾患的一部分，因为和谐的人格是外向型的。

我的建议是，一个人应该明确肯定自己理性上应该相信什么，绝不让相反的、非理性的信仰不受到质问而进入自己的头脑、甚或左右自己，哪怕时间再短也不允许。这是在人受到引诱回返到婴儿期状态时，同自己展开推理的问题，只要这种推理强而有力，其过程是非常短暂的，因此而花费的时间是很少的。

有许多人对理性观念抱厌恶态度，在这种情况下，我这里说的一切就会显得毫不相干、没有什么意义了。有这么一种看法，认为如果允许理性自由表现，它将会压制、去除一切深刻的情绪。据我看来，这种观点是由于对理性在生活中的作用完全错误的认识而引起的。激发情绪的产生并不是理性的任务，尽管它的部分作用可能是去发现某些方法，它们足以防止那些给人的幸福造成障碍的情绪产生。

找出最大限度减少仇恨和妒忌心的方法，无疑是理性心理学的任务之一。但是如果认为在削弱这些热情的同时，也削弱了理性并未加以否定的这些热情的力量，那是一个错误。在热烈的爱情、父母情爱、友谊、仁爱、又科学或艺术的献身精神等方面，理性是绝不会去加以削弱抑制的。理性的人在自己具有以上任何一种、或是所有这些情感时，他会很高兴于此，而绝不会去削弱这些情感的力量，因为所有这些情感都是美好生活的、是既给自己又给他人带来幸福的美好生活的一部分。在这类热情中，完全没有什么非理性的成分，而许多非理性的人所具有的热情则是最微弱的。

没有人需要担心因为自己变得富于理性而使自己的生活变得单调枯燥。相反，由于理性主要是由内在的和谐组成的，具备了理性的人，在对世界的观察，在运用自己的力量取得外部目标方面，比起那些一直受到内心冲突折磨的人来，要自由得多。

没有什么比把自己禁锢起来更令人呆板迟钝了，也没有什么比把自己的注意和能量转向外部世界更使人振奋高兴了。

我们传统的道德观念不恰当地以自我为中心，而犯罪意识就是这种不明智地把注意贯注到自我身上去的一种做法。对那些还从来没有越过由这一错误的道德观引起的悲观情绪的人来说，理性似乎是不需要的。但是对那些曾经患有此种疾病的人，理性是使治疗有效的必要条件。或许这种疾病是心理发展过程中的一个必要阶段。

我认为，一个依靠理性而超越了这一阶段的人，比起那些从来没有经历过这一疾病、或是经过治疗的人来，达到了更高一级的层次。我们这一时代里对理性的普遍憎恨多半是由于这一事实，即没有把理性的运用看作是一种最基本的方法。

一个自我分裂的人寻求兴奋和玩乐，他之需要强烈的热情，并不是出于健全的理性，而是因为这么做使他在短时间里忘却了自己，暂时中止了痛苦的思维。对他来说，任何热情都是一种麻醉，既然他找不到根本的幸福，那么，任何对痛苦的摆脱在他看来只有通过麻醉才有可能实现。但是，这是一种根深蒂固的毛病症状。只要没有这种疾患，那么最大的幸福便来自人体官能的最充分发挥。

在心灵处于最活跃的时刻，在极少有事物被遗忘时，人才能经历最强烈的欢乐。这一点确实是幸福最好的试金石，基于无论哪一种麻醉形式的幸福都是虚假骗人的，难以令人满足的，真正使人满足的幸福是由人体官能的充分发挥，以及对我们生活于其中的这一世界的充分认识相伴随而获得的。

8. 恐惧舆论

总的来说，除非人们的生活方式、对世界的看法为那些同他们有社会关系的人，尤其是那些与他们共同生活的人所接受，很少有人会是幸福的。

一个具有一定兴趣和信念的人会发现，生活于某一群体中时，自己实际上成了一个被驱逐者，在另一个群体中，则又作为一个完全正常的人而被接受。许许多多不幸，尤其是青年人的不幸，即由此而产生。

一个青年男子或女子接触到某些新思想，但是却发现这些思想在他或她生活的环境中受到诅咒。于是这个青年很容易产生这种想法，把自己所熟悉的唯一环境当做整个世界的代表。他们难以相信，在另一个地方，在另一个群体中，他们因为害怕被认为是大逆不道而不敢申言的观点会被当做普通常识而接受。正是由于对世界的无知，人们经受了许许多多不必要的痛苦，有时只是在青年时期，而不少人甚至整个一生都如此。

这种孤独不仅是痛苦的根源，而且也使人面对敌对环境，为了保持精神上的独立这一不必要的任务，消耗浪费了巨大的能量，在这种情况下，根据他们的逻辑推理，百分之九十九的人会产生胆怯心理，不敢去接受这些思想。

勃朗特姊妹在她们的书出版以前，从未遇到过任何同她们意气相合的人。但是这并没有影响艾蜜莉。她很勇敢，具有高尚的气质，但是却影响了夏绿蒂，尽管她很有才华，但她的世界观大体上依然属于家庭教师这一类。

布莱克同艾蜜莉·勃朗特一样，生活在精神极为孤独的环境中，但也同她一样，他的勇气足以抵挡其消极影响，因为他从不怀疑自己的正确和评论家们的错误。

他对舆论的态度从下面几行诗中可以看出来：

> 我曾经和知道的唯一那个人
> 他几乎没有使我呕吐
> 是富塞利：他既是土耳其人又是犹太人
> 因此，亲爱的基督朋友们，你们又如何？

但是没有多少人在他们的内心生活中拥有如此巨大的力量。几乎对所有人来说，同情的环境为幸福所必需。当然，对多数人来说，他们所处的环境是具有同情心的。这种环境把流行的偏见灌输到青年头脑中，使他们本能上同周围到处都接触到的信仰、习惯合拍适应。但是对为数不少的人，其中几乎包括了所有具有聪明才智、艺术才华的人来说，这种默认态度是难以接受的。

比方说，一个人生长于某一乡村小镇，在年纪很轻时就发现自己为一种敌对态度所包围，它对一切有益于心理健康发展的事物都加以敌视。如果他想读一些严肃正经的书，其他孩子就瞧不起他，老师则说这种书是蛊惑人心的。如果他对艺术发生兴趣，他的同辈人会觉得他没有男子汉气质，年长一些的则认为他不正经。不管他向往的职业如何体面，只要他生活的那个圈子里是很少见的，别人就会说他想出人头地，还会说，他父亲干的那一行对他来说才真正合适。要是他稍稍显出一点苗头，企图批评父母的宗教信仰或是政治倾向，他就很可能碰上大麻烦。

由于以上种种原因，对大多数具有特殊才能的青年男女来说，青春期成了一个不幸的时期。对那些更为普通的同伴来说，则是一个高兴快活欢乐的时期，但是前者希望学习更为正经、严肃的东西，而这一切在他们所生长的特定的社会环境中，在他们的兄长或是同代人身上都无法寻到。

当这类年轻人上了大学，他们可能会找到志趣相投者，并度过几年幸福时光。如果他们很幸运，那么在大学毕业后，他们可能会找到这样的工作，这种工作能使他们找到志趣相投的朋友、侣伴；一个有才智的人，在伦敦、纽约一类的大城市中，一般总能找到志趣相投的一群人，在那里他不必故作虚伪束缚自己。

不过要是他的工作迫使他居住在一个更狭小的环境

里，尤其是要求他对普通的人们表示出尊敬恭顺，比方说，当一个这样的医生或律师，他或许会发现，在自己整个一生里，都不得不对自己天天见面的那些人隐匿自己的真正兴趣和信念。

在美国，由于土地辽阔，这种情况尤为普遍。在那些极为偏僻的地区，无论是东南西北，都有那么一些孤独的个人，他们从书本上知道，在别的地方，他们会不再感到孤独的，但是他们没有机会到那里去生活，只是难得有机会同人做一次志趣相投的交谈。在这种情况下，对那些气质上比布莱克和艾蜜莉·勃朗特稍微弱些的人来说，真正的幸福是不可能的。

如果要使幸福成为可能，就必需找到某种方法使舆论的独断专横或得以减轻，或得以消除，只有这样，具有聪明才智的少数人才能够互相了解，并从各自的社交活动中得到乐趣。

在很多情况下，不必要的胆怯使得问题更为严重。有的人显然对舆论很害怕，有的人则对此漠然置之，对前者来说，舆论总是显得更为恐怖专横。一只狗在人们对它表示害怕而不是轻蔑时，它会叫得更凶狠，也更会咬人。人类社会也同样有这一特点。要是你显示出害怕他们，你等于给了别人捕猎追获的机会，而要是你对他们不屑一顾，他们就会开始怀疑自己的力量，因而倾向于对你不加干涉。

当然我不是在提倡极端的蔑视挑战的态度。要是你在肯辛顿持有在俄罗斯很流行的观点，或是在俄罗斯保持在肯辛顿作为传统接受的观点，你得自己为这一后果负责。我考虑的，不是这些极端的形式，而是那些较为和缓的与传统习俗相对的过失行为，诸如穿着不合潮流，不参加某一教派，或是不去读某些智慧之书。

这类过失，如果是情绪轻松地、慢不经心地去做，不是带着挑衅，而是自发随意去做的话，即使在最为保守的社会中也会得到容忍的。渐渐地它就可能取得被默认的精神病患者这样一种地位，允许他去做的事情在别人身上就显得难以原谅了。这多半成了某种好心肠与友善态度的问题。

保守的人为他们与传统的决裂所激怒，多半是因为，他们认为这种决裂是对他们自己的批判。如果一个不因循守旧的人，他能够以友好轻松的态度，向他们，向即使是最愚笨的人说清楚，他并不准备去批评他们，那么他们是会宽恕他的。

但是这种躲避非难指责的方法，对那些兴趣见解完全不可能得到大众同情的人来说，是没有作用的。他们的缺乏同情使得这种人很不安，并且采取一种好斗的态度，尽管表面上他们保持一致，尽量避免尖锐的冲突。因此，那些和自己所处的群体传统习惯不协调的人，往往显得很刺人，不安宁，缺乏广泛的幽默感。同样是这些人，让他们处于另一个别人并不因其观点不同而责怪的群体中，就会完全改变他们的个性，使他们从原来的严肃、羞怯和谦恭转变为愉快、轻松、充满自信；从固执、刚复，变得平易近人；从以自我为中心变为善于社交，性格外向。

因此，只要有可能，那些发现自己与所处的环境不协调的年轻人，应该积极去选择这样一种职业，这种职业给他们寻找志同道合的伴友提供了机会，尽管这样做可能会损失一大笔收入。由于他们对世界的了解非常有限，他们常常不知道有这种可能性存在，他们会很容易想象，自己在这里已经习惯了的这种偏见全世界都有。在这方面，老一辈的人可以给年轻人不少指导，因为这需要相当的社会经历。

在目前心理分析很盛行的时代，人们往往习惯于这么假定，任何年轻人，如果与周围的环境不协调，原因一定在于他的某种心理失调。我以为这是完全错误的。举例来说，我们假设有个年轻人，他的父母认为进化论是邪恶的，在这情况下，使他失去他们同情的唯一原因便是知识问题。当然，一个人与周围的环境失却和谐是不幸的，但这种不幸并不总是值得花一切代价去加以避免的。当这一环境充满了愚蠢、偏见和残忍时，与它的不和谐倒是一大长处。在某种程度上，几乎在任何一个环境中都存在上述情况。

伽利略和开普勒有过“危险的思想”（在日本是这么说的），我们时代最有聪明才智的人也是如此，以为将社会意识大大发展，让那些人对由他们的思想意识所激怒的社会敌视态度表示恐惧，这是不可取的。值得去做的是，寻找出一些方法来，使得这种敌视尽可能削弱，尽可能失去其影响。

在今天，这一问题主要见于青年人身上。要是一个人一旦处于合适的职业岗位和合适的环境中，他多半可以逃脱社会的迫害，但是在他尚较年轻、他的长处还未经过考验时，他往往处于那些无知者的掌握中，他们以为自己能够对那些一无所知的事情做出判断，当他们知道这么一个年轻小伙子竟然比他们这些有广泛阅历的人懂得还要多时，不禁勃然大怒。许多最终逃出了这种无知独裁的人，经过艰苦的斗争和长期压抑后，他们感到痛苦失望，精神大受挫伤。

有这么一种颇为轻松的说法，似乎天才反正会成功的，根据这种观点，许多人以为对年轻人才能的迫害不会造成多大的危害。但是无论如何，决没有理由接受这种观点，这无疑等于说谋杀终将暴露。显然我们知道的谋杀案都已经被发现了，但又有谁知道，有多少谋杀案人们从来都没听说过呢?

同样的情况是，我们听到的那些天才都是在战胜逆境后才取得成功的，但是没有理由说，许许多多的天才不是在青年时期凋萎消失的。

此外，这不仅是个天才问题，还是一个才能问题，这对社会也是同样需要的。而且这不仅仅是个出头冒尖的问题，又是一个既出头又冒尖但又不受失望、能量不遭削弱损伤的问题。基于以上种种理由，不应该对青年的发展横加阻拦。

理想的情况是，老年人应该尊重青年人的希望与追求，但要求青年人去尊重老年人的希望追求，这是不足取的。理由很简单，因为在上述任一情况下，是青年一代，而不是老一辈的生活需要关注。当青年人企图去干涉长辈的生活，如，反对丧失配偶的父母再婚，这同老一辈企图去干涉青年人的生活一样是错误的。无论老人还是青年，到了不惑之年，都有权做出自己的选择，如有必要，还有犯错误的权利。

如果劝告年轻人在任何大事上都应屈从老一辈的压力，这是不对的。比方说，你是个青年，很想学习舞台表演，父母表示反对的理由是，做演员不光彩，或是社会地位低下，被人瞧不起，他们可能会施加种种压力迫使你就范，他们会说，如果你不听他们的劝告，就把你赶出去；他们说你过不了几年肯定会后悔的；他们会举出长长一大串事例来说明，那些年轻人因为匆忙草率做出自己的选择，结果落得个不幸的下场。他们认为舞台演出并不是适合你的职业，这当然可能是对的，或许你没有表演才能，音乐不好。如果是这样，那么你不久就会从演员身上发现这一点，你还有足够的时间另择职业。

父母的意见不应成为自己放弃努力的主要理由。如果不管他们怎么说，你依然坚持自己的追求，他们很快就会转变想法，而且这种转变比你或他们自己料想的来得还要快些。

另一方面，如果你听到那些内行的人不支持你这么做，那就是另外一回事了，因为这种内行的意见对初学者来说是值得听取的。

我觉得，一般说来，除了专家们的意见以外，人们对他人的意见是过于贯注了，而且无论事大事小都这样。在不受饥饿、不犯法入狱这类事上，我们当然应该尊重舆论意见，但是除此以外，在任何事上都对那种不必要的专横独断意见表示自愿屈从，这就很可能在种种方面影响人的幸福。

我们以消费为例，许多人花钱的方式同他们自己的喜好兴趣大相径庭，只是因为他们有这种想法，以为要赢得邻居的尊敬，就看自己能否拥有一辆漂亮的小汽车、能否办得起盛大宴请。其实，任何一个有钱买得起汽车的人，如果他宁愿徒步走路，或是去办个图书馆，比起他那些人人都那么去做的事情来，最终会受到人们更大的尊敬。

当然，我们不必有意去嘲弄舆论，这样将在一种更混乱的情况下，被置于其控制中。但是对它采取真诚的不偏不倚的冷淡态度，就会成为幸福的力量和源泉。一个由这样的男女组成的社会，他们对传统习俗没有过分的屈从，这比起人人行动划一的社会来更加丰富多彩。当每一个人的个性都得到了发展，各种类型的特征都得到保留，这就使我们值得去会见各色新人，因为他们不是我已经见过的人的翻版而已。这曾经是贵族阶层的一个特权，他们的出身决定了他的地位，允许其做出各种怪僻无常的行为。

在现代世界，我们正在失去这种社会自由的基础，因此很有必要清醒地认识到这种一致性的危险。我并不是说人们有意去做出什么怪僻行为来，这同因循守旧一样是无意义的。我只是说，人应该顺乎其自然，只要他自发的兴趣爱好不是反社会的，就应让其自然流露表现出来。

在现代世界，由于交通工具的创造发明，人们不必再像过去那样，仅仅与自己的近邻来往了。那些拥有汽车的人可以把方圆二十英里内的任何人看作自己的邻居。因此他们比过去有更多的机会来选择自己的朋友。

在一个人口聚居的地区，一个人如果在二十平方英里内找不到志趣相投的朋友，那一定是很不幸的。在人口密集的中心，一个人应该熟悉自己的隔壁邻居的观念已经消失，但是在小城镇和农村地区依然存在。这已经成了一种愚昧的观念，因为在社会交往中已经没有必要依靠近邻了。

现在根据人的志趣爱好、而不仅仅根据地理位置来择友的可能性越来越大。与志趣、见解相同者的交往，增进了人的幸福。可以预期，社会交往有可能进一步朝着这些方向发展，在这种情况下，现在还在困扰着许多不墨守成规的人们的孤独会逐渐消去。无疑，这一定会增进他们的幸福，但是这对现在那些通过任意摆布他们来得到快乐的因循守旧者来说，这样做肯定会削弱其虐待狂的快乐。

不过，我想这种快乐我们是没有必要大加关心、予以保护的。

对舆论的恐惧，同其他形式的恐惧一样，是压抑性的，它阻碍人的发展。只要这种恐惧心理仍然很强烈，就很难取得任何伟大成功，更不可能取得精神自由，而真正的幸福即源于这种自由，因为只有当我们的生活方式是出自于自己深刻的冲动刺激，而不是出于碰巧成为我们邻居、亲戚等人的一时的趣味爱好时，才有可能得到幸福。

对近邻的恐惧无疑比过去减少了，但是现在又有了一种新的恐惧，即对新闻报纸的恐惧。这同中世纪对行巫者的搜捕是一样令人可怕的。

当报纸找一个或许与人无害的人做替罪羊时，其结果是非常可怕的。幸运的是，绝大多数人通过默默无闻摆脱了这一命运，但是随着宣传手段的日益改进完善，这种社会迫害新形式的危险性也就越来越大。这对作为其牺牲品的个人来说，绝不是一桩靠蔑视就可以解决的事情，不管人们对新闻自由的原则怎么看，我认为应该制订出比现存的诽谤罪更为严厉的法律来，任何使无辜者生活难以忍受的事情都应予以禁止，即使他们偶然做了或说了某事，也不允许恶意地渲染、公开而使他们蒙受不名誉。

然而，根治这种邪恶的唯一办法是，公众方面应采取更为宽容的态度。加强容忍态度的最好办法在于，使这样一类个人的数量大大增加，他们享受着真正的幸福，因此不会把对人类同伴的痛苦折磨作为自己的主要快乐。

9. 你可以获得幸福

前面说的是不幸福的人，现在我们来看一下幸福的人，这是一件较为轻松的事情。从我与友人们的闲聊，或其著作中，我几乎跟随他们得出这样的结论：在现代社会中，幸福是不可能的。然而我却发现，自我内省、到国外旅行以及和我的花匠聊天等，往往会将这一观点驱赶得无影无踪。在前面的章节中，我已论述了我的那些文学界朋友的不幸福之处；在本章内，我想回顾一下，在我生命途中，我所遇到的那些幸福的人们。

虽说有中间的层次，但幸福大体可分成两类。我说的这两类，也可以被称做现实的和幻想的，或肉体的和精神的，或情感和理智的。当然，名称的选择要视被证明的论点而定。而眼下，我却不想证明什么论点，我只想进行描述。

也许区别这两类幸福的最简单的方法是：一类幸福是对所有的人都敞开胸怀，而另一类幸福则对能读会写的人表示亲昵。

当我还是个小孩时，我认识一个掘井的人，他好幸福！这个人身材高得出奇，肌肉发达，他既不会读又不会写。当他在一八八五年得到一张国会选票时，他才有生以来头一回知道存在着这么一个机构。他的幸福并不是源自知识，也不是基于对自然法则、物种完善、公共设施公有权、安息日会[①]的最后胜利或知识分子认为人生享受所必不可少的所有信条，而是基于身躯的活力，足够的劳动和对石块这类并非难以逾越的障碍的征服。

我那位花匠的幸福则是同一类的，他长年和野兔作战，他说起那些小动物，就像伦敦警察厅提及布尔什维克分子一样：把它们描绘成行事诡秘、心怀叵测、凶恶残忍，只有同样伶俐狡猾的对手才能和它们做一较量。犹如那些聚集在凡尔哈拉[②]大厅里的英雄们，他们每天都追杀着一头能暮死朝生的野猪，我的花匠也能逐杀其死敌，而并不担忧第二天那死敌会毫无影踪。那花匠虽说已七十好几了，

① 安息日会（the Seventh Day Adventist），全称“基督教复临安息日会”。基督教新教派别之一。19世纪40年代产生于美国。宣传基督即将再度降临人间，主张遵守以“第7日”（指星期六）为安息日的规定，故名。

② 凡尔哈拉（Valhalla），为斯堪的那维亚神话传说中的在天之大厅，阵亡英雄们的灵魂在该厅欢宴作乐。

可他整天不歇手脚。为了干活，他还得走上十六里的山路，但欢乐之泉却是享用不尽的，那源头恰恰来自“那些兔崽仔们”。

你会说，像我们这样知书达理的，享受不到这类单纯的欢乐，如果我们对兔子这般弱小的动物发动战争，我们能体验到什么欢乐呢？照我看来，这一说法实在肤浅。一头兔子要比黄热病杆菌大得多，然而一个拥有知识的人却会从与后者的搏斗中获得乐趣。就情感内容而言，那些受过高等教育的人所得到的快乐，与我的花匠所体验到的是完全相同的，教育所造成的差异仅仅在于产生这种种快乐的活动形式不同而已。

成功的快乐需要一些困难相伴随，使成功最初看来是没有把握的，虽然最终大多是成功了。这或许就是为何不过高评价自己的能力，便是幸福之源的一大原因。低估自身者常常为成功而感到意外，而高估自身者则往往对失败觉得惊讶。前者的意外令人欢畅，后者的惊讶使人忧伤。因而明智的做法是既不无端地自负，也不自卑得连进取心都不存。

在受过高等教育者的层次中，现今最幸福的人是科学家。其杰出者中的许多人，感情淳朴，他们从工作中获得极大的满足，这样他们也能从饮食、甚至婚姻中获得快乐。艺术家们和文学家们将其婚姻生活中的愁眉苦脸看作是derigueur[1]，而科学家则往往能尽享这古老的天伦之乐，其原因在于：他们智力的较高部分完全被其工作所占用，主

① 法文，意“礼仪上的必要”。

人不许这部分智力涉足它们并不擅长的领域。

在现代世界上，科学是进步和力量的标志，因而其重要性既不为科学家、也不为普通人所怀疑，所以，在其工作中，科学家是幸福的。由于较为淳朴的情感容易得到满足，科学家便不需要复杂的情感。复杂的情感犹如河水中的泡沫；平缓流动的河水遇上障碍便产生了泡沫。只要生机勃勃的水流没有受阻，那么它便不会掀起小小的浪花，粗心的人则会对其蕴藏的力量视而不见了。

科学家的生活具备了幸福的一切条件：他有一项能充分展示其能力的活动，他所取得的成就，不仅对自己，而且对大众——即便他们完全不理解——都是非同小可的。在这方面，他比艺术家要幸运得多。当大众不理解一幅画或一首诗时，他们便说这幅画如何糟糕，或这首诗如何蹩脚；当他们不理解相对论时，他们便说自己受的教育仍有欠缺。

结果便是：爱因斯坦万流景仰，而丹青能手却在阁楼中饥肠辘辘。爱因斯坦是幸福的，而画家们却是不幸福的。

以一贯的我行我素来抗衡大众的怀疑态度，在这种生活中，很少有人是真正幸福的，除非他们能把自己关在一个排外的小圈里，忘却外面冰凉的世界。而科学家则不需要小圈子，因为除了同事，大家都器重他。相反，艺术家则处于要么选择被人瞧不起，要么选择做卑鄙者的痛苦不堪的境遇之中。如果这位艺术家具有一流的才华，那么他必定会招致非此即彼的厄运：如果他施展了自己的才华，便会有前者的结局；如果他藏而不露，便会有后者的下场。

当然事情并不总是这样的，也有过这样的时代，优秀的艺术家们，甚至在他们年纪轻轻时，便为人们所尊重。

朱利阿斯二世[①]虽说可能亏待了米开朗基罗，但他从不认为米开朗基罗不会作画。现代百万富翁，他可以给江郎才尽的老年艺术家抛掷万贯钱财，但他绝不会认为，艺术家们所从事的活动，与他的一样重要。也许这些情况与下述的事实有点关联，即：一般而言，艺术家比科学家要不幸福些。

我以为必需承认的是，在西方国家，绝大多数富有才气的年轻人，往往是因为没有足够的、使其出众的才能得以充分展现的工作而感到不幸福。而在东方国家，情形便两样了。眼下，世界其他地方的青年大概总不如苏联的知识青年们那么幸福。苏联的青年们有一个崭新的世界要去建立，与之相应的，他们有热烈的信仰。老朽们或被处死了，或被饿死了，或被放逐了，或被清除了，这样，他们便不能迫使青年们要么作恶多端，要么无所事事，二者必居其一，就像在所有的西方国家里一样。

对有教养的西方人来说，年轻苏联人的信仰或许是无情的，可对这信仰人们又能提出什么异议呢？他们的确在创建一个新世界，一个符合其意愿的新世界，这世界一旦建成，它几乎毫无疑问将使普通的苏联人比起革命前来要幸福得多。它或许不是有文化的西方知识分子所乐于居住

① 朱利阿斯二世（Julius II），意大利人，1503 年成为教皇，卒于 1513 年。曾建立了梵蒂冈博物馆，并开始了圣彼得大教堂的建筑，邀请了拉斐尔、米开朗基罗等伟大的艺术家。

的世界，但那些有文化的西方知识分子并不非得去那里生活。因而，从任一实际角度来判断，年轻苏联人的信仰是有理的，除了基于理论的种种批评之外，对这一信仰进行的谴责，说它惨无人道，实在没有任何理由。

在印度、中国和日本，外部的政治因素侵扰了年轻的知识分子和幸福，但不存在像西方国家那样的内部障碍。对青年人来说，存在着具有重大意义的活动，而且只要这些活动取得成功，那么青年人便感到幸福。他们觉得自己在国家的民族生活中具有举足轻重的作用，他们有着日夜追求的目标——虽说困难重重，但并非无法实现的目标。

而西方受过高等教育的年轻人所时常表现出来的玩世不恭，是安逸和软弱相结合的产物。软弱使人感到一切忙碌都是不值得的，安逸则使这一痛苦的感受变得可以容忍。在整个东方，大学生能期望对大众舆论有更多的影响，但在现代西方，他却不能做到这一点。不过，东方大学生发财赚大钱的机会比西方大学生要少得多。正因为既不软弱又不安逸，他才成为一个改革家或革命者，而不是一个玩世不恭者。改革家或革命者的幸福有赖于大众事业，但即使在将要被处死的关头，他或许比那些安逸的玩世不恭者享有更多的真正的幸福。

我记得有一个年轻的中国人，他来我校做客，并打算回去在反对势力的区域内建立一所同样的学校，他想结果将会是他脑袋落地，然而他却是那般恬静与幸福，我只能暗暗称羡。

尽管如此，我又不想说唯有这些非凡的幸福才是可能的，事实上这些幸福只降临于少数人身上，因为这些人具有一般大众所缺乏的某种能力和广博的兴趣。并不是只有著名的科学家们才能从工作中获得乐趣，也不是只有大政治家们才能从鼓吹其事业中得到欢愉。工作的乐趣对每一个具备特殊技能的人都是敞开的，只要他能在运用其技能的过程中得到满足，而并不要求获得满堂的喝彩。

我曾经认识一位少年时双腿便残废的男子，但在后来的漫长岁月里，他却是那么的宁静、幸福。他之所以有这样的幸福，是因为他写一部长达五卷、有关玫瑰花枯萎病的专著，在我眼里，他是这方面的第一流专家。我无缘结识一大批贝壳学者，然而从认识他们的人那儿，我知道研究贝壳给那些乐此不疲的人带来了快乐。

我认识一位世界上最优秀的排字工，他是所有那些献身于字体创新者的楷模。但是那些有声望的人对他的真挚敬重所给予他的快乐，远不及他运用技巧时的真实的快乐，——这一快乐与优秀的舞蹈家从跳舞之中获得的快乐大致相当。我也认识其他一些排字能手，他们能排数学字体、景教手稿、楔形文字，或任何冷僻和困难的文稿，我并没有探究这些人的私生活是否幸福，但在工作时间里，他们那富于建设性的本能得到了充分的满足。

人们通常会说，在我们这个机器时代，技术性工作所提供的手艺人的欢乐天地比过去小。我根本不相信这是真的。不错，现在的技术工人所做的工作，迥然不同于那些吸引着中世纪行会的活动。但在机器经济中，他仍然具有举足轻重、不可或缺的地位。还有那些制造科学仪器和精密机械的人，那些设计师、飞机机械师、司机，等等，他们都有一个几乎可让技能得以无限发展的行业。

就我以往的观察，在相对落后的地区，农业工人和农民并不像汽车或火车司机一样幸福。在自己土地上耕耘的农民，时而犁地，时而播种，时而收获，其劳动形式的确多种多样，但他得看老天爷的脸色，而且他深知这一依赖性。而制造现代机械的人则意识到力量，他感到人类是自然力的主人，而不是它的奴隶。当那份工作对大多数仅仅是机器看管者来说是非常乏味的，他们机械地重复着某一操作，很少有变化。但是工作越来越乏味，它就越有可能让机器来操纵。机器生产的最终目的——我们的确远未达到这一阶段——在于建成这样一种体制：机器做一切令人生厌的活儿，而人类则从事变化多端和具有创造性的工作。

在这样的世界上，比起农业产生后的任一时代，工作将变得不再令人厌烦，令人感到压抑。在开始从事农业的时候，人类便决定屈从于单调、枯燥的生活，以减少挨饿的风险。当人们依靠狩猎能获得食物的时候，工作便是一种乐趣，人们不难从富人们仍以这些祖先们职业为乐事的现象中找到例证。

然而一旦农业站稳了脚跟，人类便进入了平庸猥琐、痛苦悲惨和疯狂愚蠢的漫长时期，直到今天，他们才得以在机器的照顾下解放着自身。感伤主义者当然可以大谈什么与泥土的亲密关系，哈代笔下世故农民的老辣的智慧，等等，但是每个乡下青年人的愿望之一，便是要逃脱忍受风雨旱涝之奴役、漆黑冬夜之寂寞的境地，到城里找活干，工厂和电影院里的气氛却是实在的，有人情味的。友谊与合作是一般人幸福中的基本成分，人们能更充分地在工业、而不是农业劳动中得到它们。

对某一事业的信仰是大多数人的幸福之泉，这里不仅仅指受压迫国家中的革命者、社会主义分子、民族主义分子等，而且也包括其他层次的信仰。我所知道的一些人，他们相信英格兰人是十个失传部落的后裔，他们几乎总是幸福的，而那些相信英格兰人只是埃弗雷姆和马纳塞部落[1]的人，也是同样地幸福。

但是，我可不想让读者对此产生信仰，因为我不会去鼓吹任何基于对我来说是虚假的信仰之上的幸福。出于同样的原因，我不会怂恿读者去相信，人应该仅仅依靠癖好生活，——虽然就我的观察而言，这一信仰总能给人带来美满的幸福。不过要找一件并不是异想天开的事情也是容易的，而对此事真正感兴趣的人们，则在闲暇时有了一份美差，它足以排解人生如梦的感觉。

与献身平凡事业相近的是沉溺于某一爱好。在活着的最杰出的数学家中，有一位将其时间平均分给数学研究和邮票收集。照我看来，当这位数学家在前者毫无进展时，后者便给他带来了安慰。当然集邮不仅仅能排除因难以证明数学理论中的命题而产生的苦恼，而且邮票也不是能被收集的唯一物品。

试想，古老的瓷器、鼻烟盒、罗马硬币、箭镞以及石

① 埃弗雷姆（Ephraim）和马纳塞（Manasseh）部落，《旧约全书》中的故事，散见于《创世纪》（第41、48章）、《师士记》等书。

器所展现的境界，该让你多么的欣喜若狂、心驰神往！而我们当中的许多人却对这些淳朴的欢乐不屑一顾，我们在小时候体验过它们，但后来出于某种原因，我们却认为它们与成人格格不入，这实在是大错特错，任何对他人不造成危害的快乐都应得到珍视。

就我而言，我收集河流：我为顺伏尔加而下和溯扬子江而上感到欣喜万分，又为从没见亚马逊河和奥里诺科河[①]而百叹遗憾。这些情感可谓单纯之极，然而我并不为它们感到羞怯惭愧。让我们再看一下棒球迷的激昂欢乐吧，他以热情而又贪婪的眼光看着手中的报纸，电台在转播扣人心弦的场面。我认识一位美国第一流的文学家。原先其作品给我留下的印象是：他十分忧郁。然而和他第一次会面就产生了不同结果。我记得当时电台恰好在报道生死攸关的棒球赛的结局，这位文学家忘了我，忘了文学，忘了我们世俗生活的一切烦恼，他欣喜得狂叫起来，因为他所钟爱的球队获得了胜利。打这以后，我便能读着他的作品而不为书中人物的不幸感到压抑了。

不过，一时的狂热和业余的爱好，在多数——或许绝大多数——情况下不是根本幸福之源，它们只不过提供了一种逃避现实，暂时忘却难以面对的痛苦的手段。比起其他一切来，根本的幸福更有赖于对人和物的友善关怀。

对人的友善的关怀为柔情的一种形式，但不是那种贪婪的、占有的和非要得到回报的形式，后者往往是不幸福的祸根。能得到幸福的那一种形式，是喜好观察人们，并

① 奥里诺科河（Orinoco），南美洲北部河流。

从其独特的个性中获得乐趣，它希望使那些与自己有接触的人能表现其兴趣，并得到乐趣，而不是想左右别人，或得到别人的狂热敬慕。

如果一个人以此态度对待他人，那么他便是幸福之源，同时他又是别人友爱的对象，他与别人的关系，无论密切或疏远，都会满足他的兴趣和感情，他不会由于别人的忘恩负义而满脸不欢，因为他将很少得到这种回报，并且即使有，他也不会在意。

在另一个人身上，相同的特性会使那个人怒发冲冠、暴跳如雷，而在他身上，则成为乐趣的来源，心平气和，别人苦苦奋斗所不能取得的成就，在他则是举手之劳，不费吹灰之力。他幸福，因而他将是个愉快的同伴，而这又给他的幸福增添了许多幸福。

但这一切必需是真切的，它绝不能产生于自我牺牲的想法，这一想法源自责任感。在工作中，责任感是有效的，但在人际关系中，它却是糟糕的，人们希望彼此喜欢，而不想让别人忍耐、顺从地去忍受。

自然而然、不费功夫地喜欢很多人，也许是个人幸福的最旺盛的源泉。

我在上一段也提到对物的友善的关怀。这说法也许有点牵强，人们或许会说，对物是不可能感到友善的。尽管如此，在地质学家对石块或考古学家对废墟所有的兴趣中，存在着与友爱相似的东西，这兴趣也应成为我们对待个人或社会之态度的一个要素。对于敌对的而不是友善的事物，人们不可能感到兴趣。一个人因为厌恶蜘蛛，想住到它们较少光顾的地方，所以他也许会厌恶有关蜘蛛习性的资料。但这一兴趣绝不会产生像地质学家得自于其石块的那种欢乐。虽然对无生命的事物所表现出来的兴趣，不如对待同胞的友爱态度在日常幸福的成分中那么有价值，可是它仍然具有重要性。

世界广阔无垠，而我们自身的力量却是有限的。如果我们所有的幸福都局限于自身的情形之内，那么不向生活索要更多的东西就是很困难的，而贪求的结果，一定会使你连应得的一份都落空。一个人若能凭借一些真正的兴趣，例如曲伦特会议[1]或是星辰史等，而忘却其烦恼的话，那么当他漫步回来进入一个无关个人的世界时，定会发现自己觅得了平衡与宁静，使他能用最好的方法去对付他的烦恼，而同时也得到了真正的、即便是短暂的幸福。

幸福的秘诀在于：使你的兴趣尽可能地广泛，使你对你所感兴趣的人和物做出的反应尽量地倾向于友善，而不是敌视。

这里我对幸福的种种可能性做了初步的探讨，以下章节将做进一步的论述，并对如何回避忧患的心理根源提出一些建议。

10. 幸福的人

虽然，幸福部分靠外界环境，部分靠个人自己。在本书内，我们探讨了靠个人自己的那部分，而且我们发现，

① 曲伦特会议（Council of Trent），16 世纪时的宗教会议。

在与个人自己相关的范围里，幸福的窍门是十分简单明了的。

许多人——我想先前提及的克鲁奇先生也必需包括在内——以为，如果没有一种多少带有宗教成分的信仰，那么幸福是不可能的。也有许多人以为，他们不幸福，是因为他们的忧伤有着错综复杂和高度理智的根源。我可不相信这些是幸福或者不幸福的真正根源，我想它们仅仅是现象而已。一个不快乐的人通常会采用不快乐的信仰，而一个快乐的人会采用快乐的信仰，两者都将其幸福或不幸福归之于各自的信仰，而真正的因果关系却截然相反。

对绝大多数人来说，某些东西是不可或缺的，但这些东西也很简单：衣食住行、健康、爱情、成功的工作和来自同伴的尊敬。对某些人来说，为人父母也是很必需的。在缺少这些东西时，唯有不凡之辈才能获得幸福，但倘若一个人并不缺少这些东西，或通过一番恰当的努力能够获得它们，而他依旧感到不幸福时，那他必有某种心理上的失调，如果这种失调非常严重，他就应该去精神病医生那儿治疗，但在一般情况下，只要他把事情安排恰当，那么病人自己也可以医好这种失调。

在外界环境不是绝对地多灾多难、流年不利的地方，一个人应该能够获得幸福，只需他的热情和兴趣向外而不是向内发展。因此在教育和我们适应世界的企图方面，我们都应极力避免自私自利的情欲，尽量获得那些能阻遏我们的思想永远专注我们自身的情爱和兴趣。

大多数人在监狱里是不会感到幸福的，这是他们的天性，而将我们锁闭在自身内的情欲则构成了一所最糟糕的监狱。在这类情欲中，最常见的有：恐惧、妒忌、犯罪感、自怜和自我欣赏。在这些情感中，我们的欲望都集中在我们自己身上：对外界没有真正的兴趣，仅仅担心它在某方面会伤害我们或不能满足我们的自我。

人们极不愿意承认事实，急切地想躲进暖和的谎言长袍里，主要原因不外是恐惧。然而荆棘撕破了长袍，寒冷的风从裂缝里长驱直入，这时已习惯于温暖舒适的人，比一个饱经风霜、结实硬朗的人，要遭受更多的苦楚。况且，那些自欺者往往心里也知道他们在骗自己，他们整天畏怯疑惧，生怕某件不利的事情迫使他们沮丧地面对现实。

自私自利的情欲的最大缺陷之一，在于很少使生活丰富多彩。一个只爱自己的人，当然不能因其情爱的乱杂而受到指责，但到最后他必然会感到烦闷不堪，因为他热爱的对象永远没有变化。一个因犯罪感而痛苦的人，最受着一种特殊的自恋之苦。在这茫茫宇宙中，他感到最最重要的莫过于自己的品性高洁。传统宗教的最严重的谬误，在于鼓励了这一特殊的自我专注。

一个幸福的人，以客观的态度安身立命，他具有坦荡宽宏的情爱和丰富广泛的兴趣，凭借着这些情爱和兴趣，又凭借着它们使他成为许多别人的兴趣和情爱的对象，他获得了幸福。能成为情爱的领受者，这自然是幸福的一大原因，然而索要情爱的人并非就是得到情爱的人。广义地说，得到情爱的人是给予情爱的人。不过，倘若像为了利息而放债那样，一个人在层层盘算之后才给予他人情爱，这是无用的，因为有算计的情爱不是真诚的，领受者也不会感到它是真诚的。

那么一个被囚禁于自身的不幸福者又能做些什么呢？只要他总挂虑着自己不幸福的原因，他就依然是自私自利的，且无法跳出这一恶性的圈子，如果他要跳出来，他就得借助真实的兴趣，而不是指望那些被当做药物一般接受的做作的兴趣。

虽然这么做的确有困难，但他毕竟还能做不少，如果他能正确地断定其问题之所在，例如，要是他的问题源于意识的或无意识的犯罪感，那么他首先可以使自己的意识明白，他没有理由感到罪孽深重，然后依照我们前几章讨论的方法，把合理的信念植于无意识之中，同时做些多少是中立的活动。如果他成功地清除了犯罪感，那么真正客观的兴趣大概会自然而然地产生的。要是他的问题源于自怜，那么他首先可以让自己明白，在他周围并没有什么天大的不幸，然后再用上述的方法去解决这一问题。要是他的问题源于恐惧，那么让他做一些有助于培养勇气的练习。

自古以来，沙场上的英勇大胆一直被认为是一种美德，而且男孩和男青年的训练，大部分是用于培养那种视打仗如儿戏的性格。然而道德的勇气和智慧的胆略却不曾引起同样的重视，不过它们也有自己的培养方法。

每天你至少承认一个令你痛苦的真理，你会发现这和童子军的日课一样有益。你得学会去如此感受：即使你在品德上、才智上远不如你的朋友们（当然事实并不如此），人生依旧值得体验。这种练习，几年后最终能使你面对事实而不畏惧退缩，并因此将你从大范围的恐惧中解放出来。

当你战胜了自我专注的毛病后能有什么样的客观兴趣，那只能是你的天性和外界环境的自然产物，你就不必费心了。可别对你自己说在前头：“如果我能迷上集邮，我准会幸福。”并因而开始收集邮票的工作，因为你可能会发觉集邮没趣得很呢！只有真正让你感兴趣的才会对你有益，不过你可以完全相信这点，一旦你学会了不沉溺于自身时，真正客观的兴趣便会产生。

在极大的程度上，幸福的生活犹如善良的生活。职业道德家们太偏重自我克制，因此他们把重点放在了错误的地方。有意识的自我克制，使一个人变得专注于自己，并清楚地知道他所做的牺牲，结果在当前的目的上，它往往失败，在最后的目标上，它几乎总是落空的。人们所需要的不是自我克制，而是那种向外的兴趣，后者能产生自发的、不经雕琢的行为，而相同的行为，在一个专注于追求自身德性的人那儿，唯有依靠有意识的自我克制才能做到。

我像是一个享乐主义者在写这本书，即我似乎认为幸福便是善，然而依照享乐主义者的观点所提倡的行为，与清醒的道德家所提倡的行为大体相同。不过道德家往往——当然并非是普遍地——重视行为，而轻视心理状态。

行为的效果可有天渊之别，这取决于行为者当时的心理状态。如果你看见一个孩子行将淹死，但你凭着援救的直接冲动去救他，那么待你从水中冒出来时，你的道德并没有受到半点损害。在另一种情况下，如果你对自己说：“去援救一个无助的人是德性的一部分，而我想做一个有德性的人，所以我必需求这个孩子。”那么事后的你比起先前的你来，将变得更为败坏。在这个极端的例子里能够适用的东西。同样适用于许多其他较不明显的事情。

在我和传统的道德家们所提倡的人生态度之间，存在着另一更加微妙的差别。例如，传统的道德家会说爱情应该是无私的。在某种意义上，他是对的，也就是说，爱的自私不应超过某种程度，但它无疑应具有这种程度的自私，即一个人能从成功的爱情中得到幸福。倘若一名男子向一名女子求婚，理由是他衷心地希望她幸福，同时认为她能给予他自我克制的理想机会，那么照我看来，那女子能否完全满意是成问题的。

毋庸置疑，我们应该期望我们所爱的人幸福，但不应该将它作为我们自身幸福的一种替换。事实上，一旦我们对他人或身外之物产生了真正的兴趣时，那么自我克制学说所包含的自我和他人的全部对立便即刻化为乌有。由于具备了这种兴趣，一个人感到自己生命之流的一部分，而不像撞球那样，是一个坚硬独立的实体，这种撞球，除了撞击外，不可能与别的撞球发生任何关系。

所有的不幸福都基于某种分裂或缺乏一致：意识和无意识之间缺少协作和配合，因而造成了自我的分裂。自我和社会的联结要靠客观兴趣和情爱的力量，由于没有这种力量，又造成了自我和社会缺乏一致。一个幸福的人绝不会遭受这两种分离的痛苦，他的人格既不分裂来对抗自己，也不分裂来抵御世界。

这样的人觉得自己是宇宙的公民，尽情地享受着世界所给予的五光十色和舒畅快乐，不会因为想到死亡而苦恼万分、心神不定，因为他感到自己不会真的与后来者分离。唯有在这种与生命之流如此深刻的、本能的结合中，人们才能找到无与伦比的欢乐。

七、道德与婚姻

1. 性道德的必要

任何社会，无论是古代的或现代的，都有两种密切相连的主要成分：一种是经济制度，另一种是家庭制度。目前，存在着两种有影响的思想学派，一种认为任何事物都是源于经济的，另一种则认为任何事物都是源于性或家庭的。前者是马克思的学派，后者是弗洛伊德的学派。我不属于这两种学派，因为在我看来，按照因果功效的观点，经济和性是相互联系的，彼此并不明显地超乎于对方之上。例如：工业革命在过去、现在和将来对于性道德无疑都具有深刻的影响；但是另一方面，清教徒的性道德从心理上来说，却是工业革命必不可少的一部分原因。

我不打算把经济或性确认为首要因素，因为事实上二者是不能截然分开的。经济的主要责任是获得食物，但是在那些只是为了个人利益而获取食物的人中间，食物的需要是微乎其微的；食物的需要是由于家庭的缘故。因此，随着家庭制度的改变，经济的目的也会改变。显而易见，假如孩子离开了他们的父母而由国家——柏拉图所说的那种共和国负责养育，那么不但人寿保险而且大多数私人储蓄都会几近停止；这就是说，如果某个国家承认了父权，那么这个国家就将在事实上成为唯一的资本家，有些学者时常提出一个问题，即假如国家成了唯一的资本家，那么我们现在所有的家庭都将无法生存；然而即使真到了这个地步，也无法否认，在私人财产和家庭之间存在着一种紧密的联系，一种相辅相成的联系，以至我们无法分清何为果，何为因。

社会的性道德将包括几个阶段。第一个阶段是通过法律体现的积极的制度，例如一些国家的一夫一妻制和一些国家的一夫多妻制。在下一个阶段，法律没有干涉的权利，值得重视的是舆论。最后一个阶段只注重个人的选择，不管是在理论上抑或实际中。除苏俄以外，世界上再没有哪个国家的性道德和性制度是由唯理思想所决定的，而且世界历史上也从未有过这样一个时代。这并不是说，在这方面，苏俄的制度是完美无缺的；我的意思不过是，这些制度，至少有一部分制度，并不像各个时代中其他国家的制度那样，是迷信和传统的产物。至于从一般人的幸福观出发，究竟何为最高尚的性道德，那是一个极为复杂的问题，而对于这个问题的答复，也会由于各种环境而不尽相同。在一个工业发达的社会中和在一个原始的农业制度下，答复是不同的。在一个医学和卫生学很有效果因而死亡率很低的地方，和在一个瘟疫猖獗以至大多数居民在成年之前就夭折的地区，答复是不同的。当我们的知识多起来时，我们也许可以说，在一种气候中最高尚的性道德和另一种气候中最高尚的性道德是不同的，而由于饮食的不同，性道德也是不同的。

性道德的影响多种多样——个人的、夫妻的、家庭的、民族和国际的。在某些方面，性道德的影响可能是好的，但在其他方面却可能是坏的。当我们研究某个特定的制度时，我们必需首先考虑以上各种影响，然后才可以断定这制度究竟怎么样。首先研究一下纯粹属于个人影响的：这种影响是基于心理分析的。这里，我们所要注意的不仅是一个人成年时由法律而定的行为上的影响，而且我们也要注意到一个人壮年时所具有的那种服从法律的传统教育。众所周知，古时的禁忌的影响是奇特而直接的。对于这个问题，我们所要讨论的乃是个人的幸福。接下去的问题是男女之间的关系。一些性关系显然要比另一些更有价值。多数人认为，如果性关系的主要成分是心理的，而不是纯粹生理的，这性关系会更完美些。的确，诗人所传授于受过教育的男女的一般意识是，如果进入性关系的人格外多，爱情的价值就会增长。那些诗人又教许多人根据爱的强烈程序来判断爱的价值，不过这是一个很有争议的问题。

大多数现代人认为，爱应该是一种平等的关系，因此，如果没有别的原因，多妻制不能视为是理想的制度。对于这个问题，我们既要考虑婚姻，也要考虑婚姻以外的各种关系，因为无论实行何种婚姻制度，婚姻以外的各种关系也将随着婚姻制度的不同而各异。

接下去讨论的是家庭问题。在各时代和各地区，存在许多不同种类的家庭组织，但是父权家庭却要比其他种类的家庭更为重要，而且一夫一妻的父权家庭已经逐渐超过一夫多妻的父权家庭。自基督教产生以前的时代起，西方文化中性道德的主要动机，就是要达到这种女性道德的程度，没有这种道德，那父权家庭是不可能存在的，因为孩子和父母的关系将无法确定。基督教对于男性道德的贡献，在心理方面是源于禁欲主义的。最近，这种动机更是由于女性的嫉妒而越发增强。女性的嫉妒在妇女解放运动中是很有势力的。然而，这后一个动机是暂时的，因为即使从表面上看，我们也可以断定，妇女想要的是一个能给予两性自由的制度，而不是一个让女性去束缚男性的制度，尽管在过去，被束缚的从来只是女人。

然而，在一夫一妻的家庭中，类别也是多种多样的。婚姻或者由男女双方自己决定，或者由他们的父母决定。在一些国家，新娘是买来的，但在另一些国家，例如法国，买来的却是新郎。至于离婚，那种类也是五花八门的。天主教不允许离婚，而中国过去的法律却允许男人休掉他的妻子，原因不过是她爱唠叨而已。在性关系中，双方始终不渝或类似始终不渝的情形，不但在人类中存在，就是在动物中也是有的，因为为了保存物种，在抚养孩子时，男性的参加是不可或缺的。例如，鸟类必需持续地卧在鸟卵之上，以保存鸟卵的热度，而且还必需每天花费大量时间去觅食。在多物种中，要一只鸟同时去做这两件事是不可能的，因此雄性的合作是必需的，结果大多数鸟就成了道德上的模范。

在人类中，父亲的合作对于子女生理上是一种极大的贡献，特别是在不安定的时代和在动乱的民族中。但是，随着现代文明的发展，父亲的作用正在被国家逐渐地减弱。

不少人认为，父亲在生理上的贡献不久就会失去，至少在雇佣劳动阶级中是这样。如果出现这种情况，传统的道德就会完全崩溃，因为做母亲的将没有任何依据来确定她孩子的父亲。柏拉图则更进了一步，他不但要用国家去取代父亲的位置，也要取代母亲的位置。我不是一个国家的热烈拥护者，也不十分赞成孤儿院，所以我对这一设想不敢苟同。同时，经济力也使得这一设想令人完全无法接受。

法律与性有两种不同的关系：一方面，法律是在执行为社会所采纳的关于性道德问题的法律；另一方面，它也在保护性范畴中个人的普通权利。后者具有两个主要部分：一方面保护女性和未成年人，使他们免受欺侮和殴打，另一方面防止花柳病。但是，就纯粹的成效而言，这两方面都未能得到普遍的重视，因此，这两方面的工作至今没有得到应有的认真处理。说到前一方面，我们虽然进行过反对卖淫的运动，而且也为此通过了一些法律，但这运动是歇斯底里的，因为所通过的那些法律极易为职业犯罪分子所逃避，而且还提供了敲诈无辜者的机会。说到后一方面，那种认为花柳病是对一种罪孽的正当惩罚的观点，使我们不去采纳那些纯粹以医学为根据的方法。同时，人们普遍认为花柳病是可耻的，以至将此病隐瞒起来，因而得不到及时或充分的治疗。

现在我们来谈谈人口问题。这是一个涉猎范围极广的问题，必需从许多方面加以探讨。有母亲的健康问题、孩子的健康问题、以及大家庭和小家庭的心理上对孩子性格的影响问题，这些也许可以统称为卫生方面的问题。此外，还有个人的和公共的经济问题：每个家庭中个人财产的问题，或社会与家庭大小的关系问题，或社会人口的出生率问题。与此紧密相连的，是人口问题对于国际政治和世界和平的可能性的关系。

最后是优生学的问题，即关于世界不同地区的不同出生率和死亡率所产生的人种改良或退化的问题。在我们没有把以上所举各点完全研究清楚之前，我们是不能对任何性道德加以肯定或否定的。那些改良家和反对分子都有一种习惯，就是他们只能看到这个问题的一面，或者最多两面。他们很少能把私人观念和政治观念联系起来。我们不能说这一点比那一点更重要，而且我们也不能预先确定：一个从私人观念看来是好的制度，从政治观念看来也是好的，反之也是一样。我个人的观点是，在大多数时代和大多数地方，那些无形的心理因素已使人们接受了那些包含着完全不必要的残酷性的制度，而且在那些最文明的民族中至今仍有这种情形。我还相信，医药和卫生的进步已经使性道德无论从私人观点或社会观点来看，都变成了合情合理的事。同时，国家在教育方面的作用的不断增加正在逐渐把父亲推到历史上前所未有的不重要的地位上去。因此，我们在批评现代道德时有着两个任务：一方面，我们必需消除那种经常是下意识的迷信成分；另一方面，我们也必需注意那些使过去的智慧变成愚蠢，而不能成为现代的智慧的新因素。

为了了解现行制度的前景，我首先要探讨一下那些过去有过的，或在不开化的人们中间至今还存在的制度。接着，我要论述西方文明中所流行的制度的特点。最后，我要谈谈这个制度应当改革的方面，以及我希望进行改革的各种理由。

……

（略）

2. 人生中爱的位置

大多数人对于爱一般持有两种态度，而且这两种态度都是很奇怪的：一方面，爱是诗歌、小说和戏剧的主题；另一方面，爱完全得不到大多数严肃的社会学家的重视，从未被视为经济或政治改革计划中一件迫切需要的事，我认为这种态度是错误的。我把爱看成是人生中最重要的事情之一，因此，我把任何无端干涉爱的自由发展的制度都视为是坏的制度。

爱，如果这个字眼能够得到正确应用的话，并不是指两性间的一切关系，而仅仅是指那种包含着充分的情感的关系和那种既是心理又是生理的关系。爱可以强烈到任何程度。《忧伤和孤独》中所表达的那种情感，是和无数男女的经验相一致的。表达爱情的这种艺术能力是罕见的，但这种情感的本身，至少在欧洲，却并非如此。这种爱的情感在某些社会中要比在另一些社会中普遍得多，我认为，这并不取决于人的本性，而取决于他们的风俗和制度。在中国，爱的情感是罕见的，从历史上看，这只是那些因邪恶的婢妾而误入歧途的昏君的特点。中国的传统文化反对一切浓厚的感情，认为一个人在任何情况下都应保持理智，这和十八世纪初叶时的情形非常相似。

由于我们以前曾有过浪漫运动、法国革命和欧洲大战，所以我们感到人生中理智的作用，并不像安妮女王统治时期人们所希望的那样重要，因为理智本身在进行心理分析时，是靠不住的。**现在生活中理性以外的主要活动是：宗教、战争和爱情**。这些活动都是超理性的，但爱情并不是反理性的，这就是说，一个有理性的人能够理智地去享受爱的存在。在当代世界，宗教和爱情之间有着某种敌对的情形，其原因，我们在前几章中已经讨论过。我认为，这种敌对并不是不可避免的，这种情形的产生只是因为基督教与其他宗教不同，它是基于禁欲主义的。

然而，在现代世界中，爱却有着一个比宗教更危险的敌人，这就是事业和经济成功的事实。人们普遍认为，在美国尤其如此，人们不应当让爱情去妨碍他们的事业，如果不这样做，那就太愚蠢了。但是，在这个问题上和在人类的其他问题上一样，平衡是必要的。为了爱情而完全牺牲事业的愚蠢的，虽然有时也许属于一种悲壮之举；但为了事业而完全牺牲爱情同样是愚蠢的，而且决称不上是壮举。然而，在一个普遍以金钱掠夺为根据的社会里，这种情形是常有的，而且是不可避免的。

以一个现代典型商人的生活（尤其在美国）为例：从他成年之日起，他就把他所有的精力全部放在经济的成功上，而其他的一切不过是可有可无的娱乐而已。年轻时，他不断地嫖妓，以满足他肉体上的需要，后来虽然结了婚，但他的兴趣和他妻子的完全不同，因此他从来没有和她真正亲近过。他很晚才回家，而且由于公务早已疲惫不堪；他第二天早晨起床时，妻子仍在梦中；星期日他要打一天高尔夫球，因为运动对于他能有足够的精力和体力去挣钱是不可或缺的。在他看来，他妻子的兴趣完全是女人所特有的，所以他即使赞成她的兴趣，他也从不打算与她共享这些兴趣。与他在婚姻中的爱一样，他也没有时间去从事非法的爱，虽然在外出差时，他也许会偶然去逛一逛窑子。他的妻子在性方面也许一直对他很冷淡，但这并不奇怪，因为他从来没有时间与她调情。从下意识上说，他是不满意的，但他并不知道原因何在。他发泄不满的主要方式是工作，但也通过其他一些不大称心的方式，例如通过观看有奖拳击比赛或制裁激进分子得到一种变态的安慰。他的妻子也同样不满意，于是就在第二流的文学中找出路，而且还折磨那些慷慨和自由的人，借以维护她的道德。这样，夫妻之间在性生活上的不满，就转变为对人类的憎恶，但表面上还是以公益精神和高尚的道德标准为假象。这种不幸的情形主要归咎于我们对于性的需要的错误观念。

圣保罗显然认为，婚姻中唯一需要的是性交的机会，这种观念总的说来是为基督教道德家们的学说所赞成的。他们对于性的厌恶使他们看不到性生活中好的方面，结果，那些在年轻时深受其学说之苦的人糊涂一世，竟不能正视他们自己最伟大的潜力。爱远非仅仅是性交的欲望，它也是免除孤独的主要手段，因为大多数男女在他们的大部分人生中都会有孤独之感。在大多数人中都存在着一种对于世界之冷酷和人类之残暴的巨大恐惧；同时还存在着一种对于爱情的渴望，尽管这种爱经常由于男人的粗鲁、暴躁或霸道，以及女人的无事生非和碎嘴唠叨而荡然无存。那种持久而热烈的相互之间的爱情会消除这种感觉，它会摧毁自我主义的坚壁，产生出一种合二为一的新东西。

自然没有造就一种可以独处的人，因为人无法满足自然的生理目的，除非得到别人的帮助，而如果没有爱情，有文化的人也将无法充分满足他们的性本能。这种本能是无法得到充分满足的，除非一个人的整个生命，精神的和肉体的，都进入了这种关系。那些从未领受过两个人之间的爱所具有的那种密切的关系和深厚的友谊的人，失掉了生活所给予我们的那种最美好的东西。他们无意识地，假如不是有意识地，感觉到这一点，而这种不满则使他们朝嫉妒、压迫和残忍的方向堕落。因此，让热烈的爱得到它应有的地位应当成为社会学家的责任，因为如果没有这种经验，男人和女人都无法进入完美的境界，而且也无法从世界上的其他人那里感受到那种热烈的情感，而如果没有这种热情，他们的社会活动无疑将受到损害。

只要有适当的环境，大多数男女都会在他们生命的某个阶段感受到热烈的爱。然而，对于那些没有经验的人，是很难把热烈的爱情和单纯的性欲区分出来的，对于那些在优越的环境中长大的少女，尤其是这样，因为她们所受的教育是：她们绝不能和男人接吻，除非她们爱这男人。一个要保持自己在结婚时仍为处女的姑娘，经常为急切和轻浮的性吸引所迷惑，而一个有性经验的女人却极容易把这种性吸引和爱情区别开。毫无疑问，这种情形时常是造成不愉快婚姻的原因。即使双方之间存在着爱情，这种爱情也会由于一方或双方认为它是罪恶的而遭到破坏。当然，这种认识也是有其根据的。例如，帕内尔无疑因奸淫而毁掉了自己的健康，结果，他延迟满足爱尔兰人的希望达数年之久。即使这种犯罪的感觉是没有根据的，它同样会损害爱。凡是能够带来各种善的爱，一定是自由的、热烈的、无拘束的和全心全意的。

传统教育把爱，甚至包括婚姻中的爱，和罪恶联在一起。这种犯罪的感觉常在男女双方的下意识中存在着，这种感觉不但在那些旧传统的继承者身上存在，就是在那些思想解放的人身上也是存在的。这种态度的影响多种多样，它常使男人变得残忍、愚蠢、做爱时缺少同情心，因为他们既不会说些能够确定女人感觉的话，也不懂得如何对待女人才能逐渐进入最后一幕，而这对于激起大多数女人的快感是至关重要的。的确，男人经常意识不到女人是应当体验快感的，如果女人没有这种体验，那完全是男人之过。在那些受过传统教育的女人身上，时常存在着某种冷酷的自负、肉体上的自我克制以及对于男人随意亲近她的身体的厌恶。一个灵活的求婚者也许能够战胜女人的羞怯，但是一个敬重并称赞这种羞怯而且将其视为是贞洁女人的标志的男人，大概是要失败的，结果，即使在结婚数年之后，夫妻之间的关系仍然拘谨而刻板。在我们祖先的时代，男人从不要求看到他们妻子的裸体，对于这种要求，他们的妻子会吓得魂不附体。时至今日，这种态度仍然比较普遍，这是我们始料不及的，即使在那些摆脱了这种态度的人中间，也还存在着不少拘谨之处。

在当代世界中，还存在着一种更是属于心理上的障碍在阻止爱情的充分发展，这就是**有许多人在担心不能保持他们个性的完整**。这是一种愚蠢的、为现代所独有的恐怖。个性的目的并不在于个性本身；个性是一种必需与世界广泛接触的东西，所以它非抛弃它的孤独之避不可。放在玻璃杯里的个性一定会枯萎，而那种能够在人类的交往中自由发展的个性才会丰富起来。

爱情、孩子和工作是增加个人与世界接触的主要源泉。在这三者当中，爱情，按时间而论，当居首位。此外，爱情对于父母爱子之心的正常发展也是不可或缺的，因为孩子习惯于模仿父母的特点，如果父母不能互爱，那么，当这些特点在孩子的身上体现时，它们所体现的只是一个人的特点，而与另一个人的特点截然不同。工作绝非总能使一个人与外界有广泛的接触，况且能否做到这一点，全取决于我们从事工作时所具有的精神。纯粹为了金钱的工作是没有价值的，只有那种包含着某种爱的工作，无论是对人、对物或仅仅是对幻想，才会有价值。仅仅为了获取的爱是没有价值的，因为这种爱和那种以金钱为目的的工作毫无二致。

为了得到我们所说的这种价值，**爱必需觉得那被爱者的自我和他本人的自我一样重要，而且还必需认识到别人的感觉和愿望就像是他自己的一样**。这就是说，我们不但要根据我们的意识把我们的自我感觉传达给他人，而且也应当根据我们的本能去这样做。我们这个好斗的竞争社会，以及由新教和浪漫运动所产生的愚昧的个人崇拜，使得这一切变得难于实现。

在现代解放了的人们当中，我们所谈及的这种真正的爱，正面临着一种新的危险。由于这些人在任何时候都不再感觉到性交的道德障碍，甚至一点轻微的冲动都会导致性交，于是他们把性和真正的情感及爱情看成是两回事，甚至把性与恨的感觉视为同一。对于这个问题，奥尔德斯·赫克斯利的小说提供了最好的例证。他笔下的。人物，和圣保罗一样，把性交当成单纯的生理发泄，而对于那些与性交有关的更高的价值，他们却一无所知。这种态度的唯一结果，就是禁欲主义的恢复。爱有其自己正当的理想和固有的道德标准，这种理想和道德标准在基督徒的说教和对于一切性道德不分皂白的反抗中（这种反抗大多来自青年一代）消失了，没有爱的性交是不能使本能得到充分满足的。我并不是说这种性交不能有，因为要做到这一点，我们必需设置难以逾越的障碍，结果，爱也难以产生了。我要说的是，没有爱的性交没有多少价值，我们应当从根本上把性交当成以爱为目的的尝试。

正如我们所看到的，爱的强烈要求在人生中占有公认的地位。但是，爱是一种无政府的力量，如果放任自流，它是不会安于法律和风俗所规定的范围的。如果这事与孩子无关，那倒算不上什么大问题。但是，这事一旦与孩子有关，我们就会处于一个不同的范围，在这个范围里，爱不再是独立存在的，而是为人种的生物目的服务的。因此，我们必需有一种与孩子有关的社会道德，一旦发生冲突，这种道德便能支配热烈的爱的要求。理智的道德将会把这些冲突减至最低限度，因为爱不但对其自身有益，对孩子也是如此，只要他们的父母彼此相爱。理智的性道德的主要目的之一，就是保证爱没有多少障碍，因为它是与孩子的利益有关系的。然而，这个问题要在我们探讨了家庭问题之后再行讨论。

图书在版编目（CIP）数据

罗素道德哲学 /（英）罗素著；李国山等译. — 北京：九州出版社，2004.09（2017.10重印）
（哲人咖啡厅）
ISBN 978-7-80195-132-8

Ⅰ.①罗… Ⅱ.①罗… ②李… Ⅲ.①罗素，B.（1872~1970）—伦理学 Ⅳ.①B82

中国版本图书馆CIP数据核字(2004)第086275号

罗素道德哲学

作　者	（英）罗素 著 李国山等 译
出版发行	九州出版社
地　址	北京市西城区阜外大街甲 35 号 (100037)
发行电话	(010)68992190/3/5/6
网　址	www.jiuzhoupress.com
电子信箱	jiuzhou@jiuzhoupress.com
印　刷	三河市九洲财鑫印刷有限公司
开　本	880 毫米 ×1230 毫米 32 开
印　张	13.125
字　数	250 千字
版　次	2004 年 9 月第 1 版
印　次	2017 年 10 月第 6 次印刷
书　号	ISBN 978-7-80195-132-8
定　价	32.00 元